教育部高校示范马克思主义学院和优秀教学科研团队建设项目
（优秀中青年思想政治理论课教师择优资助计划，项目批准号：19JDSZK173）资助

以问题为导向的
"概论"课专题式教学体系创新研究

罗 静○著

西南财经大学出版社
Southwestern University of Finance & Economics Press

中国·成都

图书在版编目(CIP)数据

以问题为导向的"概论"课专题式教学体系创新研究/罗静著.—成都：
西南财经大学出版社,2021.10
ISBN 978-7-5504-5099-8

Ⅰ.①以… Ⅱ.①罗… Ⅲ.①高等学校—思想政治教育—教学
研究—中国 Ⅳ.①G641

中国版本图书馆 CIP 数据核字(2021)第 206757 号

以问题为导向的"概论"课专题式教学体系创新研究
罗静 著

责任编辑:陈何真璐
责任校对:金欣蕾
封面设计:何东琳设计工作室
责任印制:朱曼丽

出版发行	西南财经大学出版社(四川省成都市光华村街55号)
网 址	http://cbs.swufe.edu.cn
电子邮件	bookcj@swufe.edu.cn
邮政编码	610074
电 话	028-87353785
照 排	四川胜翔数码印务设计有限公司
印 刷	四川煤田地质制图印刷厂
成品尺寸	170mm×240mm
印 张	14.25
字 数	264 千字
版 次	2021 年 10 月第 1 版
印 次	2021 年 10 月第 1 次印刷
书 号	ISBN 978-7-5504-5099-8
定 价	88.00 元

导论

高校思想政治理论课是大学生思想政治教育的主渠道，在促进大学生提高政治鉴别力，增强政治敏锐性，树立正确的世界观、人生观、价值观方面具有重要而特殊的作用。因此，高校要努力把思想政治理论课建设成为学生真心喜爱、终身受益、毕生难忘的优秀课程。要实现这一奋斗目标，高校教师就必须搞清楚、弄明白、讲彻底教材涉及的重点、难点问题及现实热点问题，以透彻的理论回应现实的困惑，彰显理论本身的魅力，不断增强教学的有效性，进而提升学生的获得感和认同度。

一、本书的研究背景和研究主线

作为高校思想政治理论课的重中之重，"毛泽东思想和中国特色社会主义理论体系概论"（简称"概论"）课的教材经过全面修订，从结构到内容发生了巨大变化——2018 年版教材以马克思主义中国化为主线，以坚持和发展中国特色社会主义为主题，以中国化的马克思主义理论为重点，呈现出鲜明的政治性、理论性与时代性。在实际教学中，教师既要突出中国站起来、富起来、强起来的理论逻辑和历史逻辑，又要讲清楚马克思主义中国化各个理论成果的核心内容，弄明白中国特色社会主义理论体系的整体性问题，研究透习近平新时代中国特色社会主义思想中的新论断，还要实现教材语言向教学语言的转化等。教学面临问题多、任务重、困难大，这就亟须创建以问题为导向，以新版教材内容研究为突破口的"教学内容—教学方法—教学手段—教学模式"有效匹配的专题式教学体系，以更好地把握整体性与特色性、理论性与现实性、知识传授与价值引导的关系，最终实现"概论"课的教学目的。

本书拟抓住"概论"课新教材体系向教学体系转化的基本要素与关键环节——以问题为导向、以新版教材内容研究为突破口，对"概论"课新教材体系向教学体系转化问题进行深入而系统的研究，最终创建以问题为导向的"概论"课专题式教学体系。

（1）以问题为导向，既指深入研究如何融入教师的问题意识，如何重构教材内容体系的问题逻辑，如何探究教学方法、教学手段与教学模式的问题渗透等基本问题，又指以"概论"课新版教材内容研究为突破口，搞清楚、弄明白、讲彻底新版教材涉及的重点、难点、热点问题。

（2）以"教师、教材、教法、教具"为理论分析框架（其中，教师起主导作用，教材是主要依据，教学方法、教学手段与教学模式起辅助作用），即在教师的主导下，以重塑教材内容体系并转换教学话语体系为主体，以创新教学方法、创融教学手段、创设教学模式为辅助，创建以问题为导向的"教学内容—教学方法—教学手段—教学模式"有效匹配的专题式教学体系，完成从问题意识到问题逻辑再到问题教学的跃迁。

（3）以"板块—专题—问题"为主要载体，创构"概论"课专题式教学内容体系。以马克思主义中国化为主线，以坚持和发展中国特色社会主义为主题，以中国化的马克思主义理论为重点，按照"板块—专题—问题"三级层次重塑教材内容体系——基于中国从站起来、富起来到强起来的理论逻辑和历史逻辑建构教学板块，基于新版教材涉及的重点、难点、热点问题建构教学专题，创建以问题逻辑为内核的专题式教学内容体系并转换教学话语体系，有助于深化理论，解决教学内容入脑入心的问题。

（4）以"从认识到认同再到践行"为价值导向，创新"概论"课多样化教学方法、创融"概论"课现代化教学手段、创设"概论"课问题教学模式。作为高校思想政治理论课的核心，"概论"课应将教学方法的创新、教学手段的革新、教学模式的更新放在更高效地推进课堂教学、更科学地拓展课后学习上，最终在帮助学生牢固掌握党的基本理论，深刻领会马克思主义中国化理论成果精神实质的基础上，真正实现大学生从理论认识到价值认同再到自觉践行的飞跃。

二、本书的研究方法、重难点及创新点

本书采用了文献分析法、理论研究法和专家咨询法等研究方法。具体而言，本书立足于文献分析法，针对高校思想政治理论课，特别是"概论"课如何创建以问题为导向的专题式教学体系的问题，查阅文献资料，系统梳理已有研究成果，掌握研究动态、把握研究趋势、熟悉最前沿思想，并充分对其借鉴吸收；立足于理论研究法，运用思想政治教育学、教育方法学、马克思主义理论等学科知识，创建以问题为导向的"概论"课专题式教学体系；立足于专家咨询法，积极咨询请教"概论"课新版教材编写课题组专家、"概论"课教指委委员、研究"概论"课教学体系的专家及长期在教学第一线从事"概论"课教学的优秀教师，以获取理论性指导、专业性指点及丰富的教学科研经验。

本书的研究重难点主要包括：其一，拟解决教师、教材、教法、教具在"概论"课新教材体系向教学体系转化中存在的教师问题意识不足、专题式教学内容体系重构不科学、教学方法传统、教学手段与模式单一及相互间非协同性等问题，形成从教师到教材到教法再到教具有效匹配的实施方案。其二，拟解决如何以"板块—专题—问题"为主要载体，创构"概论"课专题式教学内容体系的问题。其最大的难点是在注重整体性研究的同时，通过研读马克思主义中国化经典著作、党的重要文献及党和国家领导人的最新讲话等，搞清楚、弄明白、讲彻底新版教材涉及的重点、难点、热点问题。其三，拟解决"概论"课教学中理论研讨、问题剖析、学理反思与价值引导有机结合的问题，在帮助学生牢固掌握党的基本理论，深刻领会马克思主义中国化理论成果精神实质的基础上，引导学生坚定马克思主义信仰，坚定中国特色社会主义

"四个自信"。

本书研究的可能创新之处：其一，研究问题有时效。本书并非一般性地探讨"概论"课教材体系向教学体系转化的问题，而是依据"概论"课新版教材，结合中央的最新文件，着力解决新教材体系转化过程中遇到的新情况、新问题，研究的问题具有很强的现实针对性和时效性。其二，研究视角有转换。研究虽仍以问题为导向，但突破口是"概论"课新版教材内容。研究视角除了强调问题意识、问题逻辑、问题教学外，还强调在注重整体性研究的同时，搞清楚、弄明白、讲彻底新版教材涉及的重点、难点、热点问题，进而着重解决谁来转化、转化什么、怎样转化等关键性问题。其三，研究内容有突破。研究虽仍以专题为载体，但内容基于教师、教材、教法、教具的内在关联，将对教师的问题意识、教材内容的问题逻辑、教学方法的问题探索、教学手段与教学模式的问题渗透的研究，有机融入对"概论"课新版教材涉及的重点、难点、热点问题的剖析中，进而创建"教学内容—教学方法—教学手段—教学模式"有效匹配的专题式教学体系。

三、本书的基本框架和主要内容

本书以"概论"课新版教材为依据，结合课堂教学积累的经验，紧紧围绕教材涉及的重点、难点、热点问题，构建了以"板块—专题—问题"为主要载体的"概论"课专题式教学内容体系。本书共分为 4 大板块、14 个专题、42 个问题，每个问题后配有一个经典案例，每个专题后配有一个可供选择的主题活动。

板块划分的依据是"导论+三个部分"的思路。具体而言，第一板块，即导论部分，主要阐述"概论"课教材的主线、主题与精髓，从理论层面实现从马克思主义到中国化马克思主义的转变，解决中国共产党领导中国人民的指导思想的问题。第二板块，苦难、初心与启动，主要阐述中国革命和社会主义建设的积极探索，解答了"建设一个什么样的新中国，怎样建设这个新中国"

的问题。第三板块，改革、开放与发展，主要阐述中国特色社会主义理论体系的开篇之作和接续发展，解答了"什么是社会主义、怎样建设社会主义"的问题，开启了中华民族富起来的新征程，形成了"只有中国特色社会主义才能发展中国"的根本观点。第四板块，新时代、新思想与新使命，主要阐述全面建设社会主义现代化强国的新理论，系统回答新时代坚持和发展什么样的中国特色社会主义、怎样坚持和发展中国特色社会主义，奋力论证只有坚持和发展中国特色社会主义才能实现中华民族伟大复兴。

第一板块：分2个专题，共5个问题，集中探讨了"概论"课程的主线、主题与精髓。专题一通过对"马克思主义为什么是科学的？"和"马克思主义在中国创造了怎样的奇迹？"这两个问题的解答，阐明了"马克思主义指引着中国旧貌换新颜"这一主题。专题二通过对"如何运用马克思主义来解决中国的问题？""中国共产党取得成功的秘诀是什么？"及"实事求是思想路线是怎样确立和发展的？"这三个问题的解答，阐明了"中国共产党能带领中华民族走向百年复兴"这一主题。

第二板块：分4个专题，共12个问题，集中探讨了中国革命和社会主义建设中的积极探索。专题一通过对"如何理解中国共产党人的初心和使命？"和"中国共产党为什么最有理由自信？"这两个问题的解答，阐明了"中国共产党人的初心和使命"这一主题。专题二通过对"如何理解毛泽东思想形成发展的历史条件？""如何从中国革命、建设的历程来理解毛泽东思想形成发展的过程？"和"毛泽东在党内是如何确立和巩固其核心地位的？"这三个问题的解答，阐明了"毛泽东思想及其历史地位"这一主题。专题三通过对"如何理解'认清中国的国情，乃是认清一切革命问题的基本的根据'？""为什么说新民主主义革命既是资产阶级性质的民主革命，又属于世界无产阶级社会主义革命的一部分？"和"中国革命为什么要走农村包围城市、武装夺取政权的道路？"这三个问题的解答，阐明了"新民主主义革命理论"这一主题。专题四通过对"为什么说新民主主义社会是一个过渡性社会？""如何理解社会主义改造与社会主义改革的关系？""如何理解社会主义制度在中国确立的伟大意义？"及"为什么要提出马克思主义与中国实际'第二次结合'的命题？"这四个问题的解答，阐明了"社会主义改造理论与建设的初步探索"这一主题。

第三板块：分2个专题，共11个问题，集中探讨了中国特色社会主义理论体系的开篇之作和接续发展。专题一通过对"邓小平理论形成和发展的条件是什么？""如何理解社会主义本质理论？""如何理解社会主义初级阶段理论？""为什么说改革是中国的第二次革命？"和"为什么说邓小平理论是中国特色社会主义理论体系的'开篇之作'？"这五个问题的解答，阐明了"开篇之作——邓小平理论"这一主题。专题二通过对"如何把握'三个代表'重要思想形成的条件？""如何理解'三个代表'重要思想的核心观点？""为什么说建立社会主义市场经济是一个伟大创举？""为什么要提出科学发展观？""如何理解科学发展观的核心立场是以人为本？"及"为什么说社会和谐是中国特色社会主义的本质属性？"这六个问题的解答，阐明了"'三个代表'重要思想和科学发展观"这一主题。

第四板块：分6个专题，共14个问题，集中探讨了开启全面建设社会主义现代化强国的新征程的新理论新战略。专题一通过对"中国特色社会主义进入新时代的主要依据是什么？"和"中国特色社会主义进入新时代有怎样的重大意义？"这两个问题的解答，阐明了"中国发展新的历史方位"这一主题。专题二通过对"如何理解中国梦的科学内涵与精神实质？""如何把握新征程与'三步走'战略之间的关系？"和"如何应对国外学者关于'中国威胁论'的种种论调？"这三个问题的解答，阐明了"新时代中国共产党的战略安排"这一主题。专题三通过对"如何理解习近平新时代中国特色社会主义思想的核心要义？"和"如何评价习近平新时代中国特色社会主义思想的历史地位？"这两个问题的解答，阐明了"习近平新时代中国特色社会主义思想"这一主题。专题四采取"翻转课堂：自学慕课+热点问题研讨+PPT展示"的方式，即由学生提前自学慕课，在教师指导下分小组研讨精选的热点问题，并在全班进行小组展示，集中探讨"统筹推进'五位一体'总体布局"这一主题。

专题五通过对"如何理解全面建成小康社会?""为什么要坚定不移地全面深化改革?""如何厘清全面依法治国方略的形成发展过程?"及"为什么要把党的政治建设摆在首位?"这四个问题的解答,阐明了"协调推进'四个全面'战略布局"这一主题。专题六通过对"为什么要坚持党对人民军队的绝对领导?""如何认识'世界处于百年未有之大变局'这一重要论断?"和"如何理解'构建人类命运共同体'这一重要思想?"这三个问题的解答,阐明了"国防军队现代化和中国特色大国外交"这一主题。

四、本书在研究、撰写方面的分工情况

本课题的研究得到了教育部高校示范马克思主义学院和优秀教学科研团队建设项目(优秀中青年思想政治理论课教师择优资助计划:19JDSZK173)的资助。课题负责人在近十年的教学科研积累基础上,分板块分专题深入研究"概论"课教材中的重点、难点及现实热点问题,在近三年的课题研究中,已在《中国教育报》和 *Revista Argentina de Clínica Psicológica*(《阿根廷临床心理学杂志》)上各发表学术论文 1 篇。本书搭建框架的思路受到翟坤周的启迪,书中的 42 个重难点问题主要由罗静撰写,主题活动由罗静、乔银策划,经典案例由罗静、刘洁、陈寒、乔银搜集、整理、撰写,热点问题 PPT 来自2019—2021 年罗静所教授的"概论"课班级学生课堂展示,敖小茂、王小鹏参与了书稿的校订工作。在此对参与本书相关工作的人员表示衷心的感谢!需要特别说明的是,本书写作中的部分素材来自四川大学马克思主义学院马克思主义中国化教研室集体备课的成果,在此感谢所有参与集体备课的老师;同时,本书写作中的部分内容参考、借鉴了四川大学马克思主义学院马克思主义中国化教研室录制的"概论"课慕课①,板块四第四专题所推进的翻转课堂也是基于学生自主学习该慕课对应部分的内容而开展,在此特别感谢参与慕课录制的老师李红、羊绍武、李建华、王洪树、郑晔、吕志辉、陈乐香。

---

① 该慕课课程于 2019 年在爱课程中国大学 MOOC 平台上线,截至 2021 年 7 月已开课 5 期。

值得重点说明的是，本课题的研究主要是基于"毛泽东思想和中国特色社会主义理论体系概论"课程 2018 版教材推进的，当然在研究中也尽可能将中央的最新文件精神及时融入。但众所周知，随着新时代中国特色社会主义实践的不断推进，习近平新时代中国特色社会主义思想正处于不断发展完善中，新论断、新提法时时涌现，再加之本人能力有限、经验不足，故本课题研究内容的广度和深度均有待拓展，这也为下一步研究指明了方向。

实践发展永无止境，理论探索永无止境，教学提升和教改研究亦永无止境。作为一名思想政治理论课的一线教师，作为一名长期从事思想政治理论课教学改革研究的青年科研人员，我将努力把所教授的思想政治理论课建设成为学生真心喜爱、终身受益、毕生难忘的优秀课程。我也一直在前行的路上，正奋力成长为一名优秀的思想政治理论课教师，为高校思想政治教育及教学改革贡献自己的绵薄之力。

罗　静

2021 年 2 月于四川大学

目录

板块二 苦难、初心与启动

—— 中国革命和社会主义建设的积极探索 / 28

板块三　改革、开放与发展
　　——中国特色社会主义理论体系的开篇之作和接续发展 / 85

板块一　主线、主题与精髓

——从马克思主义到中国化的马克思主义

马克思的整个世界观不是教义，而是方法。它提供的不是现成的教条，而是进一步研究的出发点和供这种研究使用的方法①。

——恩格斯

马克思主义是科学的，它具有鲜明的实践特征和与时俱进的理论品质，不仅致力于科学地解释世界，而且更积极地致力于改造世界。中国共产党始终坚持实事求是的思想路线，努力将马克思主义基本原理与我国革命、建设、改革的具体实践相结合，推进马克思主义中国化，形成了中国化的马克思主义理论体系，即毛泽东思想、邓小平理论、"三个代表"重要思想、科学发展观及习近平新时代中国特色社会主义思想。中国共产党在科学理论的指导下，带领中华民族迎来了从站起来、富起来到强起来的伟大飞跃。

---

① 中共中央马克思恩格斯列宁斯大林著作编译局. 马克思恩格斯选集：第 4 卷［M］. 3 版. 北京：人民出版社，2012：664.

专题一 马克思主义指引着中国旧貌换新颜

纵观中国共产党百年辉煌历史，中国共产党为什么能，中国特色社会主义为什么好，归根到底是因为马克思主义行！从理论视角看，马克思主义本身就是科学的理论体系，它揭示了人类社会发展规律，具有实践性，至今依然占据着真理与道义的制高点；从实践的层面看，马克思主义在中国这个古老的东方大国创造了人类历史上前所未有的发展奇迹，彻底改变了旧中国的面貌。

问题一：马克思主义为什么是科学的？

1992 年，邓小平同志在南方谈话中深刻指出："我坚信，世界上赞成马克思主义的人会多起来的，因为马克思主义是科学。"① 马克思主义为什么是科学的？2016 年 5 月 17 日，习近平总书记在哲学社会科学工作座谈会上就给出了明确的解答——"无论时代如何变迁、科学如何进步，马克思主义依然显示出科学思想的伟力，依然占据着真理和道义的制高点"②。

一、马克思主义依然显示出科学思想的伟力

马克思是第一个把世界作为政治、经济、科学和哲学的整体来理解的人。这位"现代社会思想之父"，揭示了自然界、人类社会、人类思维发展的普遍规律，创立了唯物史观和剩余价值理论，这两大"发现"成为马克思主义最伟大的功绩。

1. 唯物史观科学地揭示了人类社会发展的客观规律

马克思深入研究德国古典哲学，不仅充分吸收了黑格尔辩证法的合理内核，摒弃了其唯心主义的本体论基础，还肯定了费尔巴哈唯物主义的核心思想，摒弃了其形而上学的观点。在此基础上，马克思将唯物主义与辩证法有机结合，并运用于人类社会发展历史，科学地阐明了人类社会发展的客观规律，创立了唯物史观。

---

① 邓小平. 邓小平文选：第 3 卷 [M]. 北京：人民出版社，1993：382.
② 习近平. 在哲学社会科学工作座谈会上的讲话 [N]. 人民日报，2016-05-19 (2).

人民群众是历史的创造者是马克思主义唯物史观的基本观点。有别于以往的历史观，我们之所以把唯物史观称为一门科学，是因为从其出发点来说，历史科学不是没有前提的，其前提就是"处在现实的、可以通过经验观察到的、在一定条件下进行的发展过程中的人。只要描绘出这个能动的生活过程，历史就不再像那些本身还是抽象的经验主义者所认为的那样，是一些僵死的事实的汇集，也不再像唯心主义者所认为的那样，是想象的主体的想象活动"①，也即历史科学是"从现实的、有生命的个人本身出发，把意识仅仅看作是他们的意识"②。因此，唯物史观创立的重大意义就在于它摒弃了唯心主义和形而上学的观点，在人类社会发展领域坚持唯物主义，引导人们正确认识社会发展规律。

2. 剩余价值理论科学地揭示了资本主义社会的生产方式和基本矛盾

资本主义社会的基本矛盾是生产的社会化与生产资料的资本主义私人占有之间的矛盾。马克思正是从这一基本矛盾出发，深入研究了英国古典政治经济学，充分吸收了亚当·斯密和大卫·李嘉图劳动价值理论的合理因素，发现了资本主义经济运行规律，创立了剩余价值理论。

剩余价值理论认为，在资本主义生产过程中，资本家在市场上购买了劳动力这一特殊商品，劳动力进入劳动过程，消耗了体力和智力，形成了商品的价值。而资本家付给工人的工资是劳动力的价值，即由社会必要劳动时间决定的劳动力的生产和再生产的费用。劳动力耗费体力和智力形成的商品价值和劳动力价值的差额，即剩余价值。在资本主义社会，剩余价值是雇佣工人的剩余劳动创造的、被资本家无偿占有的那部分价值，是资本主义生产的直接目的和动机，是资本主义利润的源泉和本质，体现了资本家对雇佣工人的剥削，也揭示了资本主义运行的规律和资本家剥削工人的本质。

二、马克思主义依然占据着真理的制高点

马克思主义是源于实践并在实践中不断发展的科学，它的本质属性是实践性。同时，实践性也表明了它绝不是教条式的理论，而是在时代发展、科学进步和实践中不断丰富发展和创新的理论，因而具备了与时俱进的理论品质。

---

① 中共中央马克思恩格斯列宁斯大林著作编译局. 马克思恩格斯选集：第4卷 [M]. 3版. 北京：人民出版社，2012：153.

② 中共中央马克思恩格斯列宁斯大林著作编译局. 马克思恩格斯文集：第1卷 [M]. 北京：人民出版社，2009：525.

1. 马克思主义的本质特征是实践性

马克思主义的实践性有两层含义。一是马克思主义把实践的观点看作首要的、基本的观点。正是社会实践为马克思主义理论奠定了坚实的基础。19 世纪初期，资本主义所固有的各种矛盾越来越尖锐，无产阶级和资产阶级的斗争进入了一个新的阶段。法国里昂工人起义、英国宪章运动、德国西里西亚纺织工人起义三大工人运动的发展，表明无产阶级作为独立的政治力量已经登上了历史舞台。在这样的历史条件下，马克思和恩格斯亲自参加并领导了工人运动。此时，无产阶级革命斗争实践迫切需要科学理论的指导，于是，马克思主义应运而生。二是马克思主义哲学、政治经济学、科学社会主义都是为了指导实践，达到科学地说明世界和改造世界的目的。在马克思看来，理论活动与实践活动不可割裂和对立开来，科学的理论除了要达到"解释"的目的，还要有对人类解放的"终极关怀"。正是在解释资本主义必然走向灭亡的理论基础上，马克思号召无产阶级通过实践来推翻资本主义制度。因此，马克思主义既科学地揭示了整个世界和人类社会发展的客观规律，又鲜明地站在无产阶级的立场上，代表无产阶级的根本利益，为无产阶级的革命和解放事业乃至全人类的解放而服务。总之，马克思主义理论源于实践，又指导实践，而实践又证明了马克思主义理论的科学性，从而达到了理论与实践的高度统一。

2. 马克思主义具有与时俱进的理论品质

马克思主义理论是发展的理论，主要是基于两个方面的原因。一是马克思、恩格斯在世时一直不断丰富和完善自己的理论。例如，《共产党宣言》每出版一次，他们就会在《序言》中对世界社会主义运动的发展和资本主义的新变化进行科学的概括和总结。二是马克思主义的继承者们，根据各国不同时期的实际对马克思主义理论做了具体发展。例如，列宁提出的帝国主义论把马克思主义推进到列宁主义阶段；马克思主义传入中国后，中国共产党人坚持把马克思主义基本原理同中国具体实际相结合、同中华优秀传统文化相结合，坚持和发展马克思主义，坚持实践是检验真理的唯一标准，坚持一切从实际出发，及时回答时代之问、人民之问，不断推进马克思主义中国化时代化。正如《共产党宣言》1872 年德文版《序言》中指出的，"不管最近 25 年来的情况发生了多大的变化，这个《宣言》中所阐述的一般原理整个说来直到现在还是完全正确的……这些原理的实际运用，正如《宣言》中所说的，随时随地都要以当时的历史条件为转移"①。

---

① 中共中央马克思恩格斯列宁斯大林著作编译局. 马克思恩格斯选集：第 1 卷 [M]. 3 版. 北京：人民出版社，2012：376.

三、马克思主义依然占据着道义的制高点

马克思主义是以实现最广大人民群众的根本利益为出发点，为实现全人类解放而奋斗的科学理论，"代表无产阶级的马克思主义哲学的意识形态的立场代表了一种科学的方向，关怀着人类社会发展的美好未来"①。马克思主义以其鲜明的政治立场和价值取向占据着道义的制高点。

1. 政治立场：以人民大众的利益为根本，为绝大多数人奋斗

恩格斯说："科学越是毫无顾忌和大公无私，它就越符合于工人的利益和愿望。在劳动发展史中找到了理解全部社会史的锁钥的新派别，一开始就主要是面向工人阶级的。"② 马克思主义作为科学真理，它的构建以无产阶级的利益为逻辑起点。马克思主义从客观要求上体现了人民群众的根本利益，其主要内容正是关于无产阶级的，是劳动人民获得解放、创造自己美好生活的真理。马克思、恩格斯在《共产党宣言》中指出："过去的一切运动都是少数人的，或者为少数人谋利益的运动。无产阶级的运动是绝大多数人的，为绝大多数人谋利益的独立的运动。"③ 马克思始终把服务于千百万下层贫苦群众作为自己一生中不变的政治立场，这正是马克思主义价值性的充分体现。

2. 价值取向：以实现人的自由而全面的发展和全人类的解放为己任

高尚的价值追求是一种思想具备科学性、真理性的重要条件。马克思主义以实现人的自由而全面的发展、实现全人类幸福为价值旨归。无论历史上还是现实中，从昔日力求实现全人类解放的共产主义革命事业，到今日为寻求人类共同利益、共同价值而发出构建"人类命运共同体"的伟大号召，都展现了马克思主义者始终坚持在实践中孜孜探求人类幸福，奋力追求人的自由而全面发展的足迹。习近平指出，"马克思主义坚持实现人民解放、维护人民利益的立场，以实现人的自由而全面的发展和全人类解放为己任，反映了人类对理想社会的美好憧憬"④。因此，可以说马克思主义就是为人类谋求幸福生活的科学理论，只要这一目标尚未实现，马克思主义就仍具有重要的现实意义。

---

① 朱传棨. 简论马克思主义哲学科学性和意识形态性的一致 [J]. 理论视野，2009（8）：16.

② 中共中央马克思恩格斯列宁斯大林著作编译局. 马克思恩格斯选集：第4卷 [M]. 3版. 北京：人民出版社，2012：265.

③ 马克思，恩格斯. 共产党宣言 [M]. 北京：人民出版社，2014：39.

④ 习近平. 在哲学社会科学工作座谈会上的讲话 [N]. 人民日报，2016-05-19（2）.

千年思想家评选：马克思高居榜首

在伦敦北郊的海格特公墓里长眠着一位伟人——卡尔·马克思。在马克思的墓碑上，镌刻着他的名言："全世界无产者联合起来。哲学家只是用不同的方式解释世界，而问题在于改变世界。"迄今为止，马克思的学说依然在人类历史的长河里熠熠生辉，照亮了社会主义发展的道路，开辟了无产阶级解放自己、解放全人类的光辉大道。

马克思是"千年第一思想家"，他的影响力是举世瞩目的。1999 年，英国广播公司（BBC）在全球范围内举行过一次"千年思想家"网上评选，马克思的票数超过爱因斯坦、牛顿、达尔文、康德、尼采等人，高居榜首。2002年，英国路透社又邀请政界、商界、艺术和学术领域的名人评选"千年伟人"，结果是马克思以一分之差略逊于爱因斯坦。但这并不影响马克思作为"千年伟人"的地位。2005 年，英国广播公司（BBC）进行"古今最伟大哲学家"调查，结果仍然是马克思高居榜首。人类历史上出现了那么多伟大的思想家、哲学家，而马克思赢得了这么多的赞同，这体现出了马克思主义的真理魅力。

恩格斯曾对马克思这位伟大的科学家和革命家作出这样的评价：他"一生中能有这样两个发现，该是很够了。即使只能作出一个这样的发现，也已经是幸福的了。但是马克思在他所研究的每一个领域，甚至在数学领域，都有独到的发现，这样的领域是很多的，而且其中任何一个领域他都不是浅尝辄止"①。这两个最伟大的发现便是唯物史观和剩余价值理论。马克思至今依然被公认为"千年第一思想家"②。他的思想不仅对中国影响深远，也对人类历史发展产生了巨大影响。

案例思考：

马克思为什么会被世人公认为"千年思想家"？

案例解析：

马克思是马克思主义的主要创始人。以唯物史观和剩余价值理论为基石的科学社会主义，为世界无产阶级运动提供了科学的理论指南，实现了社会主义由空想到科学的划时代巨变，进而为社会主义由理论到实践、由一国实践到多

---

① 中共中央马克思恩格斯列宁斯大林著作编译局. 马克思恩格斯选集：第 3 卷 ［M］. 3 版. 北京：人民出版社，2012：1003.

② 习近平. 在纪念马克思诞辰 200 周年大会上的讲话 ［N］. 人民日报，2018-05-05（2）.

国实践提供了科学指导，极大地推动了人类文明的发展进程，具有无可比拟的真理魅力。这也是马克思在"千年思想家"评选中高居榜首的主要原因。

问题二：马克思主义在中国创造了怎样的奇迹？

在纪念马克思诞辰 200 周年大会上，习近平总书记强调，马克思主义不仅深刻改变了世界，也深刻改变了中国。实践证明，马克思主义为中国革命、建设、改革提供了强大的思想武器，指引中国人民在中国共产党的领导下创造了人类历史上前所未有的发展奇迹。

一、马克思主义在中国的传播与发展

19 世纪 40 年代，马克思主义诞生于西欧，20 世纪初经俄国广泛传入中国。然而，无论是 19 世纪的西欧，还是 20 世纪初的俄国，都与当时的中国存在着巨大差异，这就注定了直接将诞生于西方的马克思主义套用在中国革命上是行不通的。那么，我们到底该怎样学习和运用马克思主义呢？早在 1942 年，毛主席就曾指出："我们要把马、恩、列、斯的方法用到中国来，在中国创造出一些新的东西。只有一般的理论，不用于中国的实际，打不得敌人。但如果把理论用到实际上去，用马克思主义的立场、方法来解决中国问题，创造些新的东西，这样就用得了。"① 在这一原则之下，中国共产党将马克思主义的基本原理同中国具体实际和时代特征相结合，形成了中国化的马克思主义理论，即毛泽东思想、邓小平理论、"三个代表"重要思想、科学发展观和习近平新时代中国特色社会主义思想。

二、马克思主义引领中国创造了人类史上的发展奇迹

党的十九大报告明确提出："中国特色社会主义进入新时代，意味着近代以来久经磨难的中华民族迎来了从站起来、富起来到强起来的伟大飞跃。"而这一伟大飞跃正是马克思主义在中国创造的发展奇迹。

1. "站起来"——民族独立与人民解放的奇迹

1840 年以来的近代史，是一部中华民族任人宰割的屈辱史，也是一部中华儿女不断抗争的奋斗史。鸦片战争以后，西方列强凭着坚船利炮野蛮轰开了中国的大门，中华民族陷入内忧外患的悲惨境地。民族独立、人民解放成为当

---

① 中共中央文献研究室. 毛泽东文集：第 2 卷 [M]. 北京：人民出版社，1993：408.

时中华儿女最殷切的期盼。然而，旧式的农民运动、地主阶级的洋务运动、资产阶级的戊戌变法和辛亥革命均以失败告终，直到十月革命一声炮响，才给中国送来了马克思列宁主义，给苦苦探寻救亡图存出路的中国人民指明了前进方向、提供了全新选择。

在历史大潮中，一个以马克思主义为指导、勇担民族复兴历史大任、带领中国人民创造奇迹的马克思主义政党——中国共产党应运而生。历经坎坷，中华人民共和国成立了，中华民族真正实现了政治上的"站起来"。与此同时，面对新中国的积贫积弱，党的第一代中央领导集体认真学习了马克思主义关于生产力与生产关系的思想，认识到片面强调上层建筑是根本行不通的，只有建立牢固的经济基础，中华民族才能真正"站起来"。于是，社会主义工业化建设以及对农业、手工业和资本主义工商业的社会主义改造逐步推进。第一个五年计划的提前超额完成，使我国工业体系完成了从无到有的蜕变，建立起了一个相对独立的、门类齐全的工业体系，最终实现了中华民族"站起来"的奇迹。

2. "富起来"——开辟中国特色社会主义道路的奇迹

经过人民公社化运动和"文化大革命"，"中国向何处走、中国选择什么样的发展道路"成为时代课题，摆在中国共产党人面前。以邓小平同志为核心的党的第二代中央领导集体审时度势，摒弃"两个凡是"的错误方针，创造性地将马克思主义基本原理同中国实际结合起来，制定了"一个中心、两个基本点"的基本路线，着力推进对内改革、对外开放，并最终开辟了中国特色社会主义道路。

20世纪80年代初，第一批经济特区在深圳、珠海、厦门、汕头建立，我国随之划分多个沿海开放城市、沿海经济开放区。到1990年开发开放浦东，我国开始推进形成全方位、多层次、宽领域的对外开放格局，对外开放取得了显著的成绩。

对内改革是在发挥人民群众的首创精神中顺利推开的，其中最为典型的是农村家庭联产承包责任制的创立及在全国范围的推广。1978年冬，曾在全县以"吃粮靠返销、用钱靠救济、生产靠贷款"的"三靠村"出名的小岗村，有18位农民以"托孤"的方式，冒险在土地承包责任书上按下鲜红手印，实施了"大包干"，这一"按"竟成了中国农村改革的第一份宣言。实行"大包干"后的第一年，小岗村迎来大丰收，粮食总产量达13.3万斤①，相当于1955年至1970年产量的总和，一举结束20多年吃国家救济粮的历史，自"合

---

① 注：1斤等于500克，下文同。

作化"以来第一次向国家交售余粮，并首次归还国家贷款 800 元，小岗村人均收入 400 元，是 1978 年的 18 倍①。

在中国特色社会主义理论体系的指引下，中国共产党锐意改革、大胆创新，带领人民进行建设中国特色社会主义新的伟大实践。经济飞速发展，人民物质生活丰富，现代化脚步逐步加快。"2017 年，我国国内生产总值按不变价计算比 1978 年增长 33.5 倍，年均增长 9.5%，平均每 8 年翻一番，远高于同期世界经济 2.9% 左右的年均增速，在全球主要经济体中名列前茅……2017 年，我国人均国内生产总值 59660 元，扣除价格因素，比 1978 年增长 22.8 倍，年均实际增长 8.5%。我国人均国民总收入（GNI）由 1978 年的 200 美元提高到 2016 年的 8250 美元，超过中等偏上收入国家平均水平，在世界银行公布的 217 个国家（地区）中排名上升到第 95 位。"②

3. "强起来"——全面建设社会主义现代化强国的奇迹

党的十八大以来，党和国家事业发展取得了全方位、开创性的成就和深层次、根本性的变革。我国社会主要矛盾已经转化为"人民日益增长的美好生活需要和不平衡不充分的发展之间的矛盾"，这是中国特色社会主义进入新时代的重要标志。站在新的历史起点上，以习近平同志为核心的党中央，以实现中华民族伟大复兴为时代重任，把马克思主义基本原理同新时代中国特色社会主义实践有机结合，创立了习近平新时代中国特色社会主义思想，实现了理论上的新飞跃。

同时，中国共产党坚持以人民为中心的执政理念和价值取向，推动党和国家事业取得了许多开创性的成就：坚定不移推进全面从严治党，反腐败斗争取得压倒性胜利，党内政治生态展现新气象；全面实施改革强军战略，我国的国防和军队现代化建设成就斐然；着眼人类发展未来，提出共建"一带一路"合作理念，开启了世界共同繁荣发展的新征程；全面实施精准扶贫战略，坚决打赢脱贫攻坚战。数据显示，"我国脱贫攻坚战取得了全面胜利，现行标准下 9899 万农村贫困人口全部脱贫，832 个贫困县全部摘帽，12.8 万个贫困村全部出列，区域性整体贫困得到解决，完成了消除绝对贫困的艰巨任务，创造了又一个彪炳史册的人间奇迹"③。这些历史性成就和历史性变革使得中华民族即将迎来"强起来"的奇迹。

① 常河."大包干"开启农村改革序幕 [N]. 光明日报，2021-03-23（6）.
② 国家统计局. 波澜壮阔四十载 民族复兴展新篇：改革开放 40 年经济社会发展成就系列报告之一 [EB/OL].（2018－08－27）[2020－10－25]. http://www.stats.gov.cn/ztjc/ztfx/ggkf40n/201808/t20180827_1619235.html.
③ 习近平. 在全国脱贫攻坚总结表彰大会上的讲话 [N]. 人民日报，2021-02-26（2）.

综上，马克思主义在中国传播、生根、发芽、开花、结果，已有百余年历史。中国共产党人从接受、传播马克思主义到坚定马克思主义信仰，都始终高举马克思主义伟大旗帜，把马克思主义作为根本指导思想，最终推动中华民族迎来了从站起来、富起来到强起来的伟大飞跃。

深圳奇迹：从小渔村到国际性大都市

深圳在百年前是一个贫困落后的小渔村，如今已经成为国际大都市。从小渔村到大都市，深圳是中国改革开放的缩影，创造了中国奇迹。

1978 年 12 月，党的十一届三中全会作出了把党的工作重心转移到经济建设上来、实行改革开放的伟大决策。这是中国历史上的一次重大转折，也是深圳命运的重大转折。1979 年 3 月，国务院批复宝安县改设为深圳市；1980 年 8 月，党和国家批准在深圳、珠海、汕头、厦门设置经济特区。自此，深圳正式成为经济特区，开启了全新的发展历程。

改革开放以来，深圳发生了翻天覆地的变化。"40 年来，深圳奋力解放和发展社会生产力，大力推进科技创新，地区生产总值从 1980 年的 2.7 亿元增至 2019 年的 2.7 万亿元，年均增长 20.7%，经济总量位居亚洲城市第五位，财政收入从不足 1 亿元增加到 9424 亿元……40 年来，深圳坚持实行'引进来'和'走出去'，积极利用国际国内两个市场、两种资源，积极吸引全球投资，外贸进出口总额由 1980 年的 0.18 亿美元跃升至 2019 年的 4315 亿美元，年均增长 26.1%。"① 改革开放是在"摸着石头过河"中前进，深圳的发展也是在探索中前行——靠着拼劲和闯劲，不断摸索、勇立潮头，坚持不怕苦不怕累、勇于创新的精神，最终创造了深圳奇迹。

2019 年 8 月，党中央、国务院作出了支持深圳建设中国特色社会主义先行示范区的重大决策。在此目标指引下，深圳将"创建社会主义现代化强国的城市范例，提高贯彻落实新发展理念能力和水平，形成全面深化改革、全面扩大开放新格局，推进粤港澳大湾区建设，丰富'一国两制'事业发展新实践，率先实现社会主义现代化。这是新时代党中央赋予深圳的历史使命"②。

案例思考：

深圳的巨变体现了马克思主义在中国创造了怎样的奇迹？

---

① 习近平. 在深圳经济特区建立 40 周年庆祝大会上的讲话［N］. 人民日报，2020－10－15（2）.

② 同①.

案例解析：

"深圳奇迹"可谓是世界经济特区的成功典范，蛇口打响的"开山炮"是改革开放中具有开创性的重要一环。改革开放四十余年来，"深圳奇迹"是党在马克思主义指导下，根据我国发展实际作出重大决策而取得的辉煌成就。实践证明，马克思主义是对的，我国坚持走中国特色社会主义道路是正确的，马克思主义在21世纪的中国蓬勃发展，将继续创造更多中国奇迹。

主题活动：创作一首歌曲，唱出你心中的马克思

1. 实践目的

欣赏歌曲《马克思是个九零后》，创作类似歌曲，借助流行文化的方式传播马克思主义，让学生了解和认识马克思主义与时俱进的理论品格和跨越时代的影响力，坚定学生的马克思主义信仰，帮助学生树立正确的价值观，用青年的意气为马克思主义赋予新的生命。

2. 实践方案

（1）时间、地点：课余时间、教室。

（2）方式：以自愿组队或个人方式参加，课后创作。

（3）要求：歌曲内容以弘扬主旋律为主，不可出现立场错误；内容健康，积极向上。词可以是自己学习马克思主义的感受，为马克思主义经典著作中某些文章片段谱曲，歌颂马克思、恩格斯的伟大贡献等；曲可以原创，也可以借用经典；风格可抒情、叙事、说唱；采取演唱的方式进行展示。

（4）流程：以班级为单位，按照自愿报名参加的方式，确定参与人员名单；以布置作业的形式，要求学生利用课余时间进行歌曲创作，为本次实践项目做好准备；确定恰当时间在课堂进行创作歌曲演唱展示。

3. 实践评价

实践评价采用的评分表如表1-1所示。

表1-1　评分表

评价标准	满分	得分
歌曲内容	30	
音色音质	20	
演唱技巧	30	
仪表仪态	20	
总分	100	

专题二　中国共产党能带领中华民族走向百年复兴

中国共产党拥有先进的指导思想——马克思主义，而且能将马克思主义的基本原理与中国具体实际相结合，在推进马克思主义中国化的过程中，科学回答了中华民族面临的各阶段的现实问题，从而形成了中国化的马克思主义理论。最为重要的是，中国共产党带领中国人民在实现中华民族伟大复兴的进程中始终坚守实事求是的思想路线，这是中国革命、建设、改革取得成功的重要法宝。

问题一：如何运用马克思主义来解决中国的问题？

20 世纪 20 年代末 30 年代初，将马克思主义教条化、共产国际决议和苏联经验绝对化的错误倾向在党内盛行，特别是王明"左"倾错误一度占据主导地位，给中国革命带来了惨痛的代价和深刻的教训。毛泽东等部分共产党人开始认真思考把马克思主义同中国实际相结合这一严肃的问题，由此开启了马克思主义中国化的艰辛探索。

一、马克思主义中国化的提出过程

李大钊是最早意识到要将马克思主义与中国实际相结合的中国共产党人，他在与胡适进行"问题与主义之争"时，就提出"主义"与"问题"并重，他认为："社会主义的理想，因各地、各时之情形不同，务求其适合者行之，遂发生共性与特性结合的一种新制度（共性是普遍者，特性是随时随地不同者），故中国将来发生时，必与英、德、俄……有异。"①

陈独秀在 1922 年把马克思的学说和行为的精神归纳为两条：第一，"实际研究的精神"；第二，"实际活动的精神"。他说："我很希望青年诸君能以马克思实际研究的精神研究社会上各种情形，最重要的是现社会的政治及经济状况，不要单单研究马克思的学理。"② 1926 年，蔡和森也指出："马克思主义列

---

① 徐光春. 马克思主义大辞典 [M]. 武汉：崇文书局，2017：871.
② 陈独秀. 陈独秀文集 [M]. 北京：人民出版社，2013：250.

宁主义是世界各国共产党是一致的，但当应用到各国去，应用到实际上去才行的。要在自己的争斗中把列宁主义形成自己的理论的武器，即以马克思主义列宁主义的精神来定出适合客观情形的策略和组织才行。"①

1930年，毛泽东在《反对本本主义》中指出："马克思主义的'本本'是要学习的，但是必须同我国的实际情况相结合。我们需要'本本'，但是一定要纠正脱离实际情况的本本主义。"② 这一时期，在科学理论的指导下，党领导人民创建了工农红军，建立了农村革命根据地和工农政权。但1931年"左"倾错误开始在党内占统治地位，把马克思主义教条化，把共产国际决议和苏联经验神圣化，导致第五次反"围剿"失败，中国革命遭受严重挫折，被迫长征。1935年遵义会议，纠正了王明"左"倾领导在军事指挥上的错误，实际上确立了毛泽东同志在党中央和红军中的领导地位，把党的路线转到了马克思列宁主义的轨道上来，这成为党在历史上一个生死攸关的转折点。遵义会议是中国共产党第一次独立自主地运用马克思主义基本原理解决自己的问题。1938年10月，毛泽东在六届六中全会的报告《论新阶段》中明确提出了"马克思主义中国化"命题——"离开中国特点来谈马克思主义，只是抽象的空洞的马克思主义。因此，使马克思主义在中国具体化，使之在其每一表现中带着必须有的中国的特性，即是说，按照中国的特点去应用它，成为全党亟待了解并亟须解决的问题"③。

二、推进马克思主义中国化的主要原因

中国革命的成功需要科学理论的指导，而马克思主义与中国实际相结合，实现中国化也是科学理论本身不断发展的要求。

1. 中国革命的成功需要科学理论的指导

近代以来，农民阶级、地主阶级、资产阶级维新派和革命派都提出了各自的救国方案，但由于没有科学理论的指导，均以失败告终。十月革命以后，马克思列宁主义传入中国，使中国共产党看到了希望，中国的革命面貌从此焕然一新。但中国与西方在文化传统、社会条件等方面的不同决定了中国不能简单"复制"其他国家的道路，而是要走自己的路。实践证明，沦为半殖民地半封建社会的旧中国，要想取得革命胜利，需要有科学理论的指导。马克思主义是科学的理论，只有它才能救中国；在马克思主义的指导下，中国共产党带领中国人民寻找到的新民主主义革命道路才是适合中国革命的正确道路。

① 中央档案馆. 中共党史报告选编 [M]. 北京：中共中央党校出版社，1982：24.
② 毛泽东. 毛泽东选集：第1卷 [M]. 2版. 北京：人民出版社，1991：111-112.
③ 毛泽东. 毛泽东选集：第2卷 [M]. 2版. 北京：人民出版社，1991：534.

2. 马克思主义必须与社会实际相结合，才能真正指导实践

从中国共产党领导中国革命的经验教训来看，凡是将马克思主义基本原理同中国实际相结合的革命，都取得了成功；反之，都失败了。国共第一次合作推动的国民大革命虽成功打击了帝国主义和封建势力，但由于蒋介石的叛变而中途夭折。由于中国共产党经验不足，还不善于把马克思主义普遍原理同中国革命实际相结合，将"枪杆子"交到了国民党手里，在国民党发动的"清党"运动中，中国共产党遭受了重大损失，付出了惨痛代价；1933 年 9 月，蒋介石对革命根据地发动了第五次军事"围剿"。王明"左"倾错误在红军中占据了统治地位，拒不接受毛泽东的正确建议，用阵地战代替游击战和运动战，用所谓的"正规"战争代替人民战争，使红军完全陷于被动地位。第五次反围剿失败，红军被迫长征。此后，中国共产党总结了经验教训，认识到了马克思主义同中国革命实际相结合的重要性，必须运用马克思主义立场、观点和方法来分析中国实际，解决中国革命问题。

3. 实现马克思主义中国化是马克思主义理论的内在要求

马克思主义作为科学真理，具有普遍的指导意义，但对于马克思主义的基本原理来说，"这些原理的实际运用，正如《宣言》中所说的，随时随地都要以当时的历史条件为转移"①。马克思主义者的任务就是要结合不同国家不同时期的具体实际，将马克思主义理论进一步具体化。同时，马克思主义具有与时俱进的理论品质，其本质特征是实践性。马克思主义也只有在同各国具体实际相结合的过程中，才能实现自身的发展完善。因此，根据我国的具体情况，实现马克思主义中国化也是马克思主义理论的内在要求。

三、对马克思主义中国化的科学理解

马克思主义中国化指的是一个过程，是中国的马克思主义者在不同历史时期，出于不同的实践需要，灵活运用马克思主义基本原理，并融合中国优秀传统文化而形成中国化马克思主义理论的过程。

1. 马克思主义中国化就是把马克思主义基本原理同中国具体实际和时代特征结合起来，运用马克思主义的立场、观点、方法研究和解决中国革命、建设、改革中的实际问题

马克思主义经典作家反对把他们的理论当作教条，强调基本原理的实际运

---

① 中共中央马克思恩格斯列宁斯大林著作编译局. 马克思恩格斯选集：第 1 卷 [M]. 3 版. 北京：人民出版社，2012：376.

用，"随时随地都要以当时的历史条件为转移"①。中国共产党在推进马克思主义中国化过程中，既反对脱离国情的教条主义，又反对否定理论指导作用的经验主义。在革命时期，中国共产党深入分析半殖民地半封建社会的基本状况，将马克思主义基本原理与中国革命实际相结合，建立工农联盟，开辟了农村包围城市、武装夺取政权的革命道路，成功推进了新民主主义革命；新中国成立后，在实现从新民主主义社会向社会主义社会过渡的过程中，中国共产党立足于中国革命历史与现实实际，创造性地提出了"一化三改"的总路线，成功在中国建立起社会主义制度。因此，马克思主义中国化的宝贵经验，最根本的一条是将马克思主义基本原理同中国具体实际相结合，实现马克思主义中国化。

2. 马克思主义中国化就是总结和提炼中国革命、建设、改革的实践经验，从而认识和掌握客观规律，为马克思主义理论宝库增添新的内容

在运用马克思主义解决中国实际问题的过程中，必然会产生许多具有独创性的实践经验，通过对这些经验的总结和提炼，就能创造出新的理论成果从而丰富和发展马克思主义，也就是毛泽东所强调的"使中国革命丰富的实际马克思主义化"②。中国共产党带领中国人民在一个半殖民地半封建社会，通过新民主主义革命和社会主义革命，分两步走建立社会主义国家；改革开放后，以邓小平同志为主要代表的中国共产党人，坚持实事求是的思想路线，解决了"姓资姓社"的问题，从理论上阐明了计划与市场都是调节经济的手段，资本主义国家有宏观调控，社会主义国家也可以发展市场经济的观点，从实践上推动社会主义市场经济体制的确立。这些便是马克思主义关于"国家学说""共产主义初级阶段理论"的丰富与发展，为马克思主义理论宝库增添了新的内容。

3. 马克思主义中国化就是把马克思主义融汇于中华优秀传统文化之中，用中国人民喜闻乐见的民族语言来阐述马克思主义理论，使之成为具有中国特色、中国风格、中国气派的马克思主义，成为老百姓喜闻乐见、得心应手的精神武器

马克思主义不是一成不变的。针对教条主义，毛泽东就曾指出："马克思主义必须和我国的具体特点相结合并通过一定的民族形式才能实现。"③ 中华

---

① 中共中央马克思恩格斯列宁斯大林著作编译局. 马克思恩格斯选集：第 1 卷［M］. 3 版. 北京：人民出版社，2012：376.

② 中共中央文献研究室. 毛泽东文集：第 2 卷［M］. 北京：人民出版社，1993：374.

③ 毛泽东. 毛泽东选集：第 2 卷［M］. 2 版. 北京：人民出版社，1991：534.

优秀传统文化是马克思主义中国化的文化根基和文化土壤，实现马克思主义与中华优秀传统文化相结合，既有利于中华优秀传统文化的创造性转化与创新性发展，又有利于中国化马克思主义民族形式、中国特色的形成。1945 年国共和谈期间，重庆各界邀请毛泽东演讲，突然有人提出："假如此次和谈失败，国共再度开战，毛先生有无信心战胜蒋先生？"毛泽东机智巧妙地答："至于我和蒋先生嘛！蒋先生的'蒋'字乃是将军的'将'字头上加了一棵草，他不过是一位草头将军而已。我这个'毛'字，可不是毛手毛脚的毛，而是一个反'手'，反手即反掌。意思就是代表大多数中国民众意愿和利益的共产党，要战胜代表少数人利益的国民党，易如反掌。"① 这便是用中国老百姓听得懂的语言来阐述马克思主义理论，使深奥的理论变得通俗易懂，使晦涩的语言变得鲜活生动。

信仰的味道有点甜：陈望道翻译完成中文版《共产党宣言》

《共产党宣言》是马克思主义的第一个纲领性文献，标志着马克思主义的诞生，也是每一位共产党人心中的一盏明灯，照耀着共产党人的信仰。那信仰又是什么呢？每个共产党人的心中都有一个共同的答案——共产主义，这源自共产党人对马克思主义的认识和吸收，而马克思主义在中国的传播离不开那些孜孜不倦立志将其普及于中国大地上的马克思主义者。

为传播马克思主义，曾留学日本的学者陈望道从杭州回到了浙江义乌分水塘村，在破旧的房子里用两张长凳架起了一块木板，既当床铺，又当书桌。陈望道根据上海《星期评论》编辑部提供的日文版《共产党宣言》，再结合对照陈独秀通过李大钊在北京大学图书馆借出的英文版《共产党宣言》，开始了艰苦繁复的翻译工作。

信仰的味道是怎样的呢？或许我们能在陈望道的日常翻译工作中找到答案。一天，陈望道在屋内工作，他的母亲给他送去了红糖和粽子，由于不便打扰专心致志的儿子，母亲便出去了。过了一会儿，母亲在柴房外喊："红糖够吃吗？要不要再添点儿？"陈望道随声答道："够了，够甜的了！"然而，当他的母亲进来收拾时，却发现儿子满嘴的墨汁，红糖放在原处一点儿也没动。"墨汁为什么那样甜？原来，信仰也是有味道的，甚至比红糖更甜。正因为这种无以言喻的精神之甘、信仰之甜，无数的革命先辈，才情愿吃百般苦、甘心

---

① 唐双宁. 毛泽东的气质：下 [J]. 党政论坛（干部文摘），2014（7）：6-7.

受千般难。"① 1920 年 4 月，《共产党宣言》终于全部翻译完成，陈望道带着译本翻山越岭来到上海。同年 8 月，《共产党宣言》中文版由上海社会主义研究社出版发行，如今上海的鲁迅纪念馆内还珍藏着这第一版的《共产党宣言》。

陈望道翻译完成的中文版《共产党宣言》有力地推动了马克思主义在中国的传播，为中国共产党的创立奠定了思想和理论基础。

案例思考：

中文版《共产党宣言》翻译完成有何重大意义？

案例解析：

陈望道翻译完成的第一本中文版《共产党宣言》具有深远而重大的意义，它播下了革命的火种，满足了处于水深火热之中的中国迫切寻求真理力量以指导革命的需要。这一纲领性文献既是马克思主义思想传播的重要载体，也是共产党人信仰的展现，不仅极大地推动了马克思主义在中国的传播，也为将来中国革命、建设、改革提供了坚实的信仰力量。

问题二：中国共产党取得成功的秘诀是什么？

中国共产党之所以能够取得革命、建设、改革的成功，最大的秘诀在于将马克思主义基本原理与中国实际相结合，进行伟大的理论创新，实现了两次历史性飞跃，产生了两大理论成果——毛泽东思想和中国特色社会主义理论体系。

一、中国化的马克思主义理论既一脉相承又与时俱进

毛泽东思想作为马克思主义中国化第一次历史性飞跃的理论成果，为中国特色社会主义理论体系的开创奠定了基础；中国特色社会主义理论体系是马克思主义中国化第二次历史性飞跃的理论成果，是对毛泽东思想的继承与发展。二者既一脉相承又与时俱进，共同开创了马克思主义在中国的新篇章。

1. 思想渊源上的一脉相承、与时俱进

首先，毛泽东思想和中国特色社会主义理论体系在哲学基础上一脉相承，都以马克思主义的世界观和方法论为哲学基础，在坚持辩证唯物主义与历史唯物主义的基础上，注重将马克思主义的基本原理同中国的具体实际相结合，促

---

① 伍正华. 信仰的味道（人民论坛）[N]. 人民日报，2012-11-27 (4).

进了马克思主义中国化的两次历史性飞跃，形成了既一脉相承又与时俱进的理论成果。其次，二者在政治立场上既一脉相承又与时俱进，都以马克思主义为旗帜，致力于实现最广大人民群众的根本利益。1947年毛泽东给葭县县委题写的"站在最大多数劳动人民的一面"①，既是对党的成功经验的高度概括，也是对人民的庄严宣誓。选择人民，是中国共产党在历史潮流中的初心与担当，也是这个时代最温暖的奋斗旋律。在新冠肺炎疫情阻击战中，习近平总书记多次作出指示，要把人民群众生命安全和身体健康放在第一位。这一"以人民为中心"的执政理念正是马克思主义理论的核心命题。

2. 理论品质上的一脉相承、与时俱进

首先，毛泽东思想和中国特色社会主义理论体系在理论精髓上既一脉相承又与时俱进，二者均坚持实事求是，立足国情解决中国现实问题。毛泽东同志曾深刻指出，明白中国的特殊国情是"认清一切革命问题的基本的根据"②。以毛泽东同志为主要代表的中国共产党人，正是基于对中国国情的正确认识和把握，才找到中国革命的正确道路，建立新中国，确立社会主义制度，并开启社会主义建设的初步探索；改革开放后，也正是基于对中国国情的研究，以邓小平同志为主要代表的中国共产党人经过拨乱反正、艰辛探索，提出了"以经济建设为中心"的正确主张，作出我国处于并将长期处于社会主义初级阶段的科学论断。因此，实事求是是马克思主义中国化理论成果的精髓，是我们党制定路线、方针、政策的根本遵循。其次，毛泽东思想和中国特色社会主义理论体系在理论内容上既一脉相承又与时俱进，二者都是科学的开放的理论体系，都致力于解决中国的实际问题，具有鲜明的实践特征。

3. 奋斗目标上的一脉相承、与时俱进

毛泽东思想和中国特色社会主义理论体系都高扬共产主义旗帜，以马克思主义作为思想武器和行动指南，不断坚定中国共产党人的马克思主义信仰和共产主义信念，指引着中国共产党带领中国人民为实现中华民族伟大复兴而奋斗。回望1940年年初，毛泽东在《新民主主义论》中就已经开始勾画新中国的伟大蓝图："我们不但要把一个政治上受压迫、经济上受剥削的中国，变为一个政治上自由和经济上繁荣的中国，而且要把一个被旧文化统治因而愚昧落后的中国，变为一个被新文化统治因而文明先进的中国。"③ 如今，以习近平同志为主要代表的中国共产党人正在将毛泽东同志当年的愿景一步一步变为现

---

① 王梓萌."站在最大多数劳动人民的一面"[N]. 陕西日报，2021-09-01 (5).
② 毛泽东. 毛泽东选集：第2卷 [M]. 2版. 北京：人民出版社，1991：633.
③ 同②.

实：全面建成小康社会已实现，中国的经济更好地发展，"四个自信"更加笃定，中国正越来越接近中华民族伟大复兴的梦想。这正如习近平总书记在庆祝中国共产党成立一百周年大会上的讲话中总结的那样："中国共产党一经诞生，就把为中国人民谋幸福、为中华民族谋复兴确立为自己的初心使命。一百年来，中国共产党团结带领中国人民进行的一切奋斗、一切牺牲、一切创造，归结起来就是一个主题：实现中华民族伟大复兴。"①

二、中国化的马克思主义理论准确回答了现实之问

毛泽东思想和中国特色社会主义理论体系尽管产生于不同的时代，却一脉相承，准确回答了中国共产党在不同时期面临的重大理论和现实问题，不断推进理论创新和实践发展。

1. 科学回答了"什么是马克思主义、怎样对待马克思主义"的问题

十月革命一声炮响，为中国送来了马克思列宁主义，但马克思列宁主义在中国的传播并非一帆风顺。在中国共产党成立初期的革命实践中，共产国际的指导和帮助起到了重要作用，但共产国际难以准确把握中国的具体实际，出现了指导偏差，如王明等"左"倾教条主义，把苏联经验教条化、神圣化等，给中国革命造成了巨大的损失。在这样严峻的形势下，以毛泽东同志为首的一批共产党人如饥似渴地学习马克思主义理论，努力将马克思主义的基本原理同中国革命的具体实践结合起来，在科学解答"什么是马克思主义、怎样对待马克思主义"这一理论问题的基础上，又进一步阐述了"建设一个什么样的新中国、怎样建设新中国"这一现实问题，最终创立了毛泽东思想，开创了一条不同于俄国的农村包围城市、武装夺取政权的革命道路，带领中国人民真正站了起来，并开启了社会主义现代化建设的积极探索。

2. 鲜明回答了"什么是社会主义、怎样建设社会主义"的问题

在社会主义初步建设取得重大成就后，"大跃进"与"文化大革命"却给了发展中的中国当头一击。此时的中国，已经到了必须解决"什么是社会主义、怎样建设社会主义"这一问题的紧急时刻。在邓小平的支持下，真理标准问题在全国范围被广泛地讨论，这为冲破"两个凡是"的束缚提供了强有力的思想武器，人们的思想也得到了前所未有的解放。邓小平在1985年4月15日会见坦桑尼亚联合共和国副总统姆维尼时谈道："我们建立的社会主义制

① 习近平总书记在庆祝中国共产党成立100周年大会上的讲话 [EB/OL]. (2021-07-02) [2021-08-09]. https://news.cctv.com/2021/07/02/ARTI7lVnsytnW2zABU75iRyE210702.shtml.

度是个好制度，必须坚持。我们马克思主义者过去闹革命，就是为社会主义、共产主义崇高理想而奋斗。现在我们搞经济改革，仍然要坚持社会主义道路，坚持共产主义的远大理想，年轻一代尤其要懂得这一点。但问题是什么是社会主义，如何建设社会主义。我们的经验教训有许多条，最重要的一条，就是要搞清楚这个问题。"① 在深刻总结历史经验教训和凝练改革开放实践经验的基础上，邓小平在1992年南方谈话中首次提出了社会主义本质理论，从理论层面解答了"什么是社会主义、怎样建设社会主义"这个重大时代问题，形成了邓小平理论，开创了中国特色社会主义发展的新局面。

3. 深入回答了"建设一个什么样的党、怎样建设党"的问题

世纪之交，随着一超多强、经济全球化等趋势日益增强，新的外部环境和条件对我们党的执政能力和领导水平提出了更高的要求；同时，我国进入全面建设小康社会、加快推进社会主义现代化建设的新的发展阶段。新世纪的繁重任务要求我们党进一步加强自身建设，认真研究和解决新形势下的新课题，充分发挥建设中国特色社会主义的领导核心作用。基于当时的国际国内形势，以江泽民同志为主要代表的中国共产党人，在加深对"什么是社会主义、怎样建设社会主义"这一问题认识的基础上，围绕"建设什么样的党、怎样建设党"这一现实紧迫问题，进行了大量的实践调研与深入的理论探索，最终提出了"三个代表"重要思想，丰富和发展了中国特色社会主义理论体系。

4. 深刻回答了"实现什么样的发展、怎样发展"的问题

21世纪初，改革开放已经持续了二十多年，我国经济有了长足的发展，但资源锐减、环境恶化问题开始凸显："根据第二次全国荒漠化、沙化土地监测结果：我国土地荒漠化、沙化呈局部好转、整体恶化之势，截至1999年，我国有荒漠化土地267.4万平方千米，占国土总面积的27.9%。"② 同时，2008年爆发的全球金融危机使我们深刻认识到资本主义经济增长方式的不可持续性，加之国内苏丹红、"非典"等问题的相继出现引发了深思：新形势下，我们到底应该实现什么样的发展，怎样发展？以胡锦涛同志为主要代表的中国共产党人，立足社会主义初级阶段这个最大的实际，认真研究我国社会主义建设的一系列重大问题，提出了坚持以人为本，树立全面、协调、可持续的发展观，促进经济社会和人的全面发展，又一次开拓了马克思主义在中国发展的新境界。

---

① 邓小平. 邓小平文选：第3卷 [M]. 北京：人民出版社，1993：116.

② 康丽琳. 我国第二次荒漠化、沙化监测结果 [EB/OL]. (2007-06-14) [2020-10-27].
http://www.gov.cn/ztzl/fszs/content_649088.htm.

5. 系统回答了"新时代坚持和发展什么样的中国特色社会主义、怎样坚持和发展中国特色社会主义"的问题

党的十九大明确指出，我国社会主要矛盾已经转化为人民日益增长的美好生活需要和不平衡不充分的发展之间的矛盾。这个变化是建立在我国社会生产力水平和人民生活水平显著提高的基础上的："2019 年，全国居民恩格尔系数为 28.2%，比上年下降 0.2 个百分点，教育文化娱乐支出、医疗保健支出占全国居民人均消费支出比重分别提高 0.5 个和 0.3 个百分点。"① 人们的需要开始从物质层面拓展到精神层面，对美好生活的需求日益增强。但是，不平衡不充分的问题依然突出，"新时代坚持和发展什么样的中国特色社会主义、怎样坚持和发展中国特色社会主义"的问题由此产生。以习近平同志为主要代表的中国共产党人推进理论创新，提出了习近平新时代中国特色社会主义思想，从理论与实践相结合的层面作了回答："八个明确"从理论层面以指导思想的方式回答了"新时代坚持和发展什么样的中国特色社会主义"的问题，"十四个坚持"从实践层面以行动纲领的方式回答了"新时代怎样坚持和发展中国特色社会主义"的问题。

中国化还是教条化：毛泽东与"钦差大臣"的较量

在中国共产党历史上，有两位对马克思主义中国化问题持不同观点的人物：一位是毛泽东，一位是王明。毛泽东坚持将马克思主义同中国具体实际相结合，推进马克思主义中国化，最终完成了新民主主义革命，建立了新中国；王明则一切从"本本"出发，将马克思主义教条化，最终害了革命、害了自己。

1937 年 11 月，王明奉共产国际之命从莫斯科回到延安，参加中国共产党领导的抗战工作，中共中央领导人张闻天、毛泽东等人前往机场迎接。这是毛泽东与王明第一次面对面交流，而实际上，毛泽东早就深受王明教条主义之苦。党的六届四中全会以后，在共产国际和米夫的操纵下，以王明为首的一批毫无革命经验的留苏学生掌握了中国共产党的实际领导权。他们唯共产国际马首是瞻，提出"山沟沟里面出不了马克思主义"，不顾中国国情与革命的实际情况，一切从"本本"出发，导致中国革命陷入绝境。毛泽东在 1941 年《改造我们的学习》中进行回击，对教条主义作了形象的描述："墙上芦苇，头重脚轻根底浅；山间竹笋，嘴尖皮厚腹中空。"②

---

① 宁吉喆. 中国经济运行呈现十大亮点 [EB/OL].（2020-02-01）[2021-08-01]. http://www.qstheory.cn/dukan/qs/2020-02/01/c_1125497444.htm.

② 毛泽东. 毛泽东选集：第 3 卷 [M]. 2 版. 北京：人民出版社，1991：800.

在同王明教条主义斗争的过程中，毛泽东的正确主张逐渐被全党接受。手持"尚方宝剑"的王明自认为是共产国际的代理人，理应领导中国革命，便以"钦差大臣"自居，到处指手画脚，在抗日民族统一战线等问题上与毛泽东大唱反调，开始贯彻其右倾投降主义主张。毛泽东深知王明如此张扬是因为有共产国际这一后盾，便顺水推舟，同意王明的决议，同时派任弼时赴莫斯科汇报中共抗战情况。任弼时的汇报使共产国际对毛泽东有了新的认识。在1938年扩大的六届六中全会上，王稼祥传达了共产国际和季米特洛夫的指示："应该告诉大家，应该支持毛泽东同志为中共领导人，他是在实际斗争中锻炼出来的。其他人如王明，不要再去竞争当领导人了。"① 这一指示犹如重磅炸弹，彻底粉碎了王明的争权之举，收缴了王明的"尚方宝剑"。此后，始终坚持将马克思主义中国化的毛泽东成为中国人民和中国共产党当之无愧的领袖。

案例思考：

中国共产党人在革命中取得成功的秘诀是什么？

案例解析：

马克思主义中国化与马克思主义教条化较量的根本在于对待马克思主义的态度。毛泽东坚持一切从实际出发，结合中国革命的具体情况具体分析，运用马克思主义提出了正确的解决办法。毛泽东指出："马克思主义的'本本'是要学习的，但是必须同我国的实际情况相结合。我们需要'本本'，但是一定要纠正脱离实际情况的本本主义。"② 马克思主义中国化便是中国共产党人在革命中取得成功的重要秘诀。

问题三：实事求是思想路线是怎样确立和发展的?

"实事求是贯穿我们党全部实践、全部理论的一条基本线索。一部中国革命、建设、改革的历史，就是中国共产党、中国人民、中华民族实事求是地认识中国、改造中国、建设中国、发展中国的历史。"③ 中国共产党人只有自觉地坚持和运用实事求是思想路线，才能更清楚准确地认识和把握世情、国情、党情的深刻变化，做好自己的事情。

---

① 施昌旺. 王稼祥传 [M]. 合肥：安徽人民出版社，2003：235.
② 毛泽东. 毛泽东选集：第1卷 [M]. 2版. 北京：人民出版社，1991：111-112.
③ 上海市习近平新时代中国特色社会主义思想研究中心. 实事求是为什么如此重要 [N]. 光明日报，2018-09-28（11）.

一、实事求是思想路线的形成与确立

实事求是思想路线的形成与确立经历了一个漫长的历史过程。它是以毛泽东同志为主要代表的中国共产党人在把马克思列宁主义的普遍原理与中国具体实际结合的过程中，在反对主观主义特别是反对教条主义的斗争中形成和发展起来的，是毛泽东思想的精髓和活的灵魂。

1. 实事求是思想路线的形成背景

在中国共产党历史上，第一个使用"思想路线"概念的人是毛泽东。实事求是思想路线是针对新民主主义革命中对马克思列宁主义理论不消化，对中国国情不了解、不研究的现象提出的，有着强烈的针对性。1931 年 1 月，党的六届四中全会召开，王明等人在共产国际及其代表米夫的支持下取得了党中央的领导地位，后推行了一整套不切合实际的错误路线。王明"左"倾错误在党内统治达四年之久，使党的白区组织几乎丧失了百分之百，红军和革命根据地损失了百分之九十，直接导致了第五次反"围剿"的失败，中央不得不开始战略性大转移，即长征。直至 1935 年 1 月，中共中央在遵义召开了政治局扩大会议，开始确立以毛泽东为代表的马克思主义正确路线在中共中央的领导地位，结束了王明"左"倾冒险主义在中央的统治。

2. 实事求是思想路线第一次提出

1930 年，毛泽东在写《反对本本主义》时提出"没有调查就没有发言权"的科学断论和"从斗争中创造新局面"的思想路线。他还指出："许多的同志都成天地闭着眼睛在那里瞎说，这是共产党的耻辱，岂有共产党员而可以闭着眼睛说一顿的吗？"[①] 注重调查，反对瞎说。毛泽东在这里表达了他对不注重研究调查，闭着眼说瞎话的教条主义做法的痛恨，告诫党员干部必须对遇到的每个问题的现实情况和历史情况进行深入的研究调查，这样才能找到解决问题的正确途径和办法。在延安时期，毛泽东在《改造我们的学习》一文中，第一次使用了"实事求是"这一概念，并运用马克思主义哲学对实事求是作了系统论述。

3. 实事求是思想路线的正式确立

马克思、恩格斯创立了辩证唯物主义和历史唯物主义，毛泽东用中国语言将其概括为"实事求是"四个字。延安整风运动是中国共产党第一次广泛而深入开展的思想解放运动，号召全党反对主观主义以整顿学风、反对宗派主义

---

① 毛泽东. 毛泽东选集：第 1 卷 ［M］. 2 版. 北京：人民出版社，1991：109.

以整顿党风、反对党八股以整顿文风。整风运动提高了党员的马克思主义理论水平，全党从教条主义的束缚中解放出来，坚持实事求是的思想路线，一切从实际出发。延安整风中，毛泽东又反复强调调查研究的重要性，着重指出做好调查研究工作必须注意的两个问题：一是要向群众调查实际材料，这就把开展研究调查工作同坚持党的群众路线统一起来；二是开展调查研究要有正确的态度和科学的方法，调查不能停留在表面，而要深入对象的本质，对调查材料进行"去粗取精，去伪存真，由此及彼，由表及里"的加工，实现由感性认识到理性认识的飞跃。经过延安整风和党的七大，实事求是思想路线在全党正式确立。

二、实事求是思想路线重新确立的过程

20 世纪 50 年代后期，尤其是"文化大革命"期间，实事求是思想路线遭到严重破坏，党和国家事业受到重创，在中国向何处去的紧要关头，进行思想路线上的拨乱反正迫在眉睫。

1. 实事求是思想路线重新确立的原因

1958 年开始的"大跃进"运动是党在探索建设社会主义道路过程中的一次严重挫折。它忽视了客观经济规律，过分夸大了主观意志的作用，以高指标、瞎指挥、浮夸风、"共产"风为标志的"左"倾错误大肆泛滥，严重偏离了实事求是的思想路线。之后的"文化大革命"时期，个人崇拜、迷信盲从进入极度狂热的神化阶段，政策的制定与实施严重偏离了实事求是。"文化大革命"结束后，中央高层仍有一部分人没有走出思想僵化的圈子。他们在《学好文件抓住纲》的社论中提出：凡是毛主席作出的决策，我们都坚决拥护；凡是毛主席的指示，我们都始终不渝地遵循。"两个凡是"的提出，让处于重大转折的中国再次陷入发展停滞之中。为挽救混乱局面，纠正"左"的错误，彻底肃清"文化大革命"的消极影响，重新确立实事求是的思想路线显得尤为迫切。

2. 实事求是思想路线重新确立的过程

1977 年 4 月，邓小平提出："我们必须世世代代地用准确的完整的毛泽东思想来指导我们全党、全军和全国人民。"[①] 这为冲破"两个凡是"的束缚提供了有力的思想武器，同时也准确区分了毛泽东思想与毛泽东的思想，为全党回归实事求是思想路线做了铺垫。在《实践是检验真理的唯一标准》一文发表后，中央高层内部仍有一些人思想固化，坚持"两个凡是"。为了统一思

---

① 邓小平. 邓小平文选：第 2 卷 [M]. 2 版. 北京：人民出版社，1994：39.

想，邓小平坚定地提出：实践是检验真理的唯一标准。之后，他走访各地，宣讲实事求是的精神，对真理标准的确立起到非常重要的作用。在党的十一届三中全会前夕召开的中央工作会议上，邓小平以"解放思想，实事求是，团结一致向前看"为题发表了重要讲话，阐述了实事求是"是无产阶级世界观的基础，是马克思主义的思想基础"①。这为党的十一届三中全会实现党的历史上具有深远意义的伟大转折作了思想准备。1980 年，邓小平概括指出，"实事求是，一切从实际出发，理论联系实际，坚持实践是检验真理的标准，这就是我们党的思想路线"②，并强调了解放思想的极端重要性。由此，实事求是思想路线重新确立起来了。

3. 实事求是思想路线的发展与完善

2002 年党的十六大上，江泽民强调："坚持党的思想路线，解放思想、实事求是、与时俱进，是我们党坚持先进性和增强创造力的决定性因素。"2007 年党的十七大上，胡锦涛针对党的十六大以来党员干部中出现的急功近利、工作不实等不良现象，突出强调了求真务实的重要性。他指出：求真务实，是辩证唯物主义和历史唯物主义一以贯之的科学精神，是我们党的思想路线的核心内容，也是党的优良传统和共产党人应该具备的政治品格③。"习近平指出，党的十八大以后，我们在全党开展以为民务实清廉为主要内容的党的群众路线教育实践活动，紧接着我们又开展'三严三实'专题教育。我们党是执政党，党的先进性和纯洁性、党的形象和威望不仅直接关系党的命运，而且直接关系国家的命运、人民的命运、民族的命运。"④ 这一系列举措推进了实事求是思想路线的进一步发展完善。

思想路线重新确立的关键：关于真理标准问题的大讨论⑤

1976 年 10 月，党中央粉碎了"四人帮"，"文化大革命"的十年内乱就此结束，人民欢欣鼓舞，期盼着全新的生活。然而，"两个凡是"推迟了春天的

---

① 邓小平. 邓小平文选：第 2 卷 [M]. 2 版. 北京：人民出版社，1994：143.

② 同①278.

③ 胡锦涛在中央纪律检查委员会第三次全体会议上发表讲话 [EB/OL]. (2012-03-15) [2021-01-05]. http://www.wenming.cn/ziliao/zhongyaolunshu/hujintao/201203/t20120315_562629. shtml.

④ 习近平在中共中央政治局第二十六次集体学习时强调 时时铭记事事坚持处处上心 以严和实的精神做好各项工作 [N]. 人民日报，2015-09-13（1）.

⑤ 本案例根据全国文化信息资源共享工程中《实践是检验真理的唯一标准（上）》的视频资料整理而成。

到来。中国将走向何方，成为摆在党和国家面前的难题。

面对这一难题，叶剑英、李先念、陈云、王震等党内老同志明确驳斥了"两个凡是"，并要求恢复邓小平工作。终于，历史的需要和人民的期盼得到了回应，在党的十届三中全会上，邓小平恢复了党内职务，这对于否定"文化大革命"、突破"两个凡是"造成的思想禁锢具有重要意义。

学者们也扛起了时代的重任。时任南京大学哲学系教师的胡福明意识到，历史已经到了转折的关头。为突破"两个凡是"的束缚，他有针对性地提出"实践是检验真理的标准"这一基本论断，仅用一周时间便完成了文章初稿。1977 年 9 月，胡福明将文章寄往北京《光明日报》编辑部，《光明日报》的总编辑杨西光深感这是一篇批判"两个凡是"的力作。同时，杨西光联系到正在撰写同一主题文章的孙长江和吴江，进行文章的意见交流。最后，在胡耀邦等中央高层领导的支持下，三位学者历时七个月，最终形成了《实践是检验真理的唯一标准》这一力作。文章最早在《理论动态》第 60 期全文发表，1978 年 5 月 11 日又在《光明日报》公开发表，之后又被《人民日报》等十余家报刊全文转载。这篇 7000 余字的雄文，明确提出了四大观点：检验真理的标准只能是社会实践，理论与实践的统一是马克思主义的一个最基本原则，革命导师是坚持用实践检验真理的榜样，任何理论都要不断接受实践的检验。这犹如一颗深水炸弹，给"两个凡是"的错误思想以重重一击，为重新确立实事求是的思想路线，完成思想上的拨乱反正和改革开放的伟大转折奠定了良好的思想基础。

案例思考：

"实践是检验真理的唯一标准"对党的思想路线的重新确立有怎样的意义？

案例解析：

关于真理标准问题的大讨论为重新确立实事求是的思想路线奠定了重要的思想基础，是党的思想路线得以重新确立的关键。习近平总书记指出："实事求是，是马克思主义的根本观点，是中国共产党人认识世界、改造世界的根本要求，是我们党的基本思想方法、工作方法、领导方法。不论过去、现在和将来，我们都要坚持一切从实际出发，理论联系实际，在实践中检验真理和发展真理。"①

---

① 习近平. 在纪念毛泽东同志诞辰 120 周年座谈会上的讲话［N］. 人民日报，2013-12-27（2）.

主题活动：做到实事求是，到底难不难？

1. 实践目的

实事求是是马克思主义中国化的理论精髓。作为社会主义建设者和接班人的当代大学生，应努力做到实事求是。本次活动就是在学生体会"做到实事求是，非常难"的情形下，引导他们明白中国共产党重新确立实事求是这一思想路线的极端重要性。

2. 实践方案

（1）时间、地点：课堂 10 分钟、教室。

（2）人员：授课班级全体同学。

（3）要求：采取匿名方式，根据自己或别人做的实事求是的事或有悖于实事求是的事写作，内容包括具体事件和自己的见解，字数在 100 字左右。

（4）流程：学生写好后由助教收齐；老师选取其中一些典型的事例，给学生分享、分析。

3. 实践评价

实践评价采用的评分表如表 1-2 所示。

表 1-2　评分表

评价标准	满分	得分
切合主题	30	
观点明确，逻辑清晰	30	
有独到的见解	30	
语言表达能力	10	
总分	100	

板块二　苦难、初心与启动

——中国革命和社会主义建设的积极探索

在为中国人民不懈奋斗的光辉一生中，毛泽东同志表现出一个伟大革命领袖高瞻远瞩的政治远见、坚定不移的革命信念、勇于开拓的非凡魄力、炉火纯青的斗争艺术、杰出高超的领导才能。他思想博大深邃、胸怀坦荡宽广，文韬武略兼备、领导艺术高超，心系人民群众、终生艰苦奋斗，为中华民族和中国人民建立了不朽功勋①。

——习近平

1840年以来的中国近代史被称为一部屈辱史，中华民族承受着山河破碎、内忧外患的深重灾难，以毛泽东同志为主要代表的中国共产党人，坚持把马克思主义基本原理与中国革命建设的具体实际相结合，胸怀远大理想，坚守初心，开启了中国革命和社会主义建设的艰辛探索。中国共产党为什么能够从小到大，从弱到强？中国革命为什么能从胜利不断走向胜利，最终找到革命的正确道路？中国为什么能从新民主主义社会成功过渡到社会主义社会？为什么还能在"一穷二白"的东方大国建设社会主义，并取得巨大的成功？破解这些问题的钥匙，就蕴含在毛泽东思想中。

---

① 习近平. 在纪念毛泽东同志诞辰120周年座谈会上的讲话 [N]. 人民日报，2013-12-27 (2).

专题一　中国共产党人的初心和使命

在领导人民进行革命、建设与改革的百年光辉历程里，作为以马克思主义为指导的先进政党，中国共产党始终不忘初心，勇担使命；始终站在科学的立场上，以与时俱进的理论武装自己；始终站在道义的最高处，以人民为中心，为实现人民的美好生活和中华民族的伟大复兴不断前进。

问题一：如何理解中国共产党人的初心和使命？

党的十九大报告明确提出："中国共产党人的初心和使命，就是为中国人民谋幸福，为中华民族谋复兴。"

一、初心是什么？使命又是什么？

2017年10月，党的十九大报告明确提出："不忘初心，方得始终。中国共产党人的初心和使命，就是为中国人民谋幸福，为中华民族谋复兴。"[①] 中国共产党人的初心和使命是具体的，具有深层的价值意蕴和时代内涵，是党的性质与宗旨的集中体现、是激励中国共产党人不断奋勇前进的根本动力。

中国共产党人的初心和使命始于近代中国，贯穿于新民主主义革命时期，又发展延续至今，是党一百年来在历史洪流中始终不渝的信念和决心。从理论基础看，中国共产党人在面对近代生灵涂炭的中国时，毅然选择了马克思主义。共产党人领导的无产阶级运动"是绝大多数人的，为绝大多数人谋利益的独立的运动"[②]，中国共产党人自成立起便是为了四万万的中国人民而奋斗。因此，马克思主义理论本身所彰显的人民性，是中国共产党人初心和使命坚实的理论基础。从价值取向看，中国共产党人始终坚守人民至上。中国共产党发端于人民群众之中，始终心系人民安危、民族命运，带领革命群众毅然投身于

---

① 习近平. 决胜全面建成小康社会 夺取新时代中国特色社会主义伟大胜利：在中国共产党第十九次全国代表大会上的报告 [EB/OL]. (2017-10-27) [2021-05-07]. http://www.xinhuanet.com//politics/19cpcnc/2017-10/27/c_1121867529.htm.

② 马克思，恩格斯. 共产党宣言 [M]. 中共中央马克思恩格斯列宁斯大林著作编译局，译. 北京：人民出版社，2014：39.

救国救民的革命之中；始终坚持依靠人民、为了人民，创造了许多可歌可泣的英雄史诗和壮丽画卷，经过历史和实践的检验，更是凸显了中国共产党人民至上的价值取向。从文化渊源看，中国共产党人的初心和使命植根于中华优秀传统文化。中国共产党的初心和使命与中华优秀传统文化"民为贵"的民本思想相契合，中国共产党所倡导的建设美丽中国的理念与"道法自然"等优秀传统文化相通，所努力构建的人类命运共同体是对"美美与共，天下大同"优秀文化的延续。因此，中国共产党人的初心和使命拥有深厚的文化底蕴，是对中华优秀传统文化的弘扬与发展，是中国共产党继续带领中国人民实现中华民族伟大复兴的不竭动力。

二、为什么要始终坚守初心、勇担使命？

坚守初心、勇担使命是激励一代代中国共产党人前赴后继、不断奋斗，为实现人民对美好生活的向往、实现中华民族伟大复兴而奋斗的根本动力。

1. 初心和使命集中体现了中国共产党人的目标和宗旨，体现了党的先进性

中国历史上曾经存在的众多政治势力在取得政权过程中，都或多或少依靠或借助了人民的力量，但是由于历史和阶级的局限性，他们不能把初衷贯彻到底，以至"为民"的思想始行而终弃，最终他们逐渐违背人民利益诉求，在众叛亲离中失败。《共产党宣言》明确指出："过去的一切运动都是少数人的，或者为少数人谋利益的运动。无产阶级的运动是绝大多数人的、为绝大多数人谋利益的独立的运动。"① 由于无产阶级是先进生产力的代表，它的利益和广大人民群众的根本利益是一致的，所以，作为无产阶级先锋队的中国共产党只有不忘初心、牢记使命，才能真正彻底地为人民服务，才能始终如一地贯彻全心全意为人民服务的根本宗旨。

2. 初心和使命是激励中国共产党人不断前进的根本动力

为践行初心、完成使命，中国共产党人前赴后继地努力奋斗，为中国人民作出了最大的贡献和牺牲。"据不完全统计，1921 年至 1949 年，党领导的革命队伍中，有名可查的烈士就达 370 多万人，平均每天牺牲 370 多人。毛泽东一家为革命牺牲了 6 位亲人，徐海东大将家族牺牲了 70 多人，贺龙元帅的贺

---

① 马克思，恩格斯. 共产党宣言 [M]. 中共中央马克思恩格斯列宁斯大林著作编译局，译. 北京：人民出版社，2014：39.

氏宗亲中有名有姓的烈士就有 2050 人……"① 而中国人民始终拥护中国共产党的领导，其根本原因是人民群众对一个政党不仅听其言，更观其行。在中国共产党为人民幸福生活前赴后继的英勇奋战中，中国人民认识了中国共产党，选择了中国共产党，紧紧团结在中国共产党的周围，形成坚不可摧的铜墙铁壁。所以说，初心和使命蕴藏着中国共产党成功的密码。正如邓小平所说："为什么我们过去能在非常困难的情况下奋斗出来，战胜千难万险使革命胜利呢？就是因为我们有理想，有马克思主义信念，有共产主义信念。"② 正是在坚定的信念之下，中国共产党把马克思主义基本原理与中国革命、建设、改革实际相结合，创造性地提出了为中国人民谋幸福、为中华民族谋复兴的具体道路，通过新民主主义革命实现救国救民，通过社会主义革命实现利国利民，通过改革开放实现强国富民。因此，党的历史就是一部中国共产党人践行初心、勇担使命的历史。

三、新时代中国共产党人该如何坚守初心和使命？

新时代是奋斗者的时代，当代中国共产党人应该牢记初心和使命，顺应时代发展大势，弘扬新时代奋斗者精神，勇担民族复兴光荣使命。

1. 新时代坚守初心就是要把人民对美好生活的向往作为当下和今后不懈奋斗的目标

经过改革开放 40 多年的发展，我国人民生活水平显著提高，人民的需要也发生了质的变化，我国社会的主要矛盾已经由人民日益增长的物质文化需要和落后的社会生产之间的矛盾，转化为人民日益增长的美好生活需要和不平衡不充分的发展之间的矛盾。人民对美好生活的需要范围更广、程度更深、要求更高，不仅对物质文化生活提出了更高要求，而且在民主、法治、公平、正义、安全、环境等方面的要求也日益提高。新时代中国共产党人的初心就是在实现经济高质量发展的同时，积极推进社会改革，不断满足人民对美好生活的需要。

2. 新时代勇担使命就是不懈拼搏，为早日实现中华民族伟大复兴的中国梦而奋斗

新时代的中国共产党人需要将共产主义远大理想与中国特色社会主义共同理想贯通起来，需要将党的前途命运与国家和民族的前途命运贯通起来，不忘圆明园伤痕累累的废墟，不忘南京大屠杀遇难的同胞，不忘南斯拉夫大使馆被

---

① 郑斐. 为有牺牲多壮志［EB/OL］.（2021-04-04）［2021-05-07］. https://www.sxdaily. com.cn/2021-04/04/content_8965406.html.

② 邓小平. 邓小平文选：第 3 卷［M］. 北京：人民出版社，1993：110.

炸的遭遇，警惕叙利亚今日的战火，守护中国人民和中华民族和平的未来；不驰于空想，不骛于虚声，坚定马克思主义信仰、共产主义信念，践行"空谈误国，实干兴邦"的理念，勇敢地接起新时代的接力棒，担当起民族复兴的历史大任，为早日实现中华民族伟大复兴的中国梦不懈奋斗。

"红船精神"：开天辟地　敢为人先①

1921年7月23日，中国共产党第一次全国代表大会在上海召开，后由于敌对势力的阻挠，会议地址转到浙江嘉兴南湖的一条游船上进行，最终党的一大在这条游船上胜利闭幕，中国共产党由此诞生。而这条游船也因此获得了一个永载中国革命史册的名字——红船。

何为"红船精神"？早在2005年6月21日，时任浙江省委书记的习近平同志，在《光明日报》上刊发了一篇5000余字的署名文章——《弘扬"红船精神"走在时代前列》，首次提出"红船精神"，即"开天辟地、敢为人先的首创精神，坚定理想、百折不挠的奋斗精神，立党为公、忠诚为民的奉献精神"②。

开天辟地、敢为人先的首创精神。十月革命一声炮响，给中国送来了马克思列宁主义，也给正处于水深火热的中国人民带来了重生的希望和曙光。平均年龄28岁的十三名党的一大代表，在小小的红船里，点燃了中国历史上开天辟地的星星之火，把马克思主义的红色火种传播到中国大地。一条红船如黑夜中的明灯，劈波斩浪，高高举起了马克思主义的红色旗帜，结合中国实际，带领中国人民开辟了一条农村包围城市、武装夺取政权的革命道路，最终获得新民主主义革命的胜利、缔造了中华人民共和国。

坚定理想、百折不挠的奋斗精神。1921年，由于敌对势力的阻挠，党的一大的会址被迫转移到浙江嘉兴南湖的游船上，完成了缔造中国共产党历史的使命，这靠的就是坚如磐石的理想信念和百折不挠的奋斗精神。中国历史就此改变了方向，而中国共产党成为中国历史走向的掌舵人，勇立历史潮头的就是这样一条红船。正如入党誓词所示：对党忠诚，积极工作，为共产主义奋斗终生，随时准备为党和人民牺牲一切，永不叛党。

立党为公、忠诚为民的奉献精神。红船之"红"，照耀着的是中国共产党

---

① 本案例根据习近平2005年6月21日在《光明日报》第3版发表的文章《弘扬"红船精神"走在时代前列》为主要参考资料编写而成。

② 习近平. 弘扬"红船精神"走在时代前列 [N]. 光明日报，2005-06-21 (3).

人立党为公、忠诚为民的赤子之心。中国共产党一经成立，便致力于实现国家独立、民族解放、人民幸福。革命的胜利从来就不是一帆风顺的，它是在党的领导下，历经二十八年的浴血奋战，由无数革命先烈的鲜血和生命铸就的。新时代，坚持人民立场、立党为公、执政为民，是实现人民美好生活需要的关键所在，必须牢牢掌握、大力弘扬。

"红船精神"承载着党的初心和使命，这颗心是立志救国救民的责任之心，是坚定理想而矢志不渝的信念之心，是始终不屈不挠的奋斗之心，也是无论何时何地都坚持人民至上的为民之心。

案例思考：

通过"红船精神"，如何理解中国共产党人的初心和使命？

案例解析：

"红船精神"承载着中国共产党人的初心和使命，是中国共产党人在革命、建设、改革中所贯彻精神的凝练表达，是党的根脉所在。我们党的全部历史就是践行"红船精神"的历史。面对百年未有之大变局，中国共产党人唯有始终践行"红船精神"，坚定初心、勇担使命，才能带领人民取得更大的成绩。

问题二：中国共产党为什么最有理由自信？

中国共产党从一个50多名党员的政治团体，发展到如今拥有9500多名党员、正引领中国迈向社会主义现代化强国的世界第一大执政党，历经了无数淬炼与艰难奋斗，铸就了百年辉煌：拥有50多名党员的时候，中国共产党在黑暗中举起了一面希望的旗帜；拥有120多万名党员时，迎来了抗日战争的伟大胜利；拥有近450万名党员时，建立了一个社会主义新中国；拥有3500多万名党员时，以改革开放的步伐，走进了一个新的时期；拥有8000多万名党员时，引领中国成为世界第二大经济体；今天，拥有9500多万名党员时，中国共产党正团结着14亿中国人民朝着实现中华民族伟大复兴的中国梦奋勇前行……

一、50多名党员：初燃火种，引入马克思主义

19世纪末20世纪初，世界进入帝国主义和无产阶级革命时代。1917年俄国十月革命的胜利开辟了世界无产阶级社会主义革命的新时代，它使中国反帝

反封建的民主革命从旧的世界资产阶级民主革命的一部分，转变为新的世界无产阶级社会主义革命的一部分。十月革命给中国送来了马克思列宁主义，给中国先进知识分子们以新的启示，帮助他们开始将无产阶级的世界观作为观察国家命运的工具，"走俄国人的路"成为越来越多中国人的共识。为了寻找救国救民的道路，中国早期的共产主义者开始研究、翻译马克思列宁主义著作，并有意识地将之与中国的共产主义运动联系起来：李大钊以《新青年》和《每周评论》为阵地，相继发表了《法俄革命之比较观》《庶民的胜利》《布尔什维主义的胜利》等大量宣传俄国十月革命的著名文章和演说，并在北京大学发起组织马克思学说研究会；《每周评论》还刊载了摘译的《共产党宣言》；《晨报》于1919年5月开辟了《马克思研究》专栏，陆续翻译介绍了马克思的《雇佣劳动与资本》、考茨基的《马克思的经济学说》等著作。

1921年7月23日，中国共产党第一次全国代表大会在上海召开。各地共产主义小组从全国50多名党员中推举了13名代表出席这次会议——湖南小组的毛泽东、何叔衡，湖北小组的董必武、陈潭秋，上海小组的李达、李汉俊，北京小组的张国焘、刘仁静，济南小组的王尽美、邓恩铭，广州小组的陈公博和日本小组的周佛海，还有陈独秀指派的代表包惠僧。中国共产党成立伊始，就把实现社会主义、共产主义作为自己的奋斗目标，领导中国人民为实现民族独立、人民解放而不断奋斗。

二、120多万名党员：拨云见日，中华民族当自强

近代中国史是一部屈辱史，也是一部奋斗史。八国联军入侵使民族矛盾不断加剧，无数仁人志士登上历史舞台想要实现中华民族伟大复兴的中国梦，但均以失败告终，中国共产党一经成立就肩负起了民族复兴的使命。在整个抗战过程中，中国共产党已由抗战初期的4万多人增加至120多万人，正是这支不断壮大的队伍，成为整个抗日战争的中流砥柱。敌后战场是抗日战争中中国共产党依据敌强我弱的实际情况开辟的，自开辟之日起，其就被侵华日军视为心腹大患，并被实施了灭绝政策。但在中国共产党的正确领导下，八路军、新四军等抗日武装紧紧依靠群众，将抗日根据地建成了攻不破、打不垮的坚固堡垒，不但有效消耗了日军的有生力量，而且在战略上牢牢牵制住了日军，使敌后战场逐渐上升成为中国抗战的主战场。中国共产党领导的抗日战争，不仅赢得了抗日民族解放战争的胜利，也为建立自由、民主、进步的新中国创造了有利条件。

三、近 450 万名党员：万象更新，建立社会主义新中国

中国共产党基于对长期革命和建设经验的总结，提出了"一切为了群众、一切依靠群众，从群众中来，到群众中去"的群众路线。这正是中国共产党不断取得革命胜利的重要法宝，也是中国共产党人自信的底气之所在。1947年全国土地会议召开后，中共中央颁布了《中国土地法大纲》，解放区广大农村掀起了轰轰烈烈的土地改革运动。1948 年秋，中国共产党在一亿人口的解放区消灭了封建生产关系，广大农民在政治上和经济上实现了"翻身"，政治觉悟和组织程度空前提高。在"参军保田"的口号下，大批青壮年农民涌入人民军队，广大支前群众依靠人力和相当落后的工具，用肩挑、车推、驴驮、船运等方法，将大量的粮食、弹药等军需物资源源不断地运往前线，将伤病员送到后方救治，使解放战争获得了取之不尽的人力、物力支援。"据统计，三大战役共动员支前民工 880 余万人次，人民群众出动支前的大小车辆 141 万辆，担架 36 万余副，牲畜 260 余万头，粮食 4.25 亿公斤。"① 正是在群众路线的指引下，近 450 万中国共产党党员紧紧依靠广大人民群众取得了新民主主义革命的胜利，完成了三大改造，最终建立了社会主义新中国。

四、3500 多万名党员：改革开放，昂首挺胸迈入新时期

1977 年年底，中国共产党党员人数达到了 3500 多万。但经历了十年"文化大革命"的重创，社会主义现代化建设进入了迷惘阶段——中国该往何处走？这成为亟待解决的时代问题。这时，以邓小平同志为主要代表的中国共产党人站了出来，以《实践是检验真理的唯一标准》一文引发全国范围内关于真理标准问题的大讨论，抨击了"两个凡是"错误思想，完成了思想上的拨乱反正；根据我国基本国情，在党的十一届三中全会中作出了将工作重心转移到经济建设上来的重要决定以及实施改革开放这一伟大决策；在党的十三大上创造性地提出了社会主义初级阶段理论，制定了"一个中心、两个基本点"的基本路线，提出了"三步走"的发展战略，使我国社会主义现代化建设进入了改革开放的崭新阶段。就像《春天的故事》歌词里描述的那样："1979年，那是一个春天，有一位老人在中国的南海边画了一个圈，神话般地崛起座座城，奇迹般地聚起座座金山……"

---

① 中国文明网. 永远的丰碑：解放战争期间的人民支前运动 [EB/OL]. (2008-09-08) [2020-10-29]. http://archive.wenming.cn/wmdjr/2008-09/08/content_14343144.htm.

五、8000多万名党员：脚踏实地，严正党纪，不忘初心

截至2010年年底，中国共产党党员的人数为8026.9万；党的基层组织有389.2万个，其中基层党委18.7万个，总支部24.2万个，支部346.3万个①。8026.9万，这个数字几乎相当于德意志联邦共和国的人口总和。如此庞大的数字表明中国共产党党员这个"身份"有着巨大的吸引力。为什么如此多的中国人愿意加入中国共产党？中国共产党之所以能够在艰难复杂的环境中不断发展壮大，能够成为实现中华民族伟大复兴的坚强领导核心，主要有三个原因：一是坚持理想信念，始终具有崇高的历史责任感和使命感；二是坚持实事求是的思想路线，把马克思主义基本原理同中国具体实际相结合，坚定不移地走自己的路；三是坚持全心全意为人民服务的根本宗旨，始终贯彻党的群众路线，把实现好、维护好、发展好最广大人民群众的根本利益作为自己一切工作的出发点和落脚点。从救亡图存到国富民强：2009年，全球金融危机爆发一年之后，世界主要经济体仍举步维艰、自顾不暇，但中国已经率先实现了经济复苏。2010年，拥有8000多万名党员的中国共产党，成功引领中国成为世界第二大经济体，成为世界舞台中闪亮的焦点。

六、9500多万名党员：民族自信，实现伟大复兴中国梦

历经100年风风雨雨，中国共产党带领中国人民抵御了各种风险挑战，不断成长。党的十八大以来，以习近平同志为核心的党中央敢于担当，不忘初心，牢记使命，砥砺前行，坚定"两个一百年"奋斗目标，在民族复兴的伟大征途上日夜兼程：从国内改革发展看，中国经济发展进入新常态，转变发展方式、优化经济结构、转换增长动力平稳推进，精准扶贫成为国家战略部署，高质量发展成为大势所趋、民心所向；从国际交流合作看，"一带一路"建设顺利推进，亚洲基础设施投资银行顺利开张，推动构建人类命运共同体理念被全世界越来越多国家认可。回顾中华民族近代以来的伟大历程，中国共产党无疑是最优秀、最自信的政党，同时也是最善于激发民族自豪感、重塑民族自信心、聚合民族凝聚力的人民的政党。可以说，9500多万名中国共产党党员的自信根植于对马克思主义理论的高度自信，源于对中国特色社会主义道路、理论、制度、文化的坚定自信，是前进道路上最宝贵的精神财富。

---

① 中央政府门户网. 至2010年底中国共产党党员8026.9万 基层组织389.2万个 [EB/OL].
(2011-06-24) [2020-11-02]. http://www.gov.cn/wszb/zhibo459/content_1891691.htm.

飞夺泸定桥：心中有信仰　脚下有力量①

在中国革命历程中，红军的二万五千里长征书写了无数可歌可泣的感人故事，描绘了中国共产党和中国人民为国家独立、民族解放和人民幸福迎难而上、永不言弃的壮丽史诗。在红军长征的众多英雄史迹中，飞夺泸定桥的壮举举世驰名。

1934 年 10 月，中央机关和红一方面军主力被迫撤离中央根据地，进行战略大转移——长征。长征初期，红军遭遇重挫，突破敌人四道封锁线后，减员过半，在此危急关头，遵义会议召开，确立了毛泽东在军事上的领导地位，中国革命迎来了新的转机。随后，红军纵横驰骋于川滇黔三省，四渡赤水出奇兵，巧渡金沙江显神威，逐渐赢得了战略上的主动。红军通过"彝海结盟"顺利迈过凉山彝区之后，大渡河天险成为摆在红军面前最大的障碍。

1935 年 5 月 25 日，红一师利用安顺场的渡口顺利过河，但短时间内大部队根本无法借助数只木船悉数跨越大渡河天堑，完成战略转移。摆在红军面前的是前有险阻、后有追兵的严峻形势，若无良策，后果不堪设想。此时，毛泽东、周恩来等人当即作出了飞夺泸定桥的决定。1935 年 5 月 28 日，红四团接到红一军团命令，要求以最高的行军速度和坚决机动的手段去完成飞夺泸定桥的光荣任务。令出必行，红四团以一天行进 120 千米的速度，昼夜不息、争分夺秒。行军期间多有险阻，大雨滂沱、道路泥泞，红军虽然每人拿了根拐杖，但一不留神就会滑倒。即使这样，还是有人不断打瞌睡，走着走着就闭上眼睛站住了，后面的人推他一把才恍然惊醒。无奈之下，红军解下绑腿，前后连接起来相互拉着走，避免睡着后摔倒。红四团克服重重困难，终于在 5 月 29 日凌晨出其不意地出现在泸定桥西岸并与敌军交火。22 名红军勇士迅速组成突击队，冒着敌人的枪林弹雨、面对熊熊烈火，攀爬着被敌人拆去桥板的铁索，一举夺下泸定桥，全歼守敌，为全军胜利打开了通道，谱写了红军长征中最壮丽的诗篇。

红军最终飞夺泸定桥，顺利占领了泸定城，重创川军 1 个团，俘敌 100 余人，缴枪 100 余支。飞夺泸定桥之后，中央红军渡过了大渡河天险，在泸定经过化林坪等大大小小的战斗，成功摆脱了国民党军在大渡河的包围和追赶。这场战斗粉碎了蒋介石利用大渡河天险消灭红军的计划，是红军长征中具有战略意义的重大胜利之一。

---

① 本案例根据红军飞夺泸定桥纪念馆内图片、史料介绍编写而成。

案例思考：

如何从飞夺泸定桥的战斗中理解中国共产党人的信仰？

案例解析：

"艰难可以摧残人的肉体，死亡可以夺走人的生命，但没有任何力量能够动摇中国共产党人的理想信念。"① 坚定的马克思主义信仰是红军脚踏实地、奋斗不止的力量来源。心中有信仰，脚下有力量，正是中国共产党人比金坚的信仰，才能以一天 120 千米的行军速度夺占泸定桥，才能冒着敌人的枪林弹雨、熊熊烈火，攀爬铁索顺利过桥，才能创造一次次"飞夺泸定桥"式的伟大奇迹。

主题活动：观看微视频《初心》，谈谈自己来大学求学的初心

1. 实践目的

老师通过组织学生观看微视频《初心》，引导学生学习领会中国共产党人的初心，在此基础上，邀请学生结合自身情况谈谈大学求学的初心，激励学生始终不忘初心、砥砺前行，做新时代的有为青年。

2. 实践方案

（1）时间、地点：课堂 15 分钟、教室。

（2）人员：授课班级全体同学。

（3）流程：老师组织全体学生在课堂上观看微视频《初心》，视频观看结束后随机抽取 2~3 名学生结合自己来大学求学的初心谈谈感想。

3. 实践评价

实践评价采用的评分表如表 2-1 所示。

表 2-1　评分表

评价标准	满分	得分
观看情况	30	
契合主题	40	
语言表达	30	
总分	100	

---

① 习近平. 在纪念红军长征胜利 80 周年大会上的讲话［N］. 人民日报，2016-10-22（2）.

专题二 毛泽东思想及其历史地位

近代中国陷入内忧外患的处境，遭受了深重的灾难，以毛泽东同志为主要代表的中国共产党人，将马克思主义的基本原理同中国的具体革命和建设实际相结合，创立了毛泽东思想，把旧中国变成了社会主义新中国。

问题一：如何理解毛泽东思想形成发展的历史条件？

时代背景、中国革命与建设实践的需要，是毛泽东思想形成发展的客观条件；毛泽东对中国革命和建设的探索，是毛泽东思想形成发展的主观条件。

一、毛泽东思想形成发展的时代背景

19 世纪末 20 世纪初，世界进入帝国主义和无产阶级革命时代，毛泽东思想正是在这一时代背景下应运而生。

1. 马克思列宁主义传入中国，中国革命有了科学的指导思想

十月革命给中国送来了马克思列宁主义，帮助中国的先进知识分子开始把无产阶级的世界观作为观察国家命运的工具，中国革命从此有了科学的指导思想。

早期马克思主义在中国的传播主要包括创办期刊、组织社团、翻译并出版马克思列宁主义经典书籍等。这一时期包括《新青年》等在内的期刊种类众多且分布广泛，使得马克思主义理论在我国广泛传播；许多受到马克思主义影响的有志青年纷纷组织社团，如李大钊在北京组织了我国第一个研究马克思主义的社团——"北京大学马克思学说研究会"，毛泽东同志创办了"文化书社"等；同时，我国的先进知识分子翻译并出版了许多马克思主义经典书籍，其中就有陈望道翻译完成的中文版《共产党宣言》等，为马克思主义在中国的传播和发展奠定了良好的基础，也为中国革命找到了科学的指导思想。

2. 第二次世界大战后两大阵营陷入对立和斗争，中国于夹缝中求生存

第二次世界大战后，以美国和苏联为首的两大阵营针锋相对。美国不甘失败，在政治上孤立中国、经济上封锁中国、军事上威胁中国。而中苏两国由于在意识形态和社会制度方面存在共同点，又有共同的对手——美国，因此，中国与苏联确立了友好的同盟关系。周恩来同志指出，"我们要联合国际上一切

可以联合的力量，反对殖民主义、帝国主义特别是超级大国的霸权主义。我们愿意在和平共处五项原则的基础上同一切国家建立和发展关系"①。然而，令人意想不到的是，苏联逐渐推行霸权主义政策，企图把中国纳入与美国争霸的轨道。例如，"1960 年，苏联片面撤走在华的全部专家，撕毁了 243 个合同书，废除科技合作项目 257 个，给中国经济建设造成巨大损失。同年，苏联在新疆挑起边境冲突事件，中苏关系恶化"②。这些行为显然与中国的独立自主的外交政策相违背，中国也绝不允许他国干涉中国的内政外交。毛泽东思想所确立的独立自主外交政策也正是在处理同这两个超级大国的关系中经受住了严峻考验，并得到充分发展。

二、毛泽东思想形成发展的实践基础

长期以来，在国际共产主义运动中，盛行把马克思主义教条化、把共产国际决议和苏联经验神圣化的错误倾向，中国革命也曾因此几乎陷于绝境。毛泽东思想正是在同这种错误倾向作斗争的过程中逐步形成和发展起来的。中国共产党领导的革命和建设的成功实践，是毛泽东思想产生的实践基础。

1. 新民主主义革命时期的革命实践活动

毛泽东思想正是在新民主主义革命时期萌芽、形成和发展起来的。毛泽东思想的萌芽阶段是从 1921 年 7 月 23 日党的一大召开至 1927 年 7 月第一次国内革命战争结束。这一时期，中国人民在中国共产党的领导下，进行了反对帝国主义、北洋军阀的斗争。毛泽东思想产生于土地革命战争时期，在此期间，中国共产党开辟农村革命根据地，进行土地革命，开辟了一条"农村包围城市、武装夺取政权"的道路。在土地革命战争后期和抗日战争时期，毛泽东思想趋于成熟。1936 年，随着中国工农红军长征的胜利，土地革命战争接近尾声；从 1937 年的卢沟桥事变开始，中华民族进入了全面抗战时期。日本帝国主义侵略者严重侵犯中国主权，分裂中国国土，国共两党在 1937 年开始第二次合作，助推毛泽东思想走向成熟。在抗日战争后期，毛泽东思想更加成熟。1945年，抗日战争取得胜利，抗日战争的复杂环境和丰富实践为毛泽东思想的成熟提供了深厚的现实土壤。

---

① 中华人民共和国第四届全国人民代表大会第一次会议上的报告 [N]. 人民日报，1975-01-19（1）.

② 单刚，王英辉. 岁月无痕：中国留苏群体纪实 [M]. 北京：中央编译出版社，2007：41-45.

2. 社会主义革命和建设时期的开创性实践活动

在社会主义革命和建设时期，毛泽东思想得以继续发展。毛泽东关于社会主义革命和建设的重要思想集中体现在《论十大关系》《关于正确处理人民内部矛盾的问题》等主要著作中。1949 年 10 月 1 日，中华人民共和国成立，从此中国开启了历史发展的新纪元。以毛泽东同志为主要代表的中国共产党人，依据新民主主义革命胜利所创造的向社会主义过渡的经济政治条件，从中国实际出发，形成了关于中国社会主义革命和建设的理论。例如，针对如何解决敌我之间和人民内部的矛盾，毛泽东就曾指出，"我们历来就主张，在人民民主专政下面，解决敌我之间的和人民内部的这两类不同性质的矛盾，采取专政和民主这样两种不同的方法"[1]。

正是在中国共产党长期的革命和建设实践中，毛泽东思想才得以形成和发展。因此可以说，新民主主义革命、社会主义革命和社会主义建设是毛泽东思想形成发展的实践基础。

三、毛泽东思想形成发展的主观条件

毛泽东一生致力于中国革命和建设道路的探索。通过早期的社会实践和学习马克思主义理论，他从改良主义者成长为马克思主义者，并始终坚持将马克思主义与中国具体实际相结合，以探索具有中国特点的革命与建设道路。

1. 毛泽东放弃改良主义，选择马克思主义

毛泽东最终选择了马克思主义而不是改良主义，有两个重要原因。一是毛泽东在改良主义实践过程中遭遇挫败。1920 年 6 月，因军阀内部矛盾，张敬尧被赶出湖南，谭延闿主湘，宣称湖南要进入"湘人治湘""湘省自治"阶段。此时，毛泽东思考改造湖南和改造中国的方法。1920 年 9 月 3 日，毛泽东在长沙《大公报》新开辟的"湖南建设问题"专栏中发表《湖南建设问题的根本问题——湖南共和国》一文，明确指出："九年假共和大战乱的经验，迫人不得不醒觉，知道全国的总建设在一个期内完全无望。最好办法，是索性不谋总建设，索性分裂，去谋各省的分建设，实行'各省人民自决主义'。"[2] 这一惊世骇俗的构想，当然不可能被湖南军阀认同。赵恒惕取代谭延闿后，甚至指使警察召毛泽东诘问。毛泽东在这一事件中倍感疲惫和伤痛，于是去萍乡休息，他给向警予写信说："几个月来，已看透了，政治界暮气已深，腐败已

① 毛泽东. 关于正确处理人民内部矛盾的问题之一 [N]. 人民日报，1957-06-19 (1).

② 程仟. 论苏俄、共产国际与毛泽东人民民主专政理论的初步奠基：纪念毛主席逝世 40 周年 [J]. 理论观察，2016 (11)：10.

甚，政治改良一途，可谓绝无希望。吾人惟有不理一切，另辟道路。"① 二是毛泽东受到俄国十月革命的启发和马克思主义的熏陶。1918 年，毛泽东第一次来到北京。在北京大学图书馆，他阅读了李大钊的《庶民的胜利》《布尔什维主义的胜利》等宣传十月革命和马克思主义的文章，深受影响。1920 年，毛泽东第二次来到北京，当他阅读了《共产党宣言》《阶级斗争》《社会主义史》等书籍后，他的世界观和人生观发生了根本转变，从而坚定地放弃了改良主义，选择了马克思主义。

2. 毛泽东坚持将马克思主义中国化

在选择马克思主义后，毛泽东始终坚持把实现马克思主义中国化作为中国共产党人的神圣使命。他明确指出"马克思主义必须和我国的具体特点相结合，并通过一定的民族形式才能实现"②，"要使马克思列宁主义的理论和中国革命的实际运动结合起来，是为着解决中国革命的理论问题和策略问题而去从它找立场，找观点，找方法的"③。他在理论创新和指导实践创新两方面均作出了历史性的贡献：他以极大的政治勇气和理论勇气，在极其艰苦复杂的环境中创新马克思主义理论，形成了具有中国特色的马克思主义理论成果——毛泽东思想；他善于"以与时俱进的马克思主义的科学理论为指导，用以解决中国革命和建设不同发展阶段的路线、方针、政策和策略，并为全党和全国人民所接受和掌握，成为共同的行动指南"④。

伟大的军事才能：四渡赤水出奇兵⑤

红军长征是中国革命史上的壮丽诗篇，而四渡赤水是长征史上最光彩神奇的篇章，展现了毛泽东伟大的军事才能。这正如坊间流传的佳话：四渡赤水出奇兵，毛主席用兵真如神。

一渡赤水之跳出包围圈。遵义会议后，蒋介石调集多方兵力，从四面八方包围遵义。1935 年 1 月 27 日，土城郊外，红军与川军交战，川军人多势众，局势对红军不利。1 月 28 日，朱德带领部队坚守青杠坡阵地，陈赓辅助朱德抗敌，红军成功反扑。但蒋介石又调集兵力增援川军，想歼灭红军。毛泽东审

---

① 文热心. 青年毛泽东之路 (26)：思考湘赣边 [N]. 湖南日报，2014-02-17 (4).

② 毛泽东. 毛泽东选集：第 2 卷 [M]. 2 版. 北京：人民出版社，1991：534.

③ 毛泽东. 毛泽东选集：第 3 卷 [M]. 2 版. 北京：人民出版社，1991：801.

④ 陈雪薇. 毛泽东对马克思主义中国化的历史性贡献 [N]. 光明日报，2012-06-13 (11).

⑤ 本案例根据贵州卫视专栏《听将军讲长征的故事》中的《军事才能：四渡赤水》编写而成。

时度势，决定放弃北渡长江计划。1 月 28 日晚，红军趁着夜色迅速撤离，在赤水河猿猴场渡口，扔掉多余行李，轻装上阵，一渡赤水，跳出了敌军在黔北布下的包围圈，一天后进入四川叙永，并向云南扎西方向快速前进。

二渡赤水之再夺遵义。1935 年 2 月，红军到达扎西县城休整，重新整编为十六个团，此时敌人主力在川滇边境又布下了包围圈，于是毛泽东作出了绕回赤水再夺遵义的决定。蒋介石集结大军准备在金沙江包围红军，但是他做梦都没想到，红军此时已迅速掉头，于 2 月 18 日至 21 日，在太平渡、二郎滩二渡赤水，重入贵州。驻守贵州的黔军孤立无援，川军、滇军、中央军均被甩掉，红军如天降神兵，冲过娄山关，再夺遵义，黔军四散逃离。

三渡赤水之战术惑敌。再夺遵义后，川军和中央军都在向红军逼近，毛泽东指挥红军在鸭溪设下埋伏，但敌军察觉后就停止了行军，就地驻扎，企图困死红军。毛泽东见中央军和川军迟迟未到，当即决定不能再镇守遵义。1935 年 3 月 6 日，周恩来率领中革军委（中华苏维埃共和国中央革命军事委员会）撤出遵义城，向前线靠拢。3 月 13 日苟坝会议后，党中央放弃进攻打鼓新场，佯装攻打鲁班场，在战略上迷惑敌人，声东击西，逼得敌人把仁怀的守军，即周浑元的中央军调来；红军便从鲁班场和仁怀直插茅台镇。3 月 15 日，红军在鲁班场与中央军交战。3 月 16 日至 17 日，中央红军从茅台镇三渡赤水，再次前往川南，进入四川古蔺，再次作出北渡长江的态势。果然蒋介石再次将主力集中到川南，毛泽东的惑敌战术成功，红军取得了战略主动权。

四渡赤水之成功脱敌。1935 年 3 月 20 日至 22 日，毛泽东指挥中央红军秘密、迅速地从二郎滩、太平渡等渡口第四次渡过赤水，同时派出一支诱敌部队吸引敌方视线，为红军主力提供掩护。诱敌部队在四川古蔺县城附近遭遇川军阻拦，双方猛烈交火，伪装主力的气势，只待敌军上钩。此时在贵阳的蒋介石命令部下死守长江，滇军从侧翼进入川南，寻机与红军作战；又指挥周浑元纵队过赤水，支援古蔺，命令其在一天内消灭红军，孤注一掷。蒋介石这一决策使得主力部队基本上到达赤水以西去追击诱敌部队。隐蔽在川南山区的红军抓紧机会向东四渡赤水，再次悄悄回到贵州，这一次几乎所有敌人被甩到了身后，红军终于成功脱敌。

案例思考：

如何理解"四渡赤水出奇兵，毛主席用兵真如神"这句话？

案例解析：

四渡赤水战役是红军在第五次反围剿失败后，为保存力量而被迫进行的战略转移中的一场出色的运动战。红军四渡赤水，摆脱了数十万敌军的围追堵截，纵横驰骋于川滇黔边境广大地区，积极寻找战机，有效地调动和歼灭敌人，彻底粉碎了蒋介石等反动派企图围歼红军于川滇黔边境的狂妄计划，取得了红军长征史上以少胜多、变被动为主动的光辉战例。"四渡赤水战役是中国共产党和中国革命事业从挫折走向胜利的伟大转折，是长征中的一部壮丽英雄史诗。"①

问题二：如何从中国革命、建设的历程来理解毛泽东思想形成发展的过程？

理解毛泽东思想的形成与发展，可以站在中国革命建设历程的角度，从毛泽东思想的初步形成、走向成熟、继续发展三个时期去考察。

一、1921—1935 年：毛泽东思想初步形成

从 1921 年中国共产党成立开始，毛泽东就登上了中国革命的历史舞台，在马克思列宁主义的指导下，开始探索中国革命道路。这一过程中，毛泽东思想也逐步萌芽。到中国共产党发表《中国苏维埃政府、中国共产党中央为抗日救国告全体同胞书》（《八一宣言》），毛泽东思想的雏形基本形成。

第一次国内战争时期，毛泽东在 1925 年 12 月 1 日发表了《中国社会各阶级的分析》。在文章中，他以马克思主义的阶级分析方法，对中国社会各阶级进行了分析，辨明了中国革命的敌人和朋友，集中了当时党内的正确主张，初步提出了关于中国新民主主义革命的基本思想——团结一切无产阶级、小资产阶级，争取中产阶级左翼，打倒帝国主义、军阀、官僚、地主、买办阶级以及中产阶级的右翼，建立各革命阶级的联合统治。这一思想的提出，标志着毛泽东思想开始萌芽，意味着中国革命自此进入了新的历史阶段。

土地革命时期，毛泽东在湘赣边界第二次党代会上，总结了井冈山根据地及其他地区建立小块红色政权的经验教训，并从理论上阐述了"工农武装割据"的思想。在之后的《井冈山的斗争》《星星之火，可以燎原》等文章中，通过对各地红军、红色政权和农村革命根据地建设经验的总结，他指出了中国革命的发展规律是农村包围城市、武装夺取政权。这一思想是以毛泽东同志为主要代表的中国共产党人对马克思列宁主义的运用和发展，它反映出中国特殊的历史条件及由此决定的中国革命发展的特殊规律，更为清晰地指明了中国革命走向胜利的唯一正确道路，毛泽东思想得以初步形成。

---

① 黄先荣. 四渡赤水最能展现长征精神 [J]. 理论与当代，2017 (10)：50.

二、1935—1945 年：毛泽东思想走向成熟

1935 年 1 月召开的遵义会议，是中国共产党历史上的重要转折点，结束了王明"左"倾错误在中央的统治地位，开始确立毛泽东在党内的领导核心。

1943 年 7 月 5 日，王稼祥为纪念中国共产党成立 22 周年而作的《中国共产党与中国民族解放的道路》一文，第一次明确提出"毛泽东思想"这个概念，并阐明了其含义："毛泽东思想就是中国的马克思列宁主义，中国的布尔什维克主义，中国的共产主义。"[①] 王稼祥把中国共产党的成长壮大同毛泽东思想的形成发展，作为同一个历史过程，指出中国共产党是在 1925 年至 1927 年的大革命、苏维埃运动和最近六年来的抗日战争中壮大起来的。王稼祥还特别指出毛泽东思想"是马克思列宁主义与中国革命运动实际相结合的结果"[②]。

毛泽东思想成熟的过程应是从遵义会议到党的七大，这个过程有其内在的发展轨迹：从时间上讲，是不同阶段的成熟，时间节点是遵义会议、党的六届六中全会、延安整风运动、党的七大；从内容上讲，是不同层次的成熟，理论标志是毛泽东哲学思想的成熟、新民主主义理论的成熟、毛泽东思想科学体系的成熟。延安整风运动开创了全党马克思主义的教育运动，促进了毛泽东思想科学体系的发展，而党的七大是对这个过程的总结，是毛泽东思想科学体系成熟的标志。

三、1945—1976 年：毛泽东思想继续发展

解放战争后，毛泽东从中国的基本国情出发，进一步提出了人民民主专政理论、社会主义革命理论及社会主义建设理论，丰富和发展了毛泽东思想。

1. 七届二中全会——重心转移，"两个务必"

1949 年 3 月 5 日，中国共产党第七届二中全会在西柏坡召开，毛泽东在《在中国共产党第七届中央委员会第二次全体会议上的报告》中指出，党的工作重心必须由乡村移到城市，城市工作也必须以生产建设为中心，确定了中国由农业国转变为工业国、由新民主主义社会转变为社会主义社会的发展方向，同时提出了"两个务必"的思想：务必使同志们继续地保持谦虚、谨慎、不骄、不躁的作风，务必使同志们继续地保持艰苦奋斗的作风。此次会议确定了

---

① 陈晋. 毛泽东眼里的"毛泽东" [EB/OL]. (2016－07－01) [2020－11－10]. http://dangshi.people.com.cn/n1/2016/0701/c85037-28514409-2.html.

② 蒋刚强. 为什么说第一次提出毛泽东思想概念的人是王稼祥？[EB/OL]. (2012－09－28) [2021－02－03]. http://news.china.com.cn/18da/2012-09/28/content_26668838.htm.

我们党一贯主张的坚持人民民主统一战线和建立起一个无产阶级领导的以工农联盟为基础的人民民主专政的新的国家政权的思想，确保了社会主义的发展方向。

2.《论人民民主专政》——工农联盟，新中国构想

为纪念中国共产党成立二十八周年，毛泽东在 1949 年 6 月 30 日发表了《论人民民主专政》，在文章中系统阐述了中国共产党对新中国的构想。文章指出我们应"团结工人阶级、农民阶级、城市小资产阶级和民族资产阶级，在工人阶级领导之下，结成国内的统一战线，并由此发展到建立工人阶级领导的以工农联盟为基础的人民民主专政的国家"①。这篇文章提出了人民民主专政理论，丰富了马克思主义国家学说，为新中国的成立作了政治理论准备。

3.《论十大关系》——明确道路，初步探索

1956 年，苏共二十大对苏联社会主义建设中存在的一些严重问题进行了揭露。此时恰逢中国社会主义改造基本完成，毛泽东在中央政治局扩大会议上发表了《论十大关系》的讲话，提出要以苏联共产党走过的弯路为鉴，推进马克思主义与中国实际的第二次结合；还总结了我国社会主义建设的经验，提出要调动一切直接的和间接的力量，为把我国建设成为一个强大的社会主义国家而奋斗的要求。《论十大关系》重点讨论了经济问题和同经济建设密切相关的国家政治生活中的一些重大问题，明确了建设社会主义的根本思想是必须根据本国情况走自己的道路。自此，中国共产党开启了对社会主义建设道路的初步探索。

4.《关于正确处理人民内部矛盾的问题》——矛盾处理，开启建设

社会主义三大改造完成后，我国进入全面建设社会主义新时期。而此时，东欧一些社会主义国家出现了动乱，我国也涌现出一些新问题、新矛盾——社会主义改造和建设中出现的一些失误，以及少数干部存在官僚主义作风，严重脱离群众，引起了部分群众的不满。在这个阶段，如何科学看待并正确处理这些问题，是摆在党和国家面前的一大考验。经过长时间观察思考，以及对近期国内外发生的重要事件的经验教训进行总结，毛泽东关于如何正确处理人民内部矛盾问题的思想也逐渐成熟。1957 年 2 月 27 日，毛泽东发表了《关于正确处理人民内部矛盾的问题》的重要讲话，提出了社会主义社会存在着敌我矛盾和人民内部矛盾两类不同性质矛盾的观点。他全面地分析了各种类型的人民内部矛盾，系统地论述了正确处理各种矛盾的方针政策，提出要把正确区分和

---

① 毛泽东. 毛泽东选集：第 4 卷 [M]. 2 版. 北京：人民出版社，1991：1472.

处理人民内部矛盾作为社会主义国家政治生活的主要内容。这是中国共产党在探索社会主义建设道路中的一个重要理论成果，为我国社会主义事业的发展奠定了理论基础。

毛泽东的诗词：伴随革命岁月，"见证"伟大思想的诞生①

中国共产党于乱世中沉浮、于革命中奋起，毛泽东的诗词绘就了中国共产党产生、发展、壮大的历程，描绘了中国革命岁月，见证了毛泽东思想的诞生。

1927 年春，以蒋介石为首的反动派窃取北伐战争果实，革命危机四伏，而陈独秀却一再妥协退让，限制工农活动。在国民大革命失败前夕，毛泽东站在黄鹤楼遗址附近，慨然写下《菩萨蛮·黄鹤楼》，词中虽有"烟雨莽苍苍，龟蛇锁大江"的对革命前途的担忧之情，但也有"把酒酹滔滔，新潮逐浪高"的将革命进行到底的信心和决心。大革命彻底失败后，毛泽东在革命实践中提出并阐述了农村包围城市、武装夺取政权的思想，革命根据地如星火燎原之势蔓延在中国大地，毛泽东思想初步形成，中国革命也渐渐有了希望。

长征初期红军节节失利，特别是湘江一战，红军由八万余人锐减到三万余人，付出了惨重的代价。遵义会议后，红军险中求胜，突破娄山关、再夺遵义城。在《忆秦娥·娄山关》中，我们可置身于娄山关上"西风烈，长空雁叫霜晨月""苍山如海，残阳如血"的恢宏之境中，又可见"雄关漫道真如铁，而今迈步从头越"的豪迈之情。一沉一起中可见长征之曲折与艰难以及在绝地之处逢生的不易。在这之后，毛泽东以"兵来将挡，水来土掩"的智慧和魄力带领红军突破重重险阻，终于与陕北红军胜利会师。毛泽东写下《七律·长征》，描绘了长征中红军巧渡金沙江、强渡大渡河、飞夺泸定桥、跨越雪山草地的组图以及最终"更喜岷山千里雪，三军过后尽开颜"的欣喜之情。长征的胜利也标志着毛泽东思想的逐渐成熟。

1949 年 4 月 21 日，毛泽东和朱德发布《向全国进军的命令》，号令全军"奋勇前进，坚决、彻底、干净、全部地歼灭中国境内一切敢于抵抗的国民党反动派，解放全国人民，保卫中国领土主权的独立和完整"。顿时，"钟山风雨起苍黄，百万雄师过大江"，天翻地覆，人民解放军渡过长江，占领南京，可谓"天若有情天亦老，人间正道是沧桑"。

---

① 本案例根据周振甫 2019 年在中华书局出版的书籍《毛泽东诗词欣赏》和 1991 年人民出版社出版的《毛泽东选集（第四卷）》内容编写而成。

案例思考：

为什么说产生于中国革命与建设岁月的毛泽东诗词"见证"了伟大思想的诞生？

案例解析：

毛泽东是中国人民的伟大领袖，他一生热爱诗词，留下了不少脍炙人口的诗词名篇。毛泽东的诗词创作于波澜壮阔的中国革命与建设时期，反映了中国共产党在革命与建设的不同阶段所处的不同时局、面临的不同问题及毛泽东的所感所思所悟，具有强大而深厚的生命力和历史意蕴。因此，可以说毛泽东的诗词"见证"了毛泽东思想的伟大诞生，堪称一幅鲜活的中国革命诗史画卷。

问题三：毛泽东在党内是如何确立和巩固其核心地位的？

作为中国共产党第一代领导集体的核心，毛泽东带领中国共产党创造了中国革命的奇迹，改变了中华民族的前途和命运。然而，他在党内核心地位的确立与巩固并非一蹴而就，经历了从遵义会议确立到党的六届六中全会巩固，再到党的七大真正确立与巩固这一艰难曲折的历程。

一、从改良主义者向马克思主义者转变，奠定了毛泽东成为党的领导核心的基础

青年毛泽东在成为一名坚定的马克思主义者之前，受到新文化运动时期各种思潮影响，成为一名改良主义者。后来，他在回忆这个时期的思想状况时说："在这个时候，我的思想是自由主义、民主改良主义、空想社会主义等观念的大杂烩。"[1] 1920 年之前，毛泽东通过实践进行了一系列改良主义的实验，成立"新民学会"，创刊《湘江评论》，组织"驱张运动"……但这些基于改良主义的宣传活动和失败的请愿活动，未能在当时社会激起浪花。改良主义在旧中国不可调和的社会矛盾面前，逐渐暴露出了本质上的软弱与无力。改良主义实践的失败，促使毛泽东政治思想的转变。而随着对马克思主义的深入学习，马克思主义的科学性越发震撼着毛泽东。1921 年 1 月，毛泽东在新民学会公开抛弃了改良主义。随后几个月，他便与何叔衡等人在长沙秘密组建共产主义小组，并于 1921 年 7 月前往上海参加党的一大，正式开始了作为马克思主

---

① 康松乔，邢邦明，阿勇. 毛泽东接受马列主义经过 [J]. 湖南文史，2001（2）：42.

义者的革命之路。毛泽东从改良主义者到马克思主义者的转变，离不开他在实践中的积极探索；而这一思想上的转变也为毛泽东成为党的领导核心奠定了基础。

二、卓越的军事理论和作战指挥才能，确立了毛泽东在红军中的最高领导地位

遵义会议之前，中国共产党陷入"左"倾错误领导之中。第五次反"围剿"失败、战略转移途中湘江战役的严重挫折，使中央红军陷入生死存亡的危险境地，党内急需一位能够指挥红军重新走向胜利的领导者，这便是毛泽东。其一，毛泽东是中央红军的主要缔造者和中央苏区的主要开创者之一，他在革命斗争实践中所摸索出的农村包围城市的道路和一整套契合中国革命实际的军事思想与战略战术，是革命根据地由小到大、红军由弱到强的重要指针。同时，他在建立和巩固根据地，扩充红军，筹集粮草，打游击战、运动战等方面都有一整套成熟的经验，成功领导了红军前四次反"围剿"。毛泽东的军事理论在这些实践中不断发展成熟起来，创立了较为完备的军事理论体系。其二，毛泽东在作战指挥中遵循实事求是的原则，及时分析战争形势，作出正确判断。在敌强我弱的态势下，毛泽东指出："打得赢就打，打不赢就走"，"一切的'走'都是为着'打'，我们的一切战略战役方针都是建立在'打'的一个基本点上"①。1935 年 1 月的遵义会议，事实上确立了毛泽东在党中央和红军中的领导地位。在四渡赤水中，毛泽东根据敌情变化，率领中央红军往返于赤水河两岸，佯攻贵阳，威逼昆明，巧渡金沙江，成功突破敌人的包围圈，彻底改变了遵义会议前红军的被动局面，牢牢掌握了战场主动权，最终与红四方面军成功会师。卓越的军事才能使毛泽东在红军中的最高领导地位得到确立。

三、非凡的政治智慧，巩固了毛泽东在党内的领导地位

抗日战争时期，毛泽东在对日作战、处理国共关系和党内矛盾三个方面都展现了非凡的政治智慧，这进一步巩固了毛泽东在党内的领导地位。其一，在中日民族矛盾成为我国社会主要矛盾的历史转折关头，毛泽东审时度势，果断决策，显示出了卓越的领导才能。1937 年 8 月的洛川会议重新组成了以毛泽

---

① 韩金强. 四渡赤水：军事指挥艺术的生动体现［EB/OL］. (2019-07-22)［2020-11-10］. http://dangshi.people.com.cn/n1/2019/0722/c85037-31246955.html.

东同志为核心的党的最高军事领导机构。毛泽东在此次会议上制定了全面抗战路线，规定了党在抗日战争时期的政治纲领、基本任务和各项政策，为党和人民指明了斗争方向。此后，毛泽东通过对局势的分析制定了持久战战略，并依据在战略防御、战略相持、战略反攻三个阶段的具体局势制定不同的策略。其二，在抗日民族统一战线建立和发展的过程中，蒋介石集团一次次地对统一战线发动挑战。毛泽东正确地运用了独立自主原则，精准地把握了独立性与统一性之间的"度"，维护了全党与全民族的利益。其三，面对党内矛盾，毛泽东运用政治智慧进行了有效斗争。1937年11月，王明回国后，以共产国际和中共代表人自居，批评洛川会议的路线和政策，要求放弃党在统一战线中的领导权。对于王明的错误主张，毛泽东进行了抵制和斗争，他进一步阐述和强调了"战争的长期性"，指出"我同意要争取外援，但主要是靠自己，强调自力更生"等原则，强调要坚决保证共产党的独立性①。1938年，党的六届六中全会上，毛泽东凭借坚定而正确的政治立场，得到了共产国际和党内的一致支持，巩固了其在党内的领导地位。1945年，党的七大召开，确立毛泽东思想为党的指导思想，毛泽东在党内的核心地位得到了真正确立与巩固。

四、突出的理论创新能力，夯实了中国共产党作为中华民族主心骨的核心地位

毛泽东拥有突出的理论创新能力，他坚持将马克思主义与中国实际相结合，为毛泽东思想的创立作出了巨大贡献，也进一步巩固了他在党内的核心地位。

在国内革命战争时期，《中国社会各阶级的分析》《湖南农民运动考察报告》等著作，正确认识了中国革命的主要形式，提出并阐述了农村包围城市、武装夺取政权的思想，这标志着毛泽东思想的初步形成。在遵义会议后，《实践论》与《矛盾论》从哲学视角分析了党内"左"的和右的错误的思想根源；《新民主主义论》《论联合政府》等著作，结合了中国革命具体实践，揭示了中国革命的基本规律、基本战略和策略，提出了"使马克思主义在中国具体化"的断论。解放战争时期和新中国成立后，以毛泽东同志为主要代表的中国共产党人先后提出了新民主主义革命理论、社会主义改造理论，更是明确提出了要将马克思列宁主义的基本原理同中国革命和建设的具体实际进行"第二次"结合的观点，由此开启了社会主义现代化建设的艰难探索。

---

① 中共中央文献研究室. 毛泽东传（1893—1949）［M］. 北京：中央文献出版社，1996：513.

毛泽东在党内核心地位的确立与巩固这一漫长的历史过程，锻炼和造就了伟大领袖毛泽东。这既是毛泽东个人努力和奋斗的结果，也是波澜壮阔的中国革命发展的必然选择。毛泽东在军事、政治、理论诸方面所展现出来的卓越才华，使其成为世界现代史中最重要的人物之一，毛泽东思想也成为马克思主义中国化最重大的理论成果。

苟坝会议：马灯照耀天下

1935年春，在贵州遵义山清水秀的苟坝村，一盏小小的马灯，因着一场该不该打的战役，因着一个夜里行走的伟岸身影，有了特殊的意义，它点亮了中国革命的希望，闪耀着真理的光芒。

1935年2月28日，红军二渡赤水再夺遵义。遵义战役后，蒋介石于3月2日飞抵四川重庆（今重庆市），命令各军部队围攻遵义，企图用碉堡阵将红军围歼于遵义、鸭溪地区。毛泽东等人分析后决定撤离遵义，3月6日，周恩来率领中革军委撤出遵义城。3月10日，红军在苟坝村临时驻扎，红一军团林彪、聂荣臻发来急电，提出进攻打鼓新场（今贵州金沙县城）的作战方案，与会多数人讨论认为可以打，而毛泽东则极力反对，认为这样就是掉入敌人陷阱，会陷红军于不利之境。然而，根据少数服从多数的原则，毛泽东的意见没有被采纳，这一决策引起了毛泽东深深的忧虑。当天晚上，毛泽东提着一盏马灯、沿着崎岖的山村小道，找到周恩来。他强调：绝对不能进攻打鼓新场，原因在于黔军和川军离得不远，滇军也即将赶到，红军拿下打鼓新场，就等于掉进了敌人的陷阱；而且敌强我弱，红军的处境依然危险，我们最终的目标是跳出敌人的包围圈，北渡长江，寻找生机，而不是消灭敌人，建议把进攻的命令暂且缓一缓。周恩来再三思虑后决定从长计议。第二天，经过激烈争论，中央撤销了进攻打鼓新场的决议。3月12日，经毛泽东、张闻天等提议，在中央成立了由毛泽东、周恩来、王稼祥三人组成的"新三人团"，即三人军事指挥小组，全权指挥军事。"新三人团"的成立，完成了遵义会议改变党中央最高军事领导机构的任务，进一步确立和巩固了毛泽东在党中央和红军中的领导地位。

苟坝会议的召开在关键时刻挽救了党和红军，避免了重大损失，使革命的火种得以存续，为之后毛泽东正确指导红军三渡、四渡赤水，突破敌军的围追堵截奠定了十分重要的基础。

案例思考：

苟坝会议最重要的历史意义是什么？

案例解析：

苟坝会议彰显了毛泽东对革命形势的正确分析和判断，再一次凸显了他伟大的军事才能，为红军摆脱国民党反动派数十万大军的围追堵截赢得了战略主动，是红军最终突围成功的关键转折点，也进一步巩固了毛泽东在党中央和红军中的领导地位。

主题活动：利用自己经历新冠肺炎疫情的所思所感所想填诗作词

1. 实践目的

教师通过让学生仿写毛泽东诗词《七律二首·送瘟神》，引导学生从 20 世纪 50 年代人们抗击血吸虫病的经验中体会抗疫精神的继承性，同时结合新冠肺炎疫情期间的经历，借助诗词精练的语言来传情达意，抒发心中感想。

2. 实践方案

（1）时间、平台：课余时间、班级 QQ 群。

（2）方式：以自愿组队或个人方式参加，课后创作。

（3）要求：通过诗词表达自己经历新冠肺炎疫情时的感想，语言顺畅合意，内容原创。

（4）流程：学生利用课余时间了解毛泽东诗词《七律二首·送瘟神》的写作背景、主要内容、精神实质，再联系新冠肺炎疫情期间的经历填词作诗。由助教组织学生在 QQ 群以朗诵的形式提交，全班同学在群里进行打分评价。

3. 实践评价

实践评价采用的评分表如表 2-2 所示。

表 2-2 评分表

评价标准	满分	得分
立意深刻高远、创新性	40	
富有情感	20	
声韵、节拍和谐	20	
语言顺畅合意	20	
总分	100	

专题三　新民主主义革命理论

没有科学革命理论的指导，就没有中国革命的成功。中国共产党之所以能够带领中国人民创造一个又一个革命奇迹，走出一条中国特色革命道路，关键在于中国共产党善于把握中国国情、把握中国革命的特征，创造出科学的革命理论用以指导中国革命的实践。

问题一：如何理解"认清中国的国情，乃是认清一切革命问题的基本的根据"？

"认清中国的国情，乃是认清一切革命问题的基本的根据"，这是毛泽东同志基于中国革命的实践以及对中国国情的长期观察提出的观点。在中国革命的漫长历程中，这一观点有着提纲挈领的作用。

一、对近代中国国情的认识与思考

近代以来，中国人对国情的认识经历了一个漫长的过程。在封建社会中，封建统治者把国情当作维护自身统治的合法外衣，阻碍了国家的变革与发展；中国共产党成立后，开始正确认识中国国情，将其作为党制定路线、方针、政策的依据，并在革命实践中深化认识。

1. 近代中国的国情

鸦片战争后，由于封建统治腐朽、西方列强入侵，中国逐渐沦为半殖民地半封建社会，这是近代中国的基本国情。无论是太平天国运动、戊戌变法、洋务运动还是辛亥革命，都未能改变近代中国半殖民地半封建社会的性质。新民主主义革命取得胜利，建立了新中国，才最终结束了漫长的半殖民地半封建社会，实现了民族独立和人民解放。

近代中国，反动派也时常以"国情"为借口维护自身利益，阻碍国家变革，因此，"国情"一词一度也背负着负面名声。例如：同治十三年，清大臣陈彝以国情为由拒绝在台湾与福建之间铺设电线，戊戌变法期间有人以国情为借口阻挠变法，袁世凯借国情复辟帝制……无论是晚清统治者还是国民党政权，由于其阶级局限性，统治者并没有把国情作为推进社会变革的依据，而是把国情作为维护统治合法性的工具。因此，在新文化运动时期和20世纪30年代的争论中，为推动国家发展，改变落后局面，进步人士和马克思主义者对国情大肆批判，他们认为国情就是封建统治者、旧势力维护者的一块遮羞布，受人唾弃。

2. 中国共产党逐步认识中国国情

中国共产党作为新兴的无产阶级政党，从成立之始，便把马克思主义作为指导思想和行动指南。但如何把马克思主义同中国革命和建设具体实际相结合，如何正确认识国情，经历了艰苦的探索过程。

建党初期，中国共产党尚不成熟，对国内外局势的认识还不充分，对国情的认识也很肤浅。党的二大对国情进行了初步分析，认清了中国的社会性质，以及中国革命的性质、对象、动力和前途，指出了中国革命要分两步走（第一步是民主主义革命，第二步是社会主义革命），并在中国近代史上第一次明确提出了彻底地反帝反封建的民主革命纲领。1922年6月15日，中共中央发表《中国共产党对于时局的主张》，分析了辛亥革命以后国际帝国主义和中国封建军阀互相勾结，共同压迫中国人民的历史和现状，将中国定位为国际帝国主义和本国封建军阀与官僚统治下的"半独立的封建国家"。1923年，陈独秀在《中国国民革命与社会各阶级》一文中使用了"半殖民地"这一概念。毛泽东也在《北京政变与商人》的政论文章中使用了"半殖民地"这一概念。1926年，蔡和森在《中国共产党史的发展》中第一次将"半殖民地"和"半封建"连起来使用，提出了"半殖民地和半封建的中国"的概念，这一表述是中国共产党人对中国社会性质最早的、最完整的表述。

二、毛泽东指出"认清中国的国情，乃是认清一切革命问题的基本的根据"

在中国革命的实践中，毛泽东同志不断调查研究中国国情，深化对国情的认识。从1930年发表的《星星之火，可以燎原》到1939年发表的《〈共产党人〉发刊词》《中国革命和中国共产党》，再到1940年发表的《新民主主义论》等一系列著作，对中国国情作了透彻的分析——当前中国的革命性质，不是无产阶级社会主义的，而是资产阶级民主主义的。这些思想初步构建起了新民主主义革命理论，为正确认识近代中国社会的基本国情奠定了坚实的思想基础。

基于对中国国情的透彻分析，毛泽东在1939年所写的《中国革命与中国共产党》一文中就作出了论断："认清中国的国情，乃是认清一切革命问题的基本的根据。"这是中国共产党对探索中国革命道路的经验总结。

1. 提出背景

中国共产党成立后，曾经在一个较长的时期内，对如何革命、革谁的命等基本问题没有形成一致的意见。最主要的一次争论发生在 1930 年，当时红军内部弥漫着一股悲观的情绪，面临着"红军向何处去？革命的道路应该怎么走？"等一系列问题。当时党内有一种观点认为，在革命高潮尚未到来的情况下，不要忙于建设根据地，应该采取流动游击方式去扩大政治影响，等到全国各地争取群众的工作做好了，再来一个全国武装起义，那时再把红军的力量加上去，就成为全国范围的大革命了。毛泽东在给林彪的回信中，对这种观点进行了毫不留情的批评，"他们这种全国范围的、包括一切地方的、先争取群众后建立政权的理论，是于中国革命的实情不合适的。他们这种理论的来源，主要是没有把中国是一个许多帝国主义国家互相争夺的半殖民地这件事认清"①。这里，毛泽东提到的中国革命的实情，就是中国革命时期的国情。在毛泽东看来，党内出现如何革命的道路之争，根本原因就是没有把中国是一个许多帝国主义国家互相争夺的半殖民地这一"基本国情"认识清楚，这引发了毛泽东对国情与革命关系问题的思考。

2. 科学内涵

中国国情不同于世界上其他任何一个国家，要想建立社会主义新中国，革命道路也应具有独特性，不可照搬照抄苏联模式。俄国十月革命走的是中心城市暴动、武装夺取政权的道路。俄国革命的主要力量是集中在大城市的数量庞大的工人与士兵，资产阶级的剥削使他们对社会不满，革命便有了坚实的群众基础。再加上以列宁为首的布尔什维克党的正确决策、周密准备，革命才能取得成功。但在中国，情况则完全不同。中国共产党先后发动南昌起义、秋收起义、广州起义，想努力占据大城市，但都以失败告终，起义军、工人赤卫队和拥护革命的群众遭到了国民党军队的血腥镇压。血的教训告诉共产党人：盲目照搬苏联经验是行不通的，必须从本国实际出发。当时中国的基本国情是攻占大城市的时机尚未成熟，要向敌人统治薄弱的农村进攻。农民占全国总人口的绝大多数，城市不能完全统治农村，农村却可以离开城市相对独立地存在，农村有利于开展土地革命。同时，农民受封建势力剥削，积怨已久，能够积极参与到革命中来，工农结合的道路形成了，全国的革命形势才会呈现"星火燎原"之势。而 1933 年第五次反"围剿"的失败，更加证明了在当时敌我力量

---

① 毛泽东. 毛泽东选集：第 1 卷 [M]. 2 版. 北京：人民出版社，1991：97-98.

悬殊的情况下，中国共产党必须要走"农村包围城市、武装夺取政权"的道路。

3. 认清国情的重大意义

认清国情，中国革命才有了正确的方向。正是由于毛泽东等中国共产党人对中国国情的深刻认识，才有了正确的革命道路，才能够形成"农村包围城市、武装夺取政权"的伟大创举。同样在 1939 年，也是基于对中国半殖民地半封建社会这一基本国情的认识，毛泽东在《中国革命和中国共产党》一文中，首次明确提出了"新民主主义革命"这个科学概念，在理论和实践相结合的基础上对新民主主义革命的对象、任务、性质、动力和前途等问题作了全面而深刻的论述，并把新民主主义革命概括为"无产阶级领导之下的人民大众的反帝反封建的革命"。1948 年，毛泽东又在《在晋绥干部会议上的讲话》中指出，最为重要的革命目标便是改变买办的封建的生产关系以及腐朽的政治上层建筑，而革命对象便是帝国主义、封建主义、官僚资本主义。最后，毛泽东总结道："在抗日时期，我们才制定了合乎情况的党的总路线和一整套具体政策。这时候，中国民主革命这个必然王国才被我们认识，我们才有了自由。到这个时候，我们已经干了二十来年的革命。过去那么多年的革命工作，是带着很大的盲目性的。"① 这就是说，新民主主义革命理论是根据中国国情，在总结革命斗争实践经验教训的基础上形成的，是科学的理论体系，为新民主主义革命的胜利奠定了坚实的理论基础。

毛泽东：没有调查就没有发言权，不做正确的调查同样没有发言权

"没有调查，没有发言权。"② 这是毛泽东在 1930 年 5 月发表的《反对本本主义》一文中的著名论断。此外，毛泽东在次年的《总政治部关于调查人口和土地状况的通知》中进一步提出："不做正确的调查同样没有发言权。"这两句话充分体现出做调查、做正确的调查的极端重要性。

如果说革命的首要问题是分清敌友，那么"认清中国的国情，乃是认清一切革命问题的基本的根据"③，要把握国情就必须进行调查研究。毛泽东在1927 年 3 月 5 日发表的《湖南农民运动考察报告》，正是毛泽东注重调查研究的代表作。这一报告的形成过程是艰辛的，但是成果是丰硕的、效果是显著

---

① 中共中央文献研究室. 毛泽东文集：第 8 卷 [M]. 北京：人民出版社, 1999：300.

② 毛泽东. 毛泽东选集：第 1 卷 [M]. 2 版. 北京：人民出版社, 1991：109.

③ 毛泽东. 毛泽东选集：第 2 卷 [M]. 2 版. 北京：人民出版社, 1991：633.

的。这一报告主要是为了答复当时党内外对于农民革命斗争的责难而写，党内以陈独秀为首的右倾机会主义者不愿接受毛泽东的正确意见，固执己见，并且被国民党的反动潮流吓倒，抛弃农民这一中国工人阶级的最主要的同盟军，使共产党人和工人阶级处于孤立无援的危险境地。做好关于农民运动的调查，是解决这一问题的关键。

湖南省是当时农民运动的中心，1927 年 1 月 4 日至 2 月 5 日，毛泽东对湘潭、湘乡、衡山、醴陵、长沙五县的农民运动进行了考察，历时 32 天，每到一个地方，就"召集有经验的农民和农运工作同志开调查会，仔细听他们的报告，所得材料不少"①。这是弄清农民运动问题的第一步，其他内容还包括：一是把农民运动划分为组织和革命两个时期，并描述其发展情况；二是阐述农民协会及农民运动兴起后，不同群体对其表现出"糟得很"和"好得很"两种截然不同的态度，而毛泽东肯定了农民运动的革命性、正义性以及对国民革命成功的重要性；三是谈到国民党右派认为农民运动是"痞子运动"，而毛泽东通过调查得出相反的结论，认为农民，特别是贫农是"革命先锋"，再次强调农民运动的重要性等。

毛泽东对湖南农民运动的调查研究从客观事实出发，以大量的实地考察为依据，得出关于农民运动的相关实际发展情况，"农民的力量，主要体现在推翻农村社会的封建统治，建构新的社会基础、社会秩序。经过这次农民运动调查，毛泽东认定农民是中国革命的主力，为农村包围城市道路的选择提供了支撑"②。毛泽东也以实际行动诠释了做正确的调查才有发言权、才能认清中国的基本国情这一论断。

案例思考：

从毛泽东撰写《湖南农民运动考察报告》的过程，理解"认清中国的国情，乃是认清一切革命问题的基本的根据"？

案例解析：

做正确的调查是获得事物客观实际情况及规律的重要一环，也是取得对某事物发言权的必要条件。毛泽东在撰写《湖南农民运动考察报告》过程中，通过对湖南五县农民运动情况的实地考察，弄清了当时我国农民运动的发展情况、意义和价值等。正是基于对农民运动的正确调查，获得关于革命时期中国

---

① 毛泽东. 毛泽东选集：第 1 卷 [M]. 2 版. 北京：人民出版社，1991：12.

② 陈金龙.《湖南农民运动考察报告》的历史作用与现实启示 [N]. 光明日报，2017-02-22（11）.

农民的实际情况，毛泽东才能更加坚定农民的主力军作用，为找到正确的革命道路奠定了坚实的基础。这生动体现了认清中国国情，也就为认清一切革命问题提供了基本的根据。

问题二：为什么说新民主主义革命既是资产阶级性质的民主革命，又属于世界无产阶级社会主义革命的一部分？

民主主义革命是指发生在 1840 年到 1949 年，以反对帝国主义、封建主义、官僚资本主义为主的资产阶级性质的民主革命，但因其特殊性，1919 年至 1949 年的新民主主义革命又属于世界无产阶级社会主义革命的一部分。

一、新民主主义革命是资产阶级性质的民主革命

近代中国半殖民地半封建社会的性质和中国的革命任务决定了中国革命的性质不是无产阶级革命，而是资产阶级性质的民主革命。由于领导阶级、指导思想的转变和革命力量组成的特殊性，因此新民主主义革命具有特殊性。

1. 中国的国情和革命任务决定了革命性质

1840 年英法联军发动的鸦片战争暴力地撬开了中国的国门，改变了中国的社会性质，中国就此沦为半殖民地半封建社会。这一社会性质决定了当时中国社会的主要矛盾是帝国主义和中华民族之间的矛盾、封建主义和人民大众之间的矛盾，这也就决定了当时的革命任务是反帝反封建。"近代中国半殖民地半封建社会的性质和中国革命的历史任务，决定了中国革命的性质不是无产阶级社会主义革命，而是资产阶级民主主义革命。"[①] 正是上述的革命任务，决定了中国在 1840 年到 1949 年新中国成立期间进行的革命是资本主义性质的民主革命。

2. 中国资产阶级民主革命的特殊性

1919 年爆发的五四运动是中国从旧民主主义革命走向新民主主义革命的转折点。革命的领导阶级和指导思想发生了改变，造就了中国资产阶级民主革命的特殊性：从 1840 年到 1919 年属于旧民主主义革命，从 1919 年到 1949 年属于新民主主义革命。具体而言，鸦片战争以来，中国外有强敌入侵，内有清

---

① 本书编写组. 毛泽东思想和中国特色社会主义理论体系概论 [M]. 6 版. 北京：高等教育出版社，2018：29.

政府腐败统治，中国沦为半殖民地半封建社会。因此，为达到社会主义革命的最终目的，中国革命需要完成反帝反封建的新民主主义革命和社会主义革命两大任务。1912年中华民国的成立宣告了长达两千多年的封建专制的结束，但革命尚未成功。面对帝国主义的侵略，前有"五四"运动，后有抗日战争，中华儿女将家国情怀放在第一位，通力报国。在这个过程中，中国共产党团结工人、农民、小资产阶级和民族资产阶级，提出了"无产阶级领导的，大众人民的，反对帝国主义、封建主义和官僚资本主义的革命"的新民主主义革命总路线。新民主主义革命的指导思想是马克思主义，领导阶级是无产阶级的先锋队中国共产党，这便造就了中国资产阶级民主革命必然区分为旧民主主义革命时期与新民主主义革命时期。

二、新民主主义革命是世界无产阶级社会主义革命的一部分

由于新民主主义革命处于无产阶级革命的新时代，不再属于旧的世界资产阶级革命的范畴，因此可以说，新民主主义革命是世界无产阶级社会主义革命的一部分。

1. 俄国十月革命促使时代背景发生根本变化

1917年的世界，英法美等国家的资产阶级政权建立并得到巩固。在众多帝国主义国家快速发展的情况下，俄国无疑是帝国主义统治链条中最薄弱的一环，使得无产阶级社会主义革命在俄国首次爆发。其根源在于：其一，就资产阶级的形势而言，20世纪初，俄国经济发展较为落后，存在着农奴制的残余，第一次世界大战爆发以来，俄国国内的反战情绪更是将国内矛盾推向了高潮，当时世界其他帝国主义国家正处于一战中，无暇顾及俄国的革命；其二，就革命的主观条件而言，1905年俄国革命之后，布尔什维克党的力量不断壮大，甚至曾一度形成了与俄国临时政府并存的苏维埃政权，使得俄国的革命具有了较强大的工人阶级和成熟的无产阶级先锋队。

1917年俄国的十月革命建立起人类历史上第一个社会主义国家——俄罗斯苏维埃联邦社会主义共和国，简称"苏俄"。十月革命不仅促进了西方资本主义国家无产阶级的觉醒，也促进了东方殖民地半殖民地国家被压迫民族和被压迫人民的觉醒。革命的胜利还促进了马克思主义的广泛传播，越来越多的无产阶级学习先进的社会主义思想，建立了一条从西方无产者经过俄国革命到东方被压迫民族的新的反对世界帝国主义的革命战线。十月革命的胜利，沉重打击了帝国主义的统治，世界资本主义和封建主义等政权的统治受到不同程度的

威胁，世界无产阶级社会主义革命变得更加频繁，开辟了世界无产阶级社会主义革命的新纪元，标志着人类历史开始了由资本主义向社会主义转变的进程。

2. 旧的世界资产阶级民主革命转变为世界无产阶级社会主义革命

共产国际的帮扶使得中国新民主主义革命汇入了世界无产阶级社会主义革命的浪潮。十月革命促进了被压迫民族和被压迫人民的觉醒。五四运动之后，中国的无产阶级登上了政治舞台，主动权开始掌握在无产阶级手中。同时，中国无产阶级需要借助国际力量完成反帝反封建的革命任务，国际共产主义也需要扩大阵营，建立起世界无产阶级统一战线，而中国就是他们着力帮扶的对象。因此，新民主主义革命也就自然而然地属于世界无产阶级社会主义革命的一部分。

在世界无产阶级革命浪潮下进行的中国革命和无产阶级的社会主义革命在性质上具有相似之处。二者都是由无产阶级领导的，都把马克思主义思想作为指导思想。只是由于中国的国情和主要矛盾的特殊性，中国的革命需要分"两步走"，但最终目标还是建立起一个社会主义国家。同时，从革命的实践上来看，中国的新民主主义革命与社会主义革命同其他国家的无产阶级社会主义革命是在互动中推进的。

总之，中国的新民主主义革命，从国情和社会性质上看，具有资产阶级民主革命的特征，但是在当时的整个时代背景下，新民主主义革命的前途是社会主义，与世界无产阶级革命有诸多共通之处。因此，新民主主义革命既是资产阶级性质的民主革命，又是世界无产阶级革命的一部分。

伟大的创举：俄国十月革命的胜利及整个世界时代背景的转变

19 世纪末 20 世纪初，世界处于剧烈变动之中，世界资本主义进入帝国主义时代，世界工人运动、遭受侵略而反抗侵略的民族独立运动进入新的发展阶段。此时最大的变动在俄国孕育并爆发：1917 年 11 月 7 日，列宁领导布尔什维克党发动十月革命，建立了世界上第一个社会主义国家，实现了社会主义由理论到实践的跨越，十月革命也成为世界历史上具有划时代意义的伟大革命。

俄国十月革命是发生在俄国的一场无产阶级社会主义革命。20 世纪初，俄国已进入帝国主义阶段，但和西欧国家相比，其政治、经济发展落后，成为帝国主义链条中最薄弱的一环，矛盾丛生、危机四伏。由于技术经济落后、对大规模长期战争缺乏准备，第一次世界大战中俄国节节失利。二月革命前夕，俄国军队锐减，人力、物力、财力几近枯竭，士兵反战情绪高涨，社会矛盾进一步激化。在各种矛盾危机竞相爆发之时，一场伟大的革命酝酿成熟。1917年11月7日，列宁领导布尔什维克党在彼得格勒发动了武装起义，工人赤卫队和革命士兵按照命令迅速占领彼得格勒要地和重要部门；11月7日（俄历10月25日）晚，赤卫队和革命士兵向冬宫发起猛攻，8日清晨，起义者占领冬宫，升起红旗，16名临时政府部长束手就擒。与此同时，在炮轰冬宫的7日晚，全俄苏维埃第二次代表大会在斯莫尔尼宫开幕，成立了以列宁为首的苏维埃政府，大会通过了《告工人、士兵和农民书》，宣布全部政权已归苏维埃，人类历史上第一个社会主义国家诞生了。

十月革命的胜利，开启了人类历史新纪元，具有深远意义。它实现了社会主义由理论到实践的跨越，人类历史从此进入无产阶级革命时代；它沉重打击了帝国主义的统治，鼓舞了资本主义国家的革命运动，并激励殖民地半殖民地的民族民主革命，掀起了被压迫民族解放斗争的新高潮①；它还极大地提升了马克思列宁主义在世界的传播力、影响力。在十月革命的影响下，中国共产党在革命中运用马克思列宁主义，结合中国实际，开辟了农村包围城市、武装夺取政权的革命道路。

案例思考：

俄国十月革命对中国革命有什么影响？

案例解析：

俄国十月革命开辟了人类历史的新纪元，创立了世界上第一个社会主义国家，也为中国送来了马克思列宁主义，为中国革命提供了科学的理论指导；同时，中国革命的时代背景也从世界资产阶级革命时代转变为世界无产阶级革命时代。1921年，中国共产党成立。中国共产党把马克思列宁主义同中国革命实际相结合，带领中国人民在革命实践中逐步开辟了一条符合中国实际的、正确的革命道路。

问题三：中国革命为什么要走农村包围城市、武装夺取政权的道路？

中国共产党成立初期，经验不足，效仿苏联"中心城市暴动，武装夺取政权"的革命方式，工人运动遭受了残酷的镇压，付出了惨痛的代价。于是，以毛泽东同志为主要代表的中国共产党人不断探索，灵活运用马克思主义基本

---

① 中共中央宣传部理论局. 世界社会主义五百年 [M]. 北京：党建读物出版社，学习出版社，2014：76.

原理，结合中国革命实际，最终找到了一条适合中国国情的革命道路——"农村包围城市、武装夺取政权"。但这条道路究竟从何而来呢？中国共产党人为何选择它呢？

一、新民主主义革命道路的提出

从 1921 年中国共产党成立到 1927 年"四一二"反革命政变，中国共产党对革命道路的认识和实践，建立在借鉴俄国十月革命的经验之上，这是一条以城市为中心的道路，也是一条城市领导农村的道路。

1. 工人运动受镇压，共产党人遭迫害

中国共产党成立后，以俄国十月革命道路为参照，将工作立足点放在了城市，组织了一系列的工人运动。以 1922 年 1 月香港海员罢工为起点，1923 年京汉铁路工人的罢工为终点，掀起了中国工人运动的第一个高潮。在持续 13 个月的时间里，全国发生了大小罢工 100 余次，参加人数在 30 万人以上，这些工人运动对于扩大党的阶级基础起到了重要作用。

1923 年 6 月，中国共产党第三次全国代表大会在广州召开，陈独秀主持会议并代表第二届中央执行委员会作报告。党的三大决定共产党员以个人身份加入国民党，以实现国共合作。为了保证国共合作更好地实施，陈独秀犯了右倾投降主义错误，将军队的领导权拱手送给了国民党。1926 年，蒋介石夺取了国民党党政军大权，成功勾结军阀及帝国主义。1927 年，蒋介石签署密令，实行"清党"，先后发动"四一二"和"七一五"反革命政变，血腥屠杀共产党人和革命群众，公然背叛革命。轰轰烈烈的大革命中途夭折，共产党的组织遭到了严重破坏，众多共产党员被暗杀，全国笼罩在白色恐怖之中。"据中共六大不完全统计，从 1927 年 3 月到 1928 年上半年，共产党员和革命群众被杀害的达 31 万多人，其中共产党员 2.6 万多人……中共党员人数从大革命高潮时的近六万人急剧减少至一万多人。"①

2. 党指挥枪，探索建立农村革命根据地，工农武装割据思想正式提出

1927 年 8 月 1 日凌晨，中国共产党领导的南昌起义爆发，打响了武装反抗国民党反动派的第一枪，标志着中国共产党独立领导革命战争，创建人民军队和武装夺取政权的开始。之后召开的八七会议，总结了大革命失败的教训。毛泽东批评了党在过去不做军事运动，专做民众运动的错误偏向，提出了以后要

---

① 共产党员网. 百炼成钢：第九集 命悬一线 [EB/OL]. (2021-04-06) [2021-04-15]. http://www.12371.cn/2021/04/06/VIDE1617714481387382.shtml.

非常注意军事，提出了"须知政权是由枪杆子中取得的"著名论断。这实际上提出了把军事斗争作为党的工作重心的问题，八七会议实现了从大革命失败到土地革命的历史性转变。八七会议之后，党的工作重心开始转向农村，中国共产党开始探索中国特色的革命道路。1927年10月，秋收起义失败后，毛泽东向参加秋收起义的党内同志提出："我们不能再搞军事冒险主义了，必须从起义部队的实际出发，到农村去寻找我们的出路。"① 于是，他率领队伍创建了中国工农红军的第一个根据地——井冈山革命根据地，把武装斗争的主攻方向放在农村，把根据地建设作为红军的生存之基，中国革命从此有了新的起点。

毛泽东根据农村根据地的斗争实践，把马克思主义基本原理与中国革命实际相结合，相继写下了《中国的红色政权为什么能够存在》《井冈山的斗争》以及《星星之火，可以燎原》等文章，提出了工农武装割据思想。红军到达陕北后，毛泽东分析了近代中国所处的时代特点和基本国情，论述了中国革命的长期性和不平衡性等特点，进一步丰富了农村包围城市、武装夺取政权的中国革命道路理论。

二、中国革命走农村包围城市、武装夺取政权道路的必然性

中国革命之所以选择走农村包围城市、武装夺取政权道路，并不是天才人物的凭空想象，而是由中国革命所处的时代特点和具体国情决定的。

1. 武装斗争的必然性

近代中国是一个内无民主制度而受封建主义剥削，外无民族独立而受帝国主义压迫的半殖民地半封建社会。这一基本国情决定了中国的无产阶级根本不可能像资本主义国家的无产阶级那样，先在城市经过长期的、公开的合法斗争，然后再组织武装斗争，最后夺取政权。在中国只能是以武装的革命反对武装的反革命，只有通过武装斗争才能建立新政权。离开了武装斗争，就没有共产党的地位，就没有人民的地位，就不可能完成民主革命的任务。正如毛泽东所指出的："以农业为主要经济的中国革命，以军事发展暴动，是一种特征。"②

2. 土地革命的必然性

近代中国是一个政治、经济、文化发展极不平衡的半殖民地半封建的大国。中国革命的主要敌人占据着城市，农村是敌人统治最薄弱的环节，而农村

① 井冈山青年骨干培训中心. 毛泽东第一次领导武装起义：力排众议进军井冈山［EB/OL］.（2017-12-18）［2020-11-12］. http://www.jgsyc.com.cn/hongsejingdian/2017/1201/1237.html.

② 毛泽东. 毛泽东选集：第1卷［M］. 2版. 北京：人民出版社，1991：79.

有自给自足的自然经济，交通通信不发达，土地广阔，有较大的回旋余地。军阀割据和国家的不统一让省际交界的农村山区容易成为红军的安身之地。因此，革命力量要求得生存和发展，就应避免在力量不足时，与敌人在城市决战，必须把革命的重心转移到农村，获得占中国绝大多数人口的广大农民的支持，保存自己，争取群众，积蓄力量，把落后的农村改造成先进的、巩固的根据地，借以在长期斗争中逐步地争取革命的全部胜利。同时，有了农民的支持，中国共产党就可以壮大革命队伍，建立农村革命根据地，组织农民进行土地革命，解决农民吃饭问题，从而进一步巩固工农联盟。

3. 建立农村革命根据地的必然性

近代中国是一个农业人口占绝大多数的半殖民地半封建的农业大国，农民深受反动统治阶级的压迫和剥削，具有极大的革命积极性，是无产阶级最可靠的同盟军，是反帝反封建的主力军。只有实行土地改革，解决土地问题，才能调动农民参加革命的积极性；只有把农村建成巩固的根据地，才能与占据城市的敌人周旋。中国的民主革命，实质上是农民的土地革命；中国的武装斗争，实质上是无产阶级领导的以农民为主体的革命战争。毛泽东指出："红军、游击队和红色区域的建立和发展，是半殖民地中国在无产阶级领导之下的农民斗争的最高形式，和半殖民地农民斗争发展的必然结果；并且无疑是促进全国革命高潮的最重要因素。"[①] 因此，要夺取民主革命的胜利，无产阶级就必须用革命思想宣传农民、发动农民、组织农民、武装农民，开展土地革命，进行长期的革命战争，发展和壮大革命力量，使广大农村成为中国民主革命走向全国胜利的战略基地。

三、中国革命走农村包围城市、武装夺取政权道路的可能性

中国共产党之所以能够深入农村积蓄革命力量，建设农村革命根据地，最终实现农村包围城市并夺取政权，是因为在主客观方面均具备了条件。

1. 从主观上看，党的领导是中国革命取得胜利的决定性力量

中国共产党的正确领导为农村革命根据地的建设和发展提供了重要的主观条件。这主要在于中国共产党善于灵活运用马克思主义基本原理，并根据我国的实际情况制定正确的革命路线、方针与政策；同时，又能够取得广大农民的信任，把农民真正组织起来，再加上有相当力量正式红军的存在，也为农村革命根据地的创立、巩固和发展提供了坚强后盾。

---

① 毛泽东. 毛泽东选集：第1卷 [M]. 2版. 北京：人民出版社，1991：98.

2. 从客观上看，中国的革命形势继续向前发展是重要的助推力

由于近代中国是多个帝国主义间接统治的经济落后的半殖民地半封建国家，内忧外患，社会政治经济发展极端不平衡，四分五裂，军阀割据，存在不少的统治薄弱环节，为党在农村开展革命斗争、建设革命根据地提供了缝隙和可能。同时，近代中国外有帝国主义的野蛮侵略，战争不断，使广大农村处于水深火热之中；内有反动统治阶级的多重压迫和剥削，人民革命愿望强烈，加之经历过大革命的洗礼，中国共产党领导人民进行的土地革命深得民心，革命的群众基础好，为在农村建设革命根据地提供了客观条件。

因此，农村包围城市、武装夺取政权的道路是一条符合中国国情的革命道路，也是一条中国共产党人以血的教训换来的艰难道路，更是一条以毛泽东同志为主要代表的中国共产党人对马克思主义理论、十月革命经验创新性发展而开辟的全新道路。

理论探索：星星之火，为什么可以燎原？

中国革命的胜利来之不易，以毛泽东同志为主要代表的中国共产党人立足中国国情，把马克思主义基本原理同革命实际相结合，农村革命根据地以星火燎原之势蔓延在中国大地上，红色政权在全国建立，中国革命才迎来了胜利的希望。

星星之火，可以燎原。中国走农村包围城市、武装夺取政权的革命道路是在党对革命形势作出正确判断的基础上逐渐形成的。党在成立初期，把工人运动的重心放在城市；1927年大革命失败后，党的工作重心开始转向农村地区。毛泽东在秋收起义失败后，率领部队开赴井冈山，创建了中国第一个革命根据地——井冈山革命根据地，率先把武装斗争的方向指向农村。随后，在农村革命根据地的斗争实践中，毛泽东逐步提出"工农武装割据"思想，指出"中国是全国都布满了干柴，很快就会燃成烈火"，"只要看一看许多地方工人罢工、农民暴动、士兵哗变、学生罢课的发展，就知道这个'星星之火'距'燎原'的时期，毫无疑义地是不远了"[①]。1938年，毛泽东在党的六届六中全会上，正式提出要走农村包围城市、武装夺取政权的革命道路。这条道路是在革命实践中形成的、符合中国国情的正确选择，在中国是行得通的。

"一国之内，在四周白色政权的包围中，有一小块或若干小块红色政权的

---

① 毛泽东. 毛泽东选集：第1卷 [M]. 2版. 北京：人民出版社，1991：102.

区域长期地存在，这是世界各国从来没有的事。"① 自毛泽东建立了第一个革命根据地后，全国革命形势向好。中国共产党陆续在全国开展土地革命，赢得了农民的支持，建设了众多的农村革命根据地，并在革命过程中不断扩大。从井冈山点燃的星星之火，终成燎原之势，革命的烈火烧到哪里，哪里便有无数革命英雄奋起，以推翻帝国主义、封建主义和官僚资本主义"三座大山"的压迫。

最终，以毛泽东同志为主要代表的中国共产党人根据中国国情和革命发展形势，开辟出了农村包围城市、武装夺取政权的道路。自此，在中国大地蔓延的革命星星之火，最终以燎原之势，点燃了中国人民革命的信心，也指引中国共产党人带领中国人民走向革命胜利的光明大道。

案例思考：

中国革命红色政权的星星之火，为何能以燎原之势在中国蔓延？

案例解析：

在马克思主义指导下，中国共产党在残酷而复杂的革命中探索出了一条不同于俄国的农村包围城市、武装夺取政权的道路，而红色政权的星星之火能在中国大地上蔓延，是由中国所处的时代特点和基本国情决定的。一是中国处于半殖民地半封建社会，社会矛盾错综复杂，为红色政权的建立提供了缝隙和可能；二是农民占据全国人口的绝大多数，是革命的主要力量和中国工人阶级的同盟军，在农村开展工作，能够团结最多的力量抵御强敌；三是全国革命的发展有较好的群众基础，还有相当力量的红军存在；四是中国共产党组织的有力量和政策的不错误，为建立红色政权提供了正确指导。

主题活动："五四精神，传承有我"主题演讲比赛

1. 实践目的

教师通过演讲比赛的形式加深学生对"五四"精神的认识，培养学生的爱国情怀和家国意识，增强学生的民族自豪感和自信心，引导学生更好地传承和发扬"五四"精神，激励学生努力成为新时代的追梦人、奋斗者。

2. 实践方案

（1）时间、地点：每名学生 5 分钟、线上进行。

（2）方式：以个人方式自愿报名参加。

---

① 毛泽东. 毛泽东选集：第 1 卷 [M]. 2 版. 北京：人民出版社，1991：48.

（3）要求：以"五四精神，传承有我"为主题，题目由演讲者自拟，内容积极向上；成绩由全班同学在线投票，按票数决定排名。

（4）流程：主持人宣布比赛规则，按照抽签顺序进行演讲；演讲结束后教师进行点评，全班同学在线投票，主持人公布比赛结果并宣布演讲结束。

3. 实践评价

实践评价采用的评分表如表2-3所示。

表2-3　评分表

评价标准	满分	得分
演讲内容	40	
语言表达	30	
仪表风范	20	
时间把握	10	
总分	100	

专题四　社会主义改造与建设的初步探索

社会主义道路是中国人民的选择，但由于国情特殊，中国必须先进行新民主主义革命，再进行社会主义革命，分两步进入社会主义。新中国成立后，三大改造的顺利完成，使得社会主义制度在中国真正确立。同时，在社会主义建设的初步探索时期，由于经验不足，我们走了一些弯路，但即使在重大挫折期间，我们也取得了重要成就。

问题一：为什么说新民主主义社会是一个过渡性社会？

从中华人民共和国成立到社会主义改造基本完成，是我国从新民主主义社会到社会主义社会的过渡时期。新民主主义社会不是一个独立的社会形态，而是由新民主主义向社会主义转变的过渡性社会形态。1956 年三大改造基本完成，标志着我国从新民主主义社会进入到社会主义社会。

一、新民主主义社会在两步走与两大任务上具有过渡性特征

近代以来，中国大体可以分为三个时期。第一个时期是从 1840 年鸦片战争到 1949 年新中国成立，中国社会的性质为半殖民地半封建社会；第二个时期是从 1956 年三大改造基本完成到现在，是社会主义社会时期；第三个时期为夹在这两个时期中间的社会发展阶段，即新民主主义社会时期。毛泽东于1940 年 1 月在《新民主主义论》中指出："中国现时社会的性质，既然是殖民地、半殖民地、半封建的性质，它就决定了中国革命必须分为两个步骤。第一步，改变这个殖民地、半殖民地、半封建的社会形态，使之变成一个独立的民主主义的社会。第二步，使革命向前发展，建立一个社会主义的社会。"[①]

新民主主义社会又以 1952 年为节点分为两个阶段：第一个阶段是从新中国成立到 1952 年土地改革基本完成，主要是继续完成民主革命遗留的任务和恢复国民经济；第二个阶段是向社会主义过渡的阶段，主要任务是对资本主义工商业、个体农业和手工业进行社会主义改造，建立国营经济，推进土地改

---

① 毛泽东. 毛泽东选集：第 2 卷 [M]. 2 版. 北京：人民出版社，1991：666.

革，废除封建土地制度。因此，新民主主义社会是作为半殖民地半封建社会过渡到社会主义社会的一个中间阶段而存在的，为进入社会主义社会创造条件，从而逐步向社会主义过渡的一个阶段。它是在中国社会发展的特殊条件下产生的中国独有的、在世界历史上不具有普遍性的特殊社会形态。

二、新民主主义社会在经济政治上具有过渡性特征

新民主主义社会是一个过渡性社会，既包含社会主义因素，又包含非社会主义因素，经济上五种经济成分并存、共同发展，政治上实行工人阶级领导的、各革命阶级的联合专政。在新民主主义社会中，社会主义因素不论在经济上还是在政治上都已经居于领导地位。

1. 经济上：五种经济成分并存，社会主义经济逐步成为主体

在新民主主义社会中存在着五种经济成分，即社会主义性质的国营经济、半社会主义性质的合作社经济、农民和手工业者的个体经济、私人资本主义经济和国家资本主义经济。其中，主要的经济成分有三种：社会主义经济、个体经济和资本主义经济。新民主主义社会要继续向前发展，就要不断扩大国营经济，同时逐步将资本主义经济和个体经济改变为社会主义经济，使社会主义经济逐步成为我国的经济基础。"在这五种经济成分中，国营经济处于领导地位，掌握国家的经济命脉。1949 年，在工业总产值中，国营、合作社营工业占 34.7%，公私合营工业占 2%，私营工业占 63.3%……1952 年，在工业总产值中，国营、合作社营与公私合营企业产值所占的比重已达 50%，与其他经济成分比较已占优势。"① 从比重变化来看，非国营经济比重一直在下降。因此，从经济领域看，这一阶段，多种经济成分的存在以及不同经济成分的发展趋势，决定了新民主主义社会在经济领域的过渡性。

2. 政治上：工人阶级领导的各革命阶级联合专政的人民民主专政

新民主主义社会经济领域存在多种经济成分，与之相对应，中国社会也存在着多个阶级。这决定了新民主主义社会的政治形态是由无产阶级领导的，农民阶级、小资产阶级、资产阶级以及附属于各阶级的知识分子参加的联合专政。各革命阶级的联合专政，并不是也不可能成为中国政治发展的终极形态，只能是一种过渡性的政权形态。1949 年 9 月 21 日至 30 日，中国人民政治协商会议第一届全体会议在北平召开，刘少奇代表中国共产党就新民主主义社会的前途

---

① 刘国光，董志凯. 新中国 50 年所有制结构的变迁 [J]. 当代中国史研究，1999（Z1）：27.

问题作出说明："毫无疑问，中国将来的前途，是要走到社会主义和共产主义去的。"① 所以，新民主主义社会这个过渡性的政权形态的基本任务是带领和团结全国人民，在完成民主革命遗留任务之后，把中国社会带向社会主义社会。

三、新民主主义社会在主要矛盾解决上具有过渡性特征

新民主主义社会因具有三种不同性质的主要经济成分，阶级构成和主要矛盾都相对复杂。

1. 三种经济势力和三种阶级力量

新民主主义时期的三种阶级力量与这一时期三种不同性质的主要经济成分相联系，其阶级构成主要是工人阶级、农民阶级和其他小资产阶级、民族资产阶级。由于农民和手工业者的个体经济既可以自发地走向资本主义，也可以被引导走向社会主义，其本身并不代表一种独立的发展方向。因此，这三种基本的经济成分以及与之相联系的三种基本的阶级力量之间的矛盾，就集中表现为社会主义和资本主义两条道路、工人阶级和资产阶级两个阶级的矛盾。

2. 资本主义和社会主义两条道路的矛盾

在新民主主义社会中，社会主义的因素不论是在经济上还是在政治上都已经居于领导地位，但资本主义因素仍有很大比重。由于社会主义因素居于领导地位，加上当时有利于发展社会主义的国际条件，决定了社会主义因素将不断增长并获得最终胜利，资本主义因素将不断受到限制和改造。社会主义因素与资本主义因素之间不可避免地存在着限制与反限制、改造与反改造的斗争。这种斗争的结果，决定着中国社会在一定历史条件下的发展方向。

3. 工人阶级和资产阶级两个阶级的矛盾

随着土地革命的完成，地主阶级已被消灭。在这样的背景下，社会主要矛盾也必然发生相应的变化，即工人阶级同资产阶级的矛盾成为主要矛盾。毛泽东于 1952 年说过，"在打倒地主阶级和官僚资产阶级以后，中国内部的主要矛盾即是工人阶级与民族资产阶级的矛盾"②。但必须首先认识清楚，这一时期的民族资产阶级具有两面性——既剥削工人，又接受工人阶级及其政党的领导。在此基础上，应区分对待不同性质的民族资产阶级，即作为剥削阶级，民族资产阶级应该被消灭，但对于愿意接受工人阶级及其政党领导的民族资产阶级，又可以成为改造的对象。因此，解决这一时期的主要矛盾，就需要消灭作为剥削阶级的民族资产阶级，从而为社会主义制度的建立夯实阶级基础。

---

① 刘少奇选集：上卷 [M]. 北京：人民出版社，1981：435.
② 中共中央文献研究室. 毛泽东文集：第 6 卷 [M]. 北京：人民出版社，1999：231.

进京"赶考"：中国共产党执政后面临的新考验

1949 年解放战争胜利后，历经 28 年的浴血奋战，中国共产党终于带领中国人民赢得了革命的胜利，然而接踵而至的却是党即将要面临的执政新考验。这正如宋美龄在面对美国记者赞赏中国共产党人坚定的理想信念和良好风貌时所说："我承认，也许你们说的都是真的，但是那只不过是因为他们还没有尝到真正权力的滋味。"①

三大战役结束后，中共中央机关在进城之前，于 1949 年 3 月在西柏坡召开党的七届二中全会。毛泽东在大会上特别强调，要警惕敌人糖衣炮弹的进攻，指出夺取全国胜利只不过是万里长征走完了第一步，革命之后的路程更长。因此，毛泽东提出，务必使同志们继续地保持谦虚、谨慎、不骄、不躁的作风，务必使同志们继续地保持艰苦奋斗的作风。"两个务必"的思想始终是中国共产党人所要遵循的准则，体现了中国共产党人不忘初心、坚持自我革命的精神。"党的七届二中全会完成了党的工作重心从农村到城市的自我革命跃升，进京赶考开启了城市领导农村的崭新发展阶段。"②

1949 年 3 月 23 日，毛泽东和中央其他领导人，乘坐缴获的美制吉普车，离开西柏坡，开赴北平城。在上车之前，"毛泽东对周恩来说，今天是进京的日子，进京'赶考'去。周恩来说，我们应当都能考试及格，不要退回来。毛泽东说，退回来就失败了，我们决不当李自成，我们都希望考个好成绩"③。1949 年 3 月 25 日，毛泽东和其他中央领导人进入了北平城。随后毛泽东等领导人前往西苑机场，检阅了人民解放军部队，检阅完毕后又会见了从国民党统治区赶到解放区的各界民主人士，如李济深、沈钧儒、黄炎培等。1949 年 4 月 20 日，国共谈判正式宣告失败，中共中央马上发起渡江战役；4 月 21 日，毛主席和朱德总司令宣布了向全国进军的命令，人民解放军百万大军横渡长江，国民党守军大都望风而逃；4 月 23 日，南京解放，宣告了国民党对中国大陆 22 年统治的结束。

1949 年 9 月，中国人民政治协商会议第一次全体会议在北平召开，翻开了建立新中国的第一页。1949 年 10 月 1 日，毛主席在天安门城楼向全世界庄严宣告中华人民共和国正式成立。历经 28 年的浴血奋战，久经磨难的中国人民从此站起来了。中国共产党也以"进京赶考"一直在路上的心态，不忘初

---

① 杨若琳. 党的领导是历史和人民的选择 [J]. 山西青年，2019 (9)：55.

② 宋玉忠. 中国共产党进京赶考前夕的自我革命 [N]. 光明日报，2019-05-29 (11).

③ 叶子，陈振凯. 进京"赶考"70 载 中共初心不改 [J]. 党课参考，2019 (10)：104.

心，牢记使命，带领中国人民继续创造新的伟大成就。

案例思考：

中国共产党人进京后，将面临怎样的执政考验？

案例解析：

执政考验是中国共产党从革命政党转变成执政党之后面临的最大考验。1949 年中国共产党人进入北平城，是党面临新的执政考验的开始。中华人民共和国成立后的执政考验主要包括：继续革命，建设社会主义直至实现共产主义的考验；警惕敌人糖衣炮弹的攻击，加强自我革命从而实现长期执政的考验；汲取李自成进京教训，遵循"两个务必"，保持党同人民群众密切联系的考验等。

问题二：如何理解社会主义改造与社会主义改革的关系？

社会主义改造是指中华人民共和国成立初期，中国共产党在全国范围内组织的对于个体农业、手工业和资本主义工商业进行的社会主义改造；社会主义改革是指改革开放之初对社会主义制度的自我完善和发展。社会主义改造与社会主义改革是中国社会发展过程中经历的两个重要阶段，缺一不可；二者是中国共产党在不同时期依据具体国情提出的不同政策，既有区别又有联系。

一、社会主义改造与社会主义改革具有明显的差异

社会主义改造与社会主义改革在表面特征和主要任务上都有明显的不同。

1. 二者的表面特征不同

社会主义改造与社会主义改革表面特征的不同主要表现在发生时间与表面目标两个层面。在发生时间上，社会主义改造发生在 20 世纪 50 年代，处于新民主主义社会转型期，是以毛泽东同志为主要代表的中国共产党人推进的一场社会主义革命；社会主义改革发生在 20 世纪 70 年代末，是以邓小平同志为主要代表的中国共产党人集体开创的至今仍在进行的一场新的革命。在表面目标上，社会主义改造追求单一的公有制和高度集中的计划经济体制，从而建立社会主义基本制度；而社会主义改革，在公有制占主体的前提下，允许多种所有制成分并存，实行社会主义市场经济，充分发挥非公有制经济调动社会积极性、加快生产力发展的重要作用。

2. 二者的主要任务不同

社会主义改造是对个体农业、个体手工业以及资本主义工商业进行社会主

义改造，根本任务是把生产资料私有制转变为社会主义公有制，建立社会主义基本制度，这是中国历史上最深刻的社会变革，它使得中国由新民主主义社会过渡到社会主义社会。因此，社会主义改革的根本任务是在已建成的社会主义基本制度框架下，对社会主义体制机制进行完善和发展，不断解放和发展生产力，提升社会整体发展水平。

二、社会主义改造与社会主义改革也有相同之处

尽管社会主义改造与社会主义改革在表面特征和主要任务上均有所区别，但二者也有许多共同点。

1. 二者的根本目的一致

我国实行三大改造的根本目的是把生产资料私有制转变为社会主义公有制，建立起社会主义的基本制度，促进社会主义经济、政治、文化等全面发展。社会主义改革的根本目的是清除束缚经济社会发展的体制机制障碍，解放和发展社会生产力，建立社会主义市场经济体制，调动全社会的积极性、主动性和创新性。

尽管 20 世纪 50 年代我国进行的社会主义改造是为了实现新民主主义社会向社会主义社会的过渡，从而建立社会主义基本制度，而 20 世纪 70 年代末开启的社会主义改革是为了完善社会主义制度，但二者的根本目的都是解放生产力、发展生产力，都是为了促进中国社会更快更好地发展。

2. 二者的根本性质相同

社会主义改造是生产资料所有制的社会变革，是通过社会主义个体农业、手工业和资本主义工商业的社会主义改造，使得我国社会经济结构发生根本性变化，使得社会主义经济成分占绝对优势，使得公有制成为我国社会的经济基础，使得整个社会在性质上转为社会主义性质。社会主义改革不是要抛弃社会主义制度，只是改革那些束缚生产力发展的旧的体制机制，在坚持社会主义制度的前提下进一步解放和发展社会生产力，是为了巩固社会主义制度，是社会主义制度的自我完善和发展。因此，社会主义改造和社会主义改革的根本性质都是为了坚持和更好地发展社会主义。

3. 二者的意义和地位同等重要

社会主义改造的实质是生产资料所有制的社会变革，即改造我国个体农业、手工业和资本主义工商业，将其在制度上转为社会主义公有制，在性质上转为社会主义性质，从而使我国初步建立起社会主义的基本制度，从此进入社会主义初级阶段，为中国发展进步奠定了根本政治前提和制度基础。社会主改革的实质是社会主义制度的自我完善和发展，是调整生产关系，使其更好地促进生产力的发展。二者都是适应当时我国形势需要而作出的正确选择，意义和地位同等重要：没有社会主义改造，就不会有社会主义制度的确立；没有社会主义改革，社会主义制度就不能完善和发展。

三、社会主义改造与社会主义改革相辅相成，缺一不可

社会主义改造与社会主义改革相辅相成，缺一不可，二者的发展一脉相承，统一于社会主义建设和发展的伟大实践中。

1. 社会主义改造与社会主义改革是一脉相承的

社会主义改造的主要成果是社会主义制度的建立，社会主义改革是在坚持社会主义改造的主要成果，即社会主义制度的前提下进行的，是社会主义制度的自我完善和发展。具体而言，我国正是经过社会主义改造才从新民主主义社会进入社会主义初级阶段的，而我国的改革之所以能取得成功，也得益于一开始就强调坚持改革的社会主义方向。这是以充分肯定社会主义改造的主要成果作为改革的历史前提，而不是对这一成果的否定；如果否定社会主义改造，否定社会主义根本制度，社会主义改革就成了无源之水、无本之木。

2. 社会主义改革不是要退回到新民主主义社会

社会主义改革后的经济体制与新民主主义社会时期的经济体制虽有共同点，但本质上是有区别的。新民主主义社会时期，五种经济成分并存，虽然社会主义因素在经济上已经居于领导地位，但非社会主义因素仍占有很大比重。要建立社会主义制度，就必须逐步将个体经济和资本主义经济改变为社会主义经济，使社会主义经济逐步成为全社会的经济基础。改革开放后，我国虽允许多种所有制经济并存，但这有一个重要前提，那就是以公有制为主体，从而确保我国的社会性质是社会主义社会，而非新民主主义社会，更不会是资本主义社会。因此，我国的社会主义性质是由生产资料的社会主义公有制决定的，作为社会主义经济制度基础的只能是公有制，这不仅是社会主义改造的目标，也是社会主义改革必须坚持的原则。

3. 社会主义改革是对社会主义改造的进一步发展

社会主义改革是一场全方位的、根本性的、深层次的社会变革，它是对社会主义改造的进一步发展。高度集中的计划经济体制在特殊时期曾对我国社会发展起到过一定的推动作用，但随着社会生产力的不断提高，高度集中的计划经济体制的弊端逐步暴露，社会主义制度的优越性不能充分发挥。邓小平从社会主义初级阶段这个基本国情出发，结合我国生产力发展的低水平和多层次的

实际情况，通过社会主义改革推进社会主义制度的自我完善和发展，找到了彰显社会主义优越性的改革道路。这条道路的鲜明特色是按照"三个有利于"的标准，剔除了过于单一的、僵化的体制机制，建构了适应生产力发展水平的生产关系，解放和发展了社会生产力，促进了社会整体进步。

荣毅仁："红色资本家"的传奇人生

从荣家少爷到"红色资本家"，荣毅仁紧跟党的步伐，为国家振兴作出重要贡献。1916 年，荣毅仁出生于江苏无锡荣氏家族，其父亲荣德生、伯父荣宗敬是当时赫赫有名的"纱布大王"和"面粉大王"，荣氏家族被誉为中国版的"洛克菲勒"。新中国成立前夕，上海的许多资本家纷纷前往海外发展，而荣德生和儿子荣毅仁毅然决然地选择留下来。1956 年恰逢公私合营，荣毅仁在经过深思熟虑后把自己的家族企业无偿交给国家。"1956 年 1 月 20 日，上海召开公私合营大会，宣布全市 10 万多户私营工商业全部实行公私合营。人们敲锣打鼓庆祝社会主义改造的完成，荣毅仁在庆祝游行时说：'社会主义改造对于我失去的是属于我个人的一些剥削所得，得到的却是一个人人富裕繁荣强盛的社会主义国家。'"① 他为新中国的工业振兴作出了卓越贡献，因此荣毅仁也被誉为"红色资本家"。

从民族资本家到"荣老板"，荣毅仁在花甲之年重操旧业，积极引进外资，成为推动改革开放的模范旗帜。1978 年，党的十一届三中全会召开，党中央作出了把国家工作重心转移到社会主义现代化建设上来、实行改革开放的重大决策。1979 年 1 月 17 日，邓小平邀请胡厥文、胡子昂、荣毅仁、周叔弢、古耕虞五位工商界的元老到人民大会堂共进午餐，商讨相关经济建设事宜。"五老火锅宴"代表着中国共产党正式请回了企业家，邓小平特意钦点荣毅仁助力我国对外开放和吸引外资。荣毅仁不负国家期望，于 1979 年 10 月 4 日在北京正式创办了中国国际信托投资公司（简称"中信"），并担任董事长兼总经理，为中国打开了对外开放的第一扇窗，有力推动了中国对外开放的进程。

荣毅仁不仅是出色的爱国企业家，还多次担任政府要职，积极参与党和国家大政方针的协商、深入基层考察，提出了许多宝贵意见。1993 年 3 月，荣毅仁担任国家副主席，他出席各种重要的国务活动，与不少国家的领导人和工商界知名人士结下了深厚的友谊，为振兴中华、祖国统一等作出了重要贡献。

---

① 马国川. 荣毅仁：一位企业家和中国百年 [J]. 工会信息，2019（2）：42.

2005年10月26日，荣毅仁在北京因病逝世，享年89岁。作为"红色资本家"，他传奇的一生都致力于爱国兴国，为新中国的工业发展和改革开放作出了突出贡献。

案例思考：

经过公私合营，荣毅仁为什么被称为"红色资本家"？

案例解析：

实行公私合营是三大改造中对资本主义工商业的社会主义改造的必要措施，是基于我国特殊国情所进行的由新民主主义社会过渡到社会主义社会的重要一步。公私合营的目的是要把私营企业转化为国有企业，最终实现将资本主义私有制改造为社会主义公有制的目标。1956年上海召开公私合营大会，荣毅仁经过深思熟虑把自己的企业无偿交给国家，为社会主义制度的确立和国家经济振兴作出了重要贡献。

问题三：如何理解社会主义制度在中国确立的伟大意义？

1956年年底，我国对个体农业、手工业和资本主义工商业的社会主义改造基本完成，这标志着影响中国长达数千年的剥削制度的结束，社会主义基本制度正式确立。这是我国历史上最深刻最伟大的社会变革，为当代中国的发展进步奠定了制度基础和发展前提。

一、为我国社会主义现代化建设奠定了坚实的基础

社会主义制度的确立是我国历史上最深刻最伟大的社会变革，为社会主义现代化建设创造了制度条件，奠定了物质基础。

1. 极大地调动了人民的积极性、主动性、创造性，促进了社会生产力的发展

经过"一化三改"，社会主义制度在中国确立，广大劳动人民真正成为国家的主人和社会生产资料的主人，这是中国几千年来阶级关系的根本性变革，广大劳动人民从此摆脱了被剥削被奴役的命运，成为国家和社会的主人。社会主义基本制度的确立极大地鼓舞了人民的生产生活积极性、主动性和创造性，为解放和发展社会生产力注入了无穷动力，为社会主义现代化建设开辟了广阔的道路。

2. 初步建立起国民经济体系，奠定了社会主义工业化的基础

社会主义基本制度确立后，由于人民生产积极性的提高和生产力的解放，一大批旧中国没有的基础工业部门和大中型工业企业相继建立，工业技术水平和工程设计能力有了较大提高，奠定了我国社会主义工业化的初步基础。1957年，我国工农业总产值达到 1241 亿元，按可比价格计算，比 1952 年增长了67.8%；其中，工业总产值 704 亿元，增长了 128.6%，占工农业总产值的比重由 1952 年的 43.1% 上升到 56.7%，社会主义制度的优越性已初步显现。随着社会主义建设的全面展开，我国逐步建立起了独立的比较完整的工业体系和国民经济体系，这对于改变我国经济技术落后的面貌，改善人民生活具有重要意义。

二、丰富和发展了科学社会主义理论

社会主义制度在中国的确立，标志着社会主义由一国实践发展到多国实践，再次印证了马克思主义的科学性和真理性，丰富和发展了科学社会主义理论。

1. 马克思主义的真理性得到了检验

新中国成立后，中国共产党坚持将马克思主义基本原理与我国具体实际相结合，适时地推进了"一化三改"，顺利实现了我国由新民主主义社会向社会主义社会的转变。中国社会主义基本制度的确立，是以毛泽东同志为主要代表的中国共产党人对一个脱胎于半殖民地半封建的东方大国如何进行社会主义革命这一问题的系统回答，坚定了党对马克思主义的信念，是中国共产党人的一次伟大胜利，更是马克思主义的一次伟大胜利，再次证明了马克思主义所具有的伟大的真理性力量。

2. 丰富和发展了科学社会主义理论

中国共产党在新中国成立初期效仿苏联的做法，按照毛泽东的话说，"这在当时是完全必要的，同时又是一个缺点，缺乏创造性，缺乏独立自主能力。这当然不应当是长久之计"①。因此，在向社会主义社会过渡时，以毛泽东同志为主要代表的中国共产党人把马克思主义的基本原理同中国建设的具体实际相结合，创造性地开辟了一条适合中国特点的社会主义改造道路，避免了暴力革命带来的流血牺牲。中国社会主义制度的确立，证明了我国实事求是地结合

---

① 中共中央文献研究室. 毛泽东文集：第 8 卷 [M]. 北京：人民出版社，1999：305.

具体国情进行的探索是正确的，以新的经验和思想丰富了马克思主义理论。正如邓小平所说："我们的社会主义改造是搞得成功的，很了不起。这是毛泽东同志对马克思列宁主义的一个重大贡献。"①

三、改变了世界政治经济格局

社会主义制度的确立不仅在中国历史上是一次深刻巨变，在世界上也具有巨大的影响力。

1. 东方大国的崛起——中国进入社会主义社会

先进的社会形态取代落后的社会形态是人类社会发展的一般规律。1956年我国社会主义基本制度初步确立后，在政治上，人民成为国家的主人，能够真正参与国家事务的管理，社会主义根本政治制度初步确立；在经济上，公有制占据了绝对统治地位，剥削制度被彻底消灭了，禁锢人民几千年的枷锁被打碎了；在文化上，封建的、落后的文化被逐渐改造或取缔，整个社会的风气和人们的精神面貌发生了巨大变化。中国社会主义基本制度的确立，使占世界人口 1/4 的东方大国进入社会主义社会，标志着沉睡的东方雄狮已然苏醒，并开始崛起。

2. 历史性的胜利——世界社会主义阵营力量增强

第二次世界大战后，以苏联为首的社会主义阵营和以美国为首的资本主义阵营之间长期对峙，世界进入冷战时期。中国作为社会主义阵营的中坚力量，在社会主义基本制度确立后，进一步融入社会主义阵营。中国的综合实力强大，社会主义的道路愈发坚定，使得社会主义阵营力量显著增强，世界社会主义事业得到进一步发展，这是世界社会主义发展史上又一个历史性的胜利。

3. 和平力量的壮大——世界政治经济格局发生变化

社会主义基本制度的确立，标志着新中国冲破了帝国主义的东方战线，彻底扫荡了帝国主义及其代理人的势力，建立了人民民主专政的国家。这大大增强了世界和平民主的力量，在一定程度上改变了第二次世界大战后世界政治力量的对比，有力推动了国际和平事业的发展，对世界产生了广泛、深刻的影响；同时，中国社会主义道路的成功也激励了殖民地、半殖民地国家纷纷兴起拯救民族与国家的运动，为这些国家提供了变革社会的方法与勇气。

---

① 邓小平. 邓小平文选：第 2 卷 [M]. 2 版. 北京：人民出版社，1994：302.

社会主义：由一国到多国的实践

社会主义从最初的思想萌芽到具体实践，历经了各个不同的发展阶段。马克思、恩格斯创立科学社会主义，实现了社会主义由空想到科学的发展；1917年，列宁领导十月革命，建立了世界上第一个社会主义国家，首次实现了社会主义由理论到实践的重大飞跃；第二次世界大战后，在苏维埃俄国的影响下，东欧和亚洲的一系列国家相继建立起社会主义制度，实现了社会主义由一国实践到多国实践的重大发展。

20世纪初，随着世界资本主义过渡到帝国主义阶段，俄国十月革命开启了无产阶级革命的新时代。1917年，列宁带领俄国人民发动武装起义，建立了世界上第一个社会主义国家——苏维埃社会主义共和国联盟（简称"苏联"），实现了社会主义从理论到实践的跨越，开启了社会主义的伟大时代。苏联在第二次世界大战期间凭借社会主义制度的强大优势获得了胜利，并趁机将社会主义由一国推向多国。在经历了第二次世界大战以及世界反法西斯战争后，包括中国、南斯拉夫、波兰、匈牙利、朝鲜、古巴等在内的15个国家，在苏联的影响和帮助下，纷纷推翻本国专制制度，走上建立社会主义国家的道路。世界逐渐形成以苏联为首的社会主义阵营和以美国为首的资本主义阵营对立的两极格局，20世纪40—70年代也成为社会主义发展的高潮时期，社会主义运动在世界范围内取得重大发展。

值得注意的是，以苏联为建设模板的国家，最初大多照搬照抄苏联模式。只有极少数国家，如南斯拉夫一开始便在结合自身国情的过程中，有选择地借鉴苏联模式，探索符合自身条件的社会主义道路，这在当时是难能可贵并且顶着巨大压力的。1956年，苏共二十大以后，苏联模式的弊端愈加凸显出来，越来越多的社会主义国家，如中国，逐渐摆脱苏联模式，坚持以马克思主义为指导，结合自身经济、政治及历史发展状况，积极探索符合本国国情的社会主义建设和发展道路。

案例思考：

社会主义从一国到多国的实践，对中国产生了怎样的影响？

案例解析：

社会主义由一国到多国的发展推动了新中国建立社会主义制度，实现中国历史上的伟大变革。一方面，苏联模式为新中国建立社会主义社会提供了范例，具有一定的借鉴意义；另一方面，苏联模式本身的弊端也在一定程度上影响了中国的社会主义建设，导致中国在探索社会主义道路的过程中走了一些弯路。

问题四：为什么要提出马克思主义与中国实际"第二次结合"的命题？

1938年，"马克思主义中国化"的提出标志着马克思主义与中国实际的"第一次结合"；1956年，以毛泽东同志为主要代表的中国共产党人提出了将马克思列宁主义与中国实际"第二次结合"的任务，对符合中国国情的社会主义建设道路进行了积极探索。

一、马克思主义与中国实际"第二次结合"的原因分析

社会主义基本制度确立后，中国面临着全新的时代课题——如何建设社会主义？中国共产党曾经号召学习苏联模式，但很快就发现了苏联模式的局限性，加上结合中国实际的需要和基于"第一次结合"的成功经验，毛泽东同志适时提出了将马克思列宁主义与中国实际"第二次结合"的任务。

1. 源于总结、吸取苏联模式弊端与教训的需要

所谓苏联模式，即指苏联在长期的社会主义实践中形成的制度、体制以及建设社会主义的方针、政策。苏共二十大暴露了苏联模式的弊端，即片面优先发展重工业，造成农业和轻工业的长期落后；片面强调产值和产量，造成产品单调、质量低劣；忽视轻工业的发展，造成消费品的供不应求，影响人民生活水平的提高；国家为积累资金，从农民身上取走的东西太多，严重影响了农民的生产积极性。这种发展的不均衡性对我们这个人口众多而基础薄弱的国家来说不完全适用，所以全盘照搬苏联模式不符合我国国情。因此，毛泽东明确指出"社会主义革命和建设时期，我们要进行第二次结合，找出在中国进行社会主义革命和建设的正确道路"[①]。

2. 源于解决"一五"计划中现实问题的需要

"一五"计划实施中存在的主要问题，一是农业生产跟不上工业生产的步伐，片面优先发展工业，在某种程度上忽视了农业的发展；二是1956年出现全局性的冒进，建设费用投入过多，造成国家财政紧张；三是社会主义改造过急过快，为我国后来相当长时间的发展留下了后遗症。随着"一五"计划的进行和经济发展规模的扩大，经济结构日渐复杂，发展目标和人民的生活要求

---

① 中共中央文献研究室. 十七大以来重要文献选编：上 [M]. 北京：中央文献出版社，2009：254.

日趋多元化，单一的社会主义公有制和高度集中的计划经济体制越来越不适应日益发展的社会生产力。因此，必须探索一条符合当时中国国情的社会主义道路，即推进马克思主义与中国实际的"第二次结合"。

3. "第一次结合"的成功实践为"第二次结合"提供了经验与信心

新民主主义革命时期，毛泽东从近代中国的历史和社会状况出发，将马克思主义的资产阶级革命理论与中国革命实际相结合，创立了无产阶级领导的，工农联盟为基础的，人民大众的，反对帝国主义、封建主义和官僚资本主义的新民主主义革命理论，成功领导人民群众建立了新中国。新中国成立后，以毛泽东同志为主要代表的中国共产党人将马克思主义基本原理与中国具体实际相结合，消除了国内的资本主义以及封建残余；1956年年底，我国基本上完成了对个体农业、手工业和资本主义工商业的社会主义改造，社会主义公有制在国民经济中占据主导地位。新民主主义革命和社会主义革命两次实践的成功都证明了马克思主义与中国实际的"第一次结合"是成功的，为"第二次结合"提供了经验与信心。

二、马克思主义与中国实际"第二次结合"的成就与意义

"第二次结合"尽管在实践过程中走了一些弯路，但从总体上看，"第二次结合"的提出，巩固与发展了我国的社会主义制度，为中国特色社会主义制度的开创奠定了基础，也丰富了科学社会主义的理论与实践。

1. 巩固和发展了我国社会主义制度

新中国成立伊始，中国共产党便宣布"一边倒"的学习借鉴苏联经验，推广苏联模式。由于无法找到符合国内发展的道路，这一时期，中国借鉴甚至照抄苏联模式实属无奈之举。苏联的援助对我国开始全面建设社会主义起到了重要的作用，经济不断发展，"一五"计划顺利实施。但苏共二十大的召开，赫鲁晓夫全盘否定了斯大林，给中国带来了思想和政治上的重大震撼。一方面，以美国为首的西方国家对中国采取敌视政策，企图颠覆社会主义制度，使得我国的社会主义建设岌岌可危；另一方面，苏联模式弊端的暴露，中国必须探索自己的建设道路。这助推了毛泽东提出"第二次结合"，开启了中国对寻找一条符合自己国情的建设道路的探索，也使中国共产党坚定了走社会主义道路的决心，在一定程度上巩固和发展了我国的社会主义制度。

2. 为开创中国特色社会主义奠定了重要基础

在1956年召开的中央政治局扩大会议和最高国务会议上，毛泽东同志作了《论十大关系》的重要报告，初步总结了我国社会主义建设的经验，明确提出要以苏为鉴，积极探索符合中国特点的社会主义建设道路。该报告对我国社会主义建设存在的主要问题作出了相应解答，并提出我国建设之核心：调动一切积极因素，为社会主义建设服务。这标志着党探索社会主义建设道路的良好开端。同时，在1957年所作的《关于正确处理人民内部矛盾的问题》的报告中，毛泽东肯定了马克思主义提出的矛盾分析法，创造性地区分和阐明了人民内部矛盾和敌我矛盾。因此，马克思主义与中国实际的"第二次结合"，引领社会主义中国不断发展壮大，为开创中国特色社会主义提供了前提和基础。

3. 丰富了科学社会主义的理论和实践

科学社会主义的诞生，开辟了人类历史发展的新道路，这是一条没有前例可以参考的全新道路。1956年，赫鲁晓夫作了反斯大林的秘密报告，随后引发了多个社会主义国家的"反革命事件"。而这一切政治动荡和大规模的血案发生的主要原因都是这些社会主义国家并未真正坚持和发展科学社会主义理论。1956年，党的八大正确分析了当时中国社会的主要矛盾，提出"以苏为鉴"和马克思主义与中国实际的"第二次结合"，目的是探索一条符合中国国情的社会主义建设道路。毛泽东在《论十大关系》中，前三条着重分析了重工业和轻工业、农业的关系，沿海工业和内地工业的关系，经济建设和国防建设的关系。这实际上是在论述如何开辟一条有别于苏联的、适合中国实际的工业化建设道路的问题。可以说，在"第二次结合"中，中国共产党人理论与实践的双重探索极大地丰富了科学社会主义。

历史的转折点：苏联共产党第二十次代表大会

1956年2月14日，苏联共产党第二十次代表大会在莫斯科召开，这是继斯大林逝世后举行的首次全国代表大会，吸引着全世界的目光。出席大会的有来自苏联各地的代表，来自世界55个国家和地区的共产党、工人党代表团。

2月24日深夜至25日凌晨，在克里姆林宫的大厅举行了一次未列入议程的内部会议，大会由苏联共产党中央第一书记赫鲁晓夫主持，他以第一书记的身份做了关于《个人崇拜及其后果》的报告，史称"赫鲁晓夫秘密报告"。报告的矛头直指斯大林，批判了斯大林执政期间的一系列暴行，历数斯大林在大清洗时期对列宁近卫军包括后来的政治局委员滥施暴力，进行严刑拷打的情况，并公布了1935年到1940年间在斯大林集权统治期间犯下的各类恐怖行为，包括苏联在国内进行各种大规模镇压活动所监禁和杀害的人数。同时，在这份报告中，一份封存了34年的文件也首次公之于众，那就是1922年年底列宁口授的《给代表大会的信》，史称"列宁遗嘱"。这篇长达 5 个小时的报告，对曾经代表真理和理想化身的斯大林进行了几近颠覆性的揭露，要求肃清斯大林个人崇拜在全国范围内的影响。此举震惊了世界，苏联从此走上对"斯大林模式"改革的道路，国际共产主义运动也因此遭受巨大影响。

苏共二十大对国际共产主义运动的影响冲击大、范围广，以毛泽东的话来说，就是"揭了盖子"，也"捅了娄子"。苏共二十大召开后，"赫鲁晓夫秘密报告"很快传到世界各地，以致各国共产党对斯大林、对社会主义产生了巨大的怀疑和困惑，一度出现共产党员退党潮，社会主义阵营陷入了思想混乱，苏共在国际共产主义运动中的中心地位也发生了动摇。

同样，中国共产党对反斯大林"秘密报告"事件也感到震惊，中共中央 1956 年 3 月 11 至 12 日召开的政治局扩大会议认为，"苏共二十大在破除对斯大林的个人崇拜、揭露其错误的严重性方面，具有积极意义，但赫鲁晓夫在秘密报告中全盘否定斯大林是不对的"[1]。对于赫鲁晓夫，毛泽东这样评价："赫鲁晓夫有胆量，这个人也能捅娄子。我看他多灾多难，将来日子可能也不太好过。"[2] 随后发生的"波匈事件"，就印证了毛泽东的判断。

案例思考：

如何理解毛泽东评价赫鲁晓夫是"揭了盖子"又"捅了娄子"？

案例解析：

赫鲁晓夫在苏共二十大上所作的"秘密报告"，不仅在苏联国内引起轩然大波，也给国际共产主义运动带来了巨大影响。一方面，"揭了盖子"是指揭开了盲目照搬苏联模式的"盖子"，推动打破斯大林迷信和"个人崇拜"，使世界其他社会主义国家认识到苏联模式的弊端，促使他们"以苏为鉴"，探索符合自身国情的社会主义建设道路；另一方面，"捅了娄子"是指这一报告方式欠妥，冲击大、影响广，导致国际共产主义思想混乱，西方资本主义国家也趁机挑起事端、颠覆社会主义国家，如"波匈事件"。

---

① 沈志华. 苏共二十大、非斯大林化及其对中苏关系的影响：根据俄国最近披露的档案文献[J]. 国际冷战史研究，2004（0）：53.

② 权延赤. 毛泽东与赫鲁晓夫 [M]. 成都：四川人民出版社，2016：39.

主题活动："歌颂社会主义"红歌接龙赛

1. 实践目的

教师通过开展"歌颂社会主义"红歌分组接龙赛，回顾经典，讴歌社会主义，进一步培养学生对社会主义的朴素感情，唤起红色记忆，增强学生实现中华民族伟大复兴的使命感和责任感。

2. 实践方案

（1）时间、地点：课堂 15 分钟、教室。

（2）方式：分小组进行。

（3）要求：一人唱一首红歌中的某一句歌词，前后唱的歌曲不能有重复；双方队伍自主决定哪个小组先开始；未参加的学生按照评分标准对参赛人员打分。

（4）流程：将自愿参加的学生分成两组，主持人介绍比赛规则；红歌接龙比赛开始，两组成员轮流接唱；助教老师收集评分表，公布比赛结果并宣布比赛结束。

3. 实践评价

实践评价采用的评分表如表 2-4 所示。

表 2-4　评分表

评价标准	满分	得分
歌曲内容符合主题	40	
形式新颖有创新， 比如可加入肢体动作	20	
演唱音准	20	
歌唱表现力强	20	
总分	100	

板块三　改革、开放与发展

——中国特色社会主义理论体系的开篇之作和接续发展

　　邓小平同志是全党全军全国各族人民公认的享有崇高威望的卓越领导人，伟大的马克思主义者，伟大的无产阶级革命家、政治家、军事家、外交家，久经考验的共产主义战士，中国社会主义改革开放和现代化建设的总设计师，中国特色社会主义道路的开创者，邓小平理论的主要创立者①。

——习近平

　　1978 年召开的党的十一届三中全会，实现了新中国成立以来党的历史上具有深远意义的伟大转折，开启了改革开放和社会主义现代化建设历史新时期。中国共产党为什么能带领中国人民开辟建设中国特色社会主义的正确道路，开启民族"富起来"的新征程？面对严峻复杂的国内外形势，中国共产党为什么又能成功把中国特色社会主义推向 21 世纪？进入新世纪新阶段，中国共产党为什么还能深刻认识和回答新形势下实现什么样的发展、怎样发展等重大问题，在新的历史起点上坚持和发展中国特色社会主义？破解这些问题的钥匙，就蕴含在邓小平理论、"三个代表"重要思想和科学发展观中。

---

　　① 习近平. 在纪念邓小平同志诞辰 110 周年座谈会上的讲话［EB/OL］.（2014-08-20）［2020-12-16］. http://www.xinhuanet.com/politics/2014-08/20/c_1112160001.htm.

专题一　开篇之作——邓小平理论

邓小平理论是以邓小平同志为主要代表的中国共产党人结合马克思主义基本原理和中国社会主义建设的特殊历史条件创立的理论成果，系统回答了在中国这样一个经济文化落后的国家建立社会主义制度之后如何建设社会主义的时代课题。

问题一：邓小平理论形成和发展的条件是什么？

作为中国特色社会主义理论体系中的开创性理论，邓小平理论具有原创性，它的形成和发展经历了一个艰辛的探索过程。

一、邓小平理论形成和发展的社会历史条件

党的十五大报告指出：邓小平理论"是在和平与发展成为时代主题的历史条件下，在我国改革开放和现代化建设的实践中，在总结我国社会主义胜利和挫折的历史经验并借鉴其他社会主义国家兴衰成败历史经验的基础上，逐步形成和发展起来的"①。这是对邓小平理论形成与发展的社会历史条件的高度概括。

1. 邓小平理论形成和发展的时代条件：和平与发展已成为时代主题

20世纪70年代，西方资本主义遭遇严重的经济危机，战后美苏两极对抗的冷战格局出现重大变化，两大阵营的力量对比更趋平衡，尽管局部战争仍有发生，但短时期内爆发世界大战的可能性越来越小。20世纪80年代后，世界政治局势开始从战争与革命、冷战与对抗向和平与发展演变。长期被冷战阴云笼罩的世界各国人民对和平的渴望更加强烈，新科技革命推动下的经济社会快速发展使各国人民更加珍惜发展的机遇，求和平、谋发展逐渐成为世界各国人民的普遍愿望。邓小平敏锐地把握了国际形势的重大变化，作出了科学判断，提出了和平与发展是当今世界两大主题的著名论断："现在世界上真正大的问

---

① 江泽民. 高举邓小平理论伟大旗帜，把建设有中国特色社会主义事业全面推向二十一世纪[M]. 成都：四川民族出版社，1997：21.

题，带全球性的战略问题，一个是和平问题，一个是经济问题或者说是发展问题。和平问题是东西问题，发展问题是南北问题。概括起来，就是东西南北四个字。南北问题是核心问题。"① 因此，邓小平理论正是在整个世界已处于和平与发展的时代主题中形成和发展起来的。

2. 邓小平理论形成和发展的历史根据：社会主义国家建设的经验与教训

1956 年，随着苏共二十大的召开和"波匈事件"的发生，苏联模式的弊端逐步暴露出来。毛泽东随即提出，要以苏为鉴，总结经验，探索自己建设社会主义的道路。在探索中形成了一些比较正确的理论观点和方针政策，对邓小平理论的形成和发展具有重要意义。但这一时期，我们在探索社会主义建设道路的过程中，也犯了不少错误，走了不少弯路。这主要是由于在经济上走得太急，又没有经验可以借鉴，在政治上坚持以阶级斗争为纲。造成这些失误的深层次原因：一是偏离了党的实事求是的思想路线，对国际国内形势、对我国社会主要矛盾和具体国情作出了错误的估量和判断；二是对什么是社会主义和如何建设社会主义的问题没有完全搞清楚，因而也就不可能集中精力发展生产力，也不可能对社会主义的某些制度和体制进行有效的改革。党的十一届三中全会以后，以邓小平同志为主要代表的中国共产党人，领导全党和全国人民，果断纠正了这些错误，推动经济社会走上正轨。此外，战后世界社会主义运动受挫，特别是 1989 年前后的东欧剧变和 1991 年的苏联解体，进一步促使我们党对社会主义进行深入的理论探索。因此，邓小平理论正是在总结吸收社会主义国家建设的经验和教训的基础上形成与发展起来的。

3. 邓小平理论形成和发展的现实依据：我国改革开放和社会主义现代化建设的伟大实践

邓小平理论是适应我国社会主义现代化建设的客观需要而产生的，是对人民群众迫切的理论需要作出的积极回应，是对中国改革实践经验的理论升华。改革开放之初，我国社会如何向前发展的问题突出地摆在了人民面前——"什么是社会主义？""社会主义的根本任务是什么？""社会主义可不可以发展市场经济？"等等。这一系列新情况新问题迫切需要在理论上作出回答。党的十一届三中全会重新确立了解放思想、实事求是的思想路线，紧紧围绕"什么是社会主义、怎样建设社会主义"这个基本的理论问题和实践问题进行了艰辛的理论与实践探索，形成了许多宝贵经验和新的思想观点。正如邓小平所说："我们现在所干的事业是一项新事业，马克思没有讲过，我们的前人没有

---

① 邓小平. 邓小平文选：第 3 卷 [M]. 北京：人民出版社，1993：105.

做过，其他社会主义国家也没有干过，所以，没有现成的经验可学。我们只能在干中学，在实践中摸索。"① 因此，在推进我国改革开放和社会主义现代化建设的伟大实践中，邓小平理论应运而生。

二、邓小平理论形成和发展的主观条件

邓小平坚定的信仰、深厚的学识和丰富的人生阅历是邓小平理论得以形成和发展的重要主观条件。

1. 坚定的信仰

邓小平是一位信仰坚定的共产党人。他从不因个人遭遇而消沉、悲观。无论环境怎样恶劣，他从未动摇过自己的理想，从未放弃过斗争，也从未忘记作为一个共产党员的责任。正是基于这个信仰，他在复出后以一位政治家极大的勇气和胆略，对"文化大革命"造成的混乱局面进行了全面整顿，支持和领导开展真理标准问题的大讨论，提出必须完整准确地理解毛泽东思想，尽快把全党的工作重心转移到经济建设上来。正是基于一个信念坚定的中国共产党人对党和人民事业的信仰，他以非凡的智慧和坚强的意志带领中国人民走上了改革开放之路，使中国发生了翻天覆地的变化。他坚定的信仰，可以用一句话概括：我是中国人民的儿子，我深情地爱着我的祖国和人民。

2. 深厚的学识

早年旅欧留学的经历使邓小平拥有广阔的眼界和深厚的学识，使得他能够对国内外形势作出充分而正确的判断：基于对国外市场经济的了解，邓小平提出计划与市场只是调节经济的手段，不能用于区分一个社会的社会性质，资本主义国家有计划，社会主义国家也可以有市场；基于对高科技发展动向和趋势的密切关注，对高科技巨大作用的认知，他提出了"科学技术是第一生产力"的重要论断，作出了一系列推动我国高科技发展的重大战略决策，极大地促进了我国科技事业和现代化建设的蓬勃发展；在国家主权方面，基于对香港问题、澳门问题和台湾问题的认识，他运用辩证唯物主义和历史唯物主义相结合的方法，坚持实事求是，把和平共处原则用于解决国家内部的统一问题，提出了"一国两制"构想，为实现国家和平统一提供了切实可行的方案。

3. 丰富的人生阅历

邓小平理论的形成和发展还离不开他丰富的人生阅历。邓小平"三落三起"的人生堪称传奇：1933 年，由于党内"左"倾错误的影响，邓小平被撤

---

① 邓小平. 邓小平文选：第 3 卷 [M]. 北京：人民出版社，1993：258-259.

职、下放，遵义会议后再次成为中共中央委员会秘书长；1966年"文化大革命"开始后，邓小平被实际上撤销一切职务，1973年被恢复副总理职务；1976年，中共中央政治局撤销邓小平职务，只"保留党籍，以观后效"，1977年党的十届三中全会恢复邓小平的党政军领导职务。正是丰富的阅历与人生经历使邓小平认识到了中国当时存在的问题，促使他开始思考和谋划如何在中国这样一个经济文化落后的国家建设社会主义、巩固和发展社会主义。

邓小平："三落三起"的传奇人生①

邓小平同志的一生波澜壮阔、几度沉浮，政治生涯经历了"三落三起"，充满传奇色彩。"三落三起"指的是邓小平同志三次被打倒又得以复出并得到重用的人生经历。尽管历经苦难，但他从未忘记作为一个共产党人的责任与使命。

第一次"落起"是在20世纪30年代初期的中央苏区。以博古为代表的中央临时政府推行"左"倾错误路线，主张"城市中心论"；而邓小平等人则坚决支持以毛泽东为代表的正确路线，主张"农村包围城市"。临时中央政府错误地认为邓小平执行的是"纯粹"的防御路线。为此，邓小平遭批斗，并一度被关进监狱，他的职务——会昌中心县委书记也被撤销，并受到党内"最严重警告"处分。这一年，邓小平只有29岁。虽然邓小平承受着不公待遇，但他并没有屈服，在原则问题上坚决不让步，始终坚持正确主张，展现了一个无产阶级革命家的气节。直到1935年遵义会议，这次"落起"才画上句号。

第二次"落起"是在"文化大革命"期间。由于在一些重大问题上与毛主席存在分歧，加之遭到"四人帮"的诬陷，邓小平遭到错误批判。1968年，邓小平被剥夺党内外一切职务，被下放到江西新建县拖拉机修造厂劳动改造。邓小平在江西拖拉机修造厂度过了三个艰难的春秋。漫长的劳动改造丝毫没有磨灭他坚持真理的热情，即使被打倒，邓小平始终没有消极应对。在这期间他保持与毛主席的书信联系，表达想出来工作的愿望，毛主席在信上作了肯定的批示，1973年作出恢复邓小平国务院副总理职务的决定。1975年年初，邓小平得以复出，主持党、政、军的日常工作。

第三次"落起"接近"文化大革命"尾声。因邓小平否定"以阶级斗争为纲"，"四人帮"发动了"批邓、反击右倾翻案风"运动，将邓小平再次打

---

① 本案例根据廖毅文2013年2月27日发表在人民网的文章《信仰的能量：从邓小平政治生涯三落三起说起》的内容编写而成。

倒。直到 1977 年 7 月党的十届三中全会前夕，邓小平才获得第三次"解放"，成为党中央的领导核心。

恢复工作后的邓小平已是 73 岁高龄，在经历了几次被打倒的坎坷之后，他并没有选择悠闲度日，而是充满干劲、无私奉献，重新确立了解放思想、实事求是的思想路线，进行了思想上的拨乱反正，拉开了中国改革开放的序幕。

跌宕起伏的人生经历并没有打倒邓小平，反而成就了他，即使处于人生低谷，他仍旧想着为国家和人民做点事情。在与外宾谈到自己的这段传奇经历时，邓小平说自己是"三落三起"。而外国人称邓小平是"永远打不倒的小个子！"①

案例思考：

邓小平"三落三起"的人生经历体现了怎样的党性修养与人格魅力？

案例解析：

邓小平是伟大的马克思主义者，其"三落三起"的传奇人生，彰显了一代政治家坚忍不拔的品格、从容乐观的胸怀、高超卓越的智慧。经历第一次"落起"，他坚定信念、顽强不屈；经历第二次"落起"，他仍旧坚持真理、锲而不舍；经历第三次"落起"，他无私奉献、实事求是。邓小平这段传奇人生经历练就了他处变不惊、从容乐观、始终胸怀国家和人民的党性修养与人格魅力。

问题二：如何理解社会主义本质理论？

邓小平曾指出："我国社会主义在改革开放前所经历的曲折和失误以及改革开放以来在前进中遇到的一些犹疑和困惑，归根到底就是在于对这个问题没有完全搞清楚。"② 这个问题指的就是"什么是社会主义、怎样建设社会主义"这个基本问题，即社会主义本质问题。

1980 年 5 月，针对一些人因为党的政策调整而产生的对社会主义的种种困惑和疑虑，邓小平在论述怎样才能发挥社会主义制度优越性时，第一次提出了"社会主义本质"这个概念。他指出："社会主义是一个很好的名词，但是如果搞不好，不能正确理解，不能采取正确的政策，那就体现不出社会主义的本质。"③ 党的十一届三中全会以来，邓小平对此反复加以论述，以新的思想

---

① 伍国用，袁南生. 中外名人看邓小平 [M]. 长沙：湖南出版社，1994：57.
② 郑楠. 社会主义本质的科学概括 [J]. 求实，1996（S1）：2.
③ 邓小平. 邓小平文选：第 2 卷 [M]. 2 版. 北京：人民出版社，1994：314.

观点丰富了马克思主义理论,最终在 1992 年南方谈话中对社会主义本质作了理论概括:"社会主义的本质,是解放生产力,发展生产力,消灭剥削,消除两极分化,最终达到共同富裕。"①

一、为什么要突出强调"解放生产力,发展生产力"?

突出强调"解放生产力,发展生产力",既是从社会主义建设过程中得出的经验教训,也是现实需要,更是我国应对资本主义挑战的重要战略决策。

1. 忽视生产力的决定性作用,片面强调生产关系,导致社会主义建设遭受严重挫折

长期以来,由于教条化理解马克思主义基本观点,以及受苏联模式的影响,党内一些人离开生产力抽象地谈论社会主义,单纯地用生产关系来说明社会主义该如何建设,忽视了生产力在社会主义建设中的决定性作用,导致人民公社化时期"赶英超美""跑步进入共产主义社会"等错误口号的出现,使社会主义建设遭受了严重的挫折和失误。为此,邓小平强调,"根据我们自己的经验,讲社会主义,首先就要使生产力发展,这是主要的"②。只有解放与发展生产力,才抓住了重点,才能更好地建设社会主义。

2. 我国的基本国情和主要矛盾决定了解放和发展生产力的重要性与迫切性

建设社会主义,必须从中国的基本国情出发,而中国最大的国情,就是处于什么样的发展阶段。邓小平紧紧围绕社会主义发展阶段问题,全面分析思考我国国情的基本状况和特点,作出我国处于并将长期处于社会主义初级阶段的科学判断。对社会主义初级阶段基本特征的提炼和概括,使我们对国情的认识更加现实、准确、客观,也让我们更加清晰地认识到"解放生产力,发展生产力"的重要性与迫切性。1981 年,党的第十一届六中全会指出,在社会主义初级阶段,我国社会的主要矛盾是人民日益增长的物质文化需要同落后的社会生产之间的矛盾。这一矛盾直接决定了我国社会主义建设的根本任务就是集中力量发展社会生产力。

3. 解放和发展生产力是应对资本主义严峻挑战的重要战略决策

20 世纪 80 年代末 90 年代初,东欧剧变、苏联解体,整个世界社会主义运动遭受巨大挫折。虽然在新科技革命推动下,经济社会发展迅速,世界各国人

---

① 邓小平. 邓小平文选:第 3 卷 [M]. 北京:人民出版社,1993:373.

② 邓小平. 邓小平文选:第 2 卷 [M]. 2 版. 北京:人民出版社,1994:313.

民更加珍惜发展的机遇，和平与发展逐渐成为世界各国人民的普遍愿望，但以美国为首的资本主义国家企图搞垮社会主义中国的野心和行动从未停止过。

因此，在和平与发展的时代主题之下，我们所面临的最大问题其实是发展问题。只有不断解放生产力，发展生产力，才能在国际竞争中获取优势，才能彰显社会主义制度的优越性，也才能从根本上应对资本主义的严峻挑战。

二、为什么要突出强调"消灭剥削，消除两极分化，最终达到共同富裕"？

邓小平同志于 1988 年在《思想更解放一些，改革的步子更快一些》一文中指出："社会主义的特点不是穷，而是富，但这种富是人民共同富裕。"邓小平关于"贫穷不是社会主义"的思想表明了共同富裕是社会主义的根本目的。

1. 社会主义的根本目的就是要通过消灭剥削，消除两极分化，最终达到共同富裕

邓小平曾指出："在社会主义国家，一个真正的马克思主义政党在执政后，一定要致力于发展生产力，并在这个基础上逐步提高人民的生活水平。这就是建设物质文明。与此同时，还要建设社会主义精神文明……只有把两个文明都搞好了，才是有中国特色的社会主义。"① 当然，对物质文明、精神文明的追求，深刻体现了共同富裕的重要性，社会主义要实现的目标就是共同富裕。那怎么实现共同富裕呢？实现共同富裕的手段就是消灭剥削，消除两极分化。只有在全社会取消了剥削制度，消灭了剥削行为，通过再分配消除了两极分化，才能逐步缩小贫富差距，最终实现共同富裕。

2. 社会主义解放和发展生产力就是为实现共同富裕这个目标提供现实基础

中国自古以来就推崇"天下为公"，渴望建立大同社会。然而回顾社会主义艰难的探索历程就会发现，平均主义、吃"大锅饭"并没有带来共同富裕，反而导致了集体贫穷，究其根本，在于当时低下的生产力发展水平无法满足人们的物质生活需要。党的十一届三中全会以后，邓小平在批判吸收经验与教训的基础上，针对当时生产力水平较低且不均衡的现状，明确提出了我们的首要任务是解放和发展生产力。在邓小平看来，"社会主义的本质就是通过解放生产力，来达到推动生产力发展的目的，随着生产力发展到一定程度，社会物质财富极大丰富时，剥削和两极分化就失去了存在的基础，共同富裕也就随之而

---

① 朱伟方. 社会主义本质理论的唯物史观探析 [J]. 学理论，2009（20）：107.

生"①。这表明我们坚持解放和发展生产力就是为实现全体人民的共同富裕提供现实基础。

3. 社会主义社会与资本主义社会发展生产力的根本目的不同

社会主义社会发展生产力是为了提高广大人民群众的物质文化生活水平，这与资本主义通过剥削获取更多剩余价值的生产目的有根本不同。这一点从我国坚持以"公有制为主体、多种所有制经济共同发展，按劳分配为主体、多种分配方式并存"就可以看出。社会主义发展生产力的成果是属于人民的。邓小平就曾指出："我们大陆坚持社会主义，不走资本主义的邪路。社会主义与资本主义不同的特点就是共同富裕，不搞两极分化。创造的财富，第一归国家，第二归人民，不会产生新的资产阶级。"② 邓小平的论述体现了社会主义以人为本的思想：要将人民群众的根本利益放在首位，调动人民群众各尽其能、实现价值的积极性与创造性，从而推动社会生产力不断向前发展，创造出更多的社会财富，并最终实现全体人民的共同富裕。

三、社会主义本质理论贯穿的红线是生产力与生产关系的辩证关系

历史唯物主义告诉我们，生产力决定生产关系，生产关系反作用于生产力。两者相互作用，在矛盾运动中不断循环进步，推动社会发展。

"解放生产力，发展生产力"，正强调了生产力的重要性。生产力决定生产关系，是生产关系形成的客观前提和物质基础，只有回归到生产力的角度来诠释社会主义的本质才是完全的、彻底的。这种从生产力的角度去认识社会主义的思维方法，抛弃了离开生产力孤立地讲社会主义生产关系和上层建筑的传统观点，使我们找到了对社会主义的正确的认识方法，也使社会主义的实践重新回到了正确的轨道。"消灭剥削，消除两极分化"是从"生产关系"的角度来说明社会主义的本质。生产力的发展极其重要，但它并不是衡量社会进步的唯一尺度。社会主义的优越性不仅在于可以快速发展生产力，更在于可以消除资本主义所固有的剥削和两极分化现象。我们要建设的社会主义既要有高度发达的生产力，又要让广大人民群众共享社会发展成果。"共同富裕"是社会主义要实现的目标，更是社会主义区别于资本主义的核心内涵和优越性所在。只有"解放生产力，发展生产力"，才能让国家真正"富裕"起来，这体现的是生产力；以此为基础，还要做到"消灭剥削，消除两极分化"，这样才能让人

---

① 潘红，王志建. 邓小平共同富裕思想的科学内涵及其现实意义 [J]. 邓小平研究，2017 (3)：105.

② 邓小平. 邓小平文选：第3卷 [M]. 北京：人民出版社，1993：123.

民"共同"享受社会主义的美好，这体现的是生产关系。社会主义本质理论把作为内容的生产力与作为形式的生产关系辩证统一起来，使我们对"什么是社会主义、怎样建设社会主义"这一重要理论问题有了更全面、更深刻的理解。

南方谈话：危急时刻的关键讲话

"1992 年又是一个春天，有一位老人在中国的南海边写下诗篇……"这首《春天的故事》唱的便是邓小平南方谈话的场景：1992 年春天，邓小平视察武昌、深圳、珠海、上海等地，发表了具有历史意义的讲话，统称为南方谈话。这是一次在危急时刻的重要讲话，为中国摆脱困境、坚持和发展中国特色社会主义指明了方向。

之所以说南方谈话是在危急时刻的关键讲话，是因为这个时期中国正面临关键抉择。20 世纪 80 年代末 90 年代初，东欧剧变，苏联解体，世界社会主义陷入前所未有的低潮，这是自第二次世界大战结束后国际形势发生的最为深刻的变化，这一变化深刻地影响着中国。在这艰难时刻，中国共产党面临着生死攸关的前途命运的抉择——是效仿苏联和东欧，还是另辟蹊径，走自己的路？危急时刻，邓小平先后视察武昌、深圳、珠海、上海等地，发表了重要的南方谈话。南方谈话共六个部分，邓小平以"小"见"大"，以"事"说"理"，系统阐述了当时事关中国发展与改革的重大理论与实践问题，贯穿其中的一个核心精神就是要坚持党的基本路线不动摇。具体为：第一，坚持党在社会主义初级阶段的基本路线，一百年不动摇；第二，检验姓"社"还是姓"资"的标准是"三个有利于"，即是否有利于发展社会主义社会的生产力，是否有利于增强社会主义国家的综合国力，是否有利于提高人民的生活水平；第三，抓住有利时机，集中精力把经济建设搞上去；第四，坚持两手抓，两手都要硬，即一手抓改革开放，一手抓打击各种犯罪活动；第五，正确的政治路线要靠正确的组织路线来保证；第六，坚定社会主义信念，即我们要在建设有中国特色的社会主义道路上继续前进。

南方谈话对冷战后纷繁复杂的国际形势及走向作出了精准判断，深刻总结了我国改革开放的实践经验，为改革开放的中国找到了正确的道路，把我国的改革开放推向了一个新阶段。

案例思考：

邓小平的南方谈话对中国的改革开放和社会主义现代化建设有何重大意义？

案例解析：

在国际国内面临严峻考验的形势下，邓小平的南方谈话科学总结了党的十一届三中全会以来党的路线和基本经验，明确回应了"举什么旗、走什么路"的问题，澄清了"姓资姓社"等理论是非，指明了干扰党的基本路线的错误倾向，使建设有中国特色的社会主义理论体系更加系统，极大解放了人们的思想，为党的十四大的召开奠定了理论基础，是把改革开放和社会主义现代化建设推向新阶段的又一次重要宣言。

问题三：如何理解社会主义初级阶段理论？

中国共产党从诞生之日起就把马克思主义写在自己的旗帜上，毛泽东同志立足中国国情，把社会主义分为不发达和比较发达两个阶段，并强调"在我们这样的国家，完成社会主义建设是一个艰巨任务，建成社会主义不要讲得过早了"①。而中国共产党关于社会主义发展阶段的问题直到 1978 年之后才逐渐明晰。1979 年，叶剑英在庆祝中华人民共和国成立 30 周年讲话中，初步表达了社会主义初级阶段的思想；1981 年，党的十一届六中全会通过了《关于建国以来党的若干历史问题的决议》，该文件第一次提出我们的社会主义制度还处于初级阶段。此后，党的十三大系统论证了社会主义初级阶段理论，指出我国正处在社会主义的初级阶段。这个论断包括两层含义：第一，我国社会已经是社会主义社会，我们必须坚持而不能离开社会主义；第二，我国的社会主义社会还处在初级阶段，我们必须从这个实际出发，而不能超越这个阶段。党的十九大虽明确我国社会的主要矛盾已经发生转化，但不可否认的是，我国处于并将长期处于社会主义初级阶段的基本国情并未改变。

一、从社会性质上看，我国社会已经是社会主义社会，我们必须坚持而不能离开社会主义

三大改造完成后，社会主义制度在中国确立，自此我国迈入了社会主义初级阶段。我国已经是社会主义社会，这是对我国社会性质的总判断。

1. 社会主义是历史的选择、人民的选择

1840 年以来的近代，无数的仁人志士不断探索，寻求救国之路，有农民

---

① 陈理. 新发展阶段标定历史方位［N］. 人民日报，2021-02-02（12）.

阶级的太平天国运动、地主阶级的洋务运动、资产阶级改良派的维新运动和资产阶级革命派的辛亥革命，均以失败告终，实践证明了这些道路在中国行不通。中国的先进分子从俄国十月革命的胜利中看到了中国的新出路，学习了马克思主义，组建了中国共产党，并将马克思主义基本原理同中国革命的具体实际相结合，为中国人民找到了通过新民主主义革命走向社会主义的道路，根本上改变了中国半殖民地半封建的社会性质，迈向了社会主义社会。中国共产党相较于以前的阶级和政党，真正深入中国的基层社会，尤其是以先进的无产阶级思想重新组织和动员了中国最广大的农民，激发了他们革命和建设的决心与热情，使得社会主义为广大人民所接受与拥护，成为历史的选择、人民的选择。

2. 社会主义制度具有显著的优越性

党的十九届四中全会明确了中国特色社会主义制度的整体框架，阐述了中国特色社会主义制度具有的 13 个方面的显著优势，比如：坚持党的集中统一领导，坚持党的科学理论，保持政治稳定，确保国家始终沿着社会主义方向前进的显著优势；坚持人民当家作主，发展人民民主，密切联系群众，紧紧依靠人民推动国家发展的显著优势；坚持全面依法治国，建设社会主义法治国家，切实保障社会公平正义和人民权利的显著优势；坚持全国一盘棋，调动各方面积极性，集中力量办大事的显著优势；坚持公有制为主体、多种所有制经济共同发展和按劳分配为主体、多种分配方式并存，把社会主义制度和市场经济有机结合起来，不断解放和发展社会生产力的显著优势；等等。社会主义制度的显著优越性彰显了其先进性与生命力，我们必须坚持而不能离开社会主义。

二、从发展程度看，我国的社会主义还处于初级阶段，我们必须从这个实际出发，而不能超越这个阶段

我国的社会主义还处于初级阶段，这是对我国社会发展程度、发展水平的总判断。

1. 这是由我国进入社会主义社会的特殊历史条件决定的

我国的社会主义脱胎于半殖民地半封建社会，没有经过资本主义的充分发展，生产力水平低下，且呈现出不均衡性的特点。众所周知，人类社会虽可实现跨越性发展，即跳过整个资本主义社会形态而直接进入社会主义社会，实现生产关系的转换，但生产力具有继承性，是不可跨越的。因此，我国建设的社会主义本身发育还不够成熟，还不完善，这是我国最大的实际和国情。邓小平曾指出："现在虽说我们也在搞社会主义，但事实上不够格。"① 所谓"不够格"，也就是不够马克思所讲的"共产主义低级阶段"，即社会主义阶段的"资格"。这种"不够格"，主要是在物质技术基础方面不够格，也表现在社会经济制度和上层建筑方面的不成熟、不完善。这表明，我国需要经过长时间的发展才能摆脱不发达状态，目前处于并将长期处于社会主义初级阶段。

2. 这是由我国现实国情决定的

随着社会主义基本制度的确立，我国进入了社会主义社会。经过全国人民长期的艰苦奋斗，我国经济社会发展水平得到快速提高。但我国的现实国情仍然是人口多、底子薄，发展不平衡。从人口来看，中国是人口大国，但并非人才强国，且人口红利在减少。从人均国内生产总值（GDP）来看，中国与世界发达国家相比仍存在差距。根据世界银行公布的数据，1978 年，我国人均GDP 为 155 美元，相当于世界平均水平的 7.9%②。2019 年，我国人均 GDP 突破 1 万美元大关，虽然与高收入国家的差距在不断缩小，但我国人均 GDP 大致相当于世界平均水平的 90%，仍处在中等收入国家的行列③。从人民生活水平来看，我们已经实现了全面小康，人民生活水平显著提高，对美好生活的向往更加强烈，这就需要着力解决我国发展中的不平衡不充分问题。邓小平在南方谈话中就深刻指出："我们搞社会主义才几十年，还处在初级阶段。巩固和发展社会主义制度，还需要一个很长的历史阶段，需要我们几代人，十几代人甚至几十代人坚持不懈地努力奋斗。"④

人类创举：社会主义五百年的发展历程⑤

放眼社会主义的历史长河，社会主义从空想到科学，从理论到现实，从一国到多国，从传统到特色，整整历经了漫长的五百年发展历程。2013 年 1 月，习近平总书记在新进中央委员会的委员、候补委员学习贯彻党的十八大精神研讨班上的讲话中，系统回顾和梳理了社会主义五百年波澜壮阔的历史，从六个时间段分析了社会主义思想从提出到现在的历史过程。

---

① 邓小平. 邓小平文选：第 3 卷 [M]. 北京：人民出版社，1993：225.

② 余芳东，杨红军，解明明. 我国人均 GDP 和人均 GNI 国际位次稳步提高 [EB/OL]. (2011-05-23) [2020-02-01]. http://www.cinic.org.cn/xw/cjxw/298521.html.

③ 陆娅楠. 人均 1 万美元，了不起 [N]. 人民日报，2020-01-18（4）.

④ 同①379-380.

⑤ 本案例根据 2013 年 1 月人民网转载的文章《社会主义在开拓中前进——关于中国特色社会主义的思想程和历史进程的辩证统一》编写而成。

第一阶段，是空想社会主义产生和发展的时期。从 1516 年托马斯·莫尔《乌托邦》的发表到 1848 年马克思、恩格斯发表《共产党宣言》的 300 多年时间，都是空想社会主义时期。

第二阶段，是社会主义由空想到科学的时期。这一时期，马克思、恩格斯批判继承了德国古典哲学、英国古典政治经济学、英法空想社会主义学说，创立了唯物史观和剩余价值理论，把社会主义建立在了科学的理论基础之上，创立了科学社会主义理论体系，实现了社会主义从空想到科学的伟大飞跃。

第三阶段，是列宁领导十月革命胜利并成功实践社会主义的时期。1917年俄国十月革命胜利的直接成果就是建立了世界上第一个社会主义国家，使社会主义从理论变为现实，打破了资本主义一统天下的世界格局。

第四阶段，是苏联模式逐渐形成时期。斯大林在列宁逝世后开始实行高度集中的计划经济体制、政治体制，这一"斯大林模式"使得苏联逐渐偏离社会主义方向，逐渐背弃十月革命的初心，最终导致了苏联解体、东欧剧变。

第五阶段，是新中国成立后我们党对社会主义的探索和实践时期。中国深受十月革命的影响，学习借鉴苏联经验，结合自身实际探索社会主义道路，为社会主义从一国到多国的发展作出了突出贡献。

第六阶段，是我们党作出实行改革开放的伟大决策，开创和发展了中国特色社会主义的时期。中国特色社会主义将科学社会主义的理论逻辑与中国社会发展的历史逻辑辩证统一起来，把对社会主义的认识提高到新的科学水平，开拓了马克思主义的新境界。

马克思、恩格斯科学社会主义理论形成后，社会主义在短短一个多世纪获得了前所未有的发展，尤其是在中国共产党成立后的 100 年间迸发出了强大的生命力。社会主义的发展史展现了中国特色社会主义的历史渊源和发展进程，彰显了社会主义制度的优越性和发展活力。

案例思考：

社会主义波澜壮阔的发展历程说明了什么？

案例解析：

社会主义的提出和发展是人类的伟大创举，社会主义的历史是人民用奋斗书写的。只有搞清楚了世界社会主义思想的源头及其演进历程，才能搞清楚中国特色社会主义的发展历史，才能明白我们党是经历了多少艰难困苦、付出了多少代价才开创和发展了中国特色社会主义。中国特色社会主义是对科学社会主义的创新发展，是当今世界社会主义发展的最新阶段。中国特色社会主义的蓬勃发展彰显了社会主义的活力与生命力。

问题四：为什么说改革是中国的第二次革命？

革命有广义和狭义之分。从狭义上讲，革命主要是指社会政治革命，大多伴有流血和牺牲；从广义上讲，革命泛指某种事物发生的根本变革，从量变产生质变，引起质的飞跃。中国的改革不是传统意义上狭义的革命，而是引起社会质变的广义革命。

一、改革不是传统意义上的革命

改革是在制度框架内作出调整和变革，并不会改变社会性质和根本制度，因而不是传统意义上的革命，二者根本目的和推进方式均不同。

1. 改革和传统革命的根本目的不同

改革是对旧生产关系和上层建筑进行调整，有统治阶级维护统治的目的；革命则是由被统治阶级发动的，目的是推翻反动统治阶级的国家政权，建立新的革命政权。具体而言，改革是在一定社会制度下，为了解决生产关系不适应生产力、上层建筑不适应经济基础的某些部分和环节，使该社会制度得到自我完善，而对社会体制进行的革新。而革命则是新旧社会形态的更替，是社会制度的根本质变。革命的根本问题是国家政权问题，国家政权从反动阶级手中转到革命阶级手中，摧毁了旧的生产关系和上层建筑，建立和发展新的生产关系和上层建筑，使社会得到根本的改造。

2. 改革和传统革命的推进方式不同

改革一般是自上而下展开的，以非暴力方式进行；而传统革命一般是由下层群众自下而上发动的，采取激烈暴力的方式进行。具体而言，改革是在不改变现存制度的前提下，将现有制度的优越性更加充分地发挥出来，从而更好地缓解社会矛盾。改革一般不表现为激烈的阶级斗争，而表现为统治阶级内部的政治斗争，反映进步与保守、新与旧的矛盾。改革虽然不是武装的阶级斗争，但有时也会很激烈，只是改革的代价与革命相比要小得多。而传统革命则需要以暴力的手段去推翻代表腐朽生产的反动统治阶级，表现为激烈的阶级斗争和武装夺取政权，反映了进步与反动、革命与反革命的矛盾。也正是由于革命要通过暴力来实施，所以它是暴风骤雨、摧枯拉朽式的，必须付出高昂的代价。革命的胜利是建立在无数革命者的鲜血和生命之上的，任何不流血的传统革命都只是幻想。

二、改革为什么被称为中国的第二次革命？

这里的改革，特指改革开放时期的改革，因其对中国原有僵化体制的根本性变革、对生产力的巨大促进、对中国和世界的巨大影响而被称为中国的第二次革命。

1. 就其实质而言，改革是对中国原有僵化体制的根本性变革

改革开放理论作为邓小平理论的重要组成部分，是以邓小平同志为主要代表的中国共产党人基于社会主义建设初期的经验教训提出的。在社会主义建设初期，由于缺乏经验，我国在探索社会主义建设的过程中走了一些弯路，主要表现为在经济上急于求成、盲目过渡，在政治上坚持以阶级斗争为纲，使我国社会主义建设遭遇巨大挫折。"文化大革命"之后，中国工业技术仍然较为落后，人民温饱问题尚未解决；计划经济凸显出严重弊端，阻碍着生产力的发展；中共中央被"两个凡是"方针束缚着，党在一定程度上出现了执政危机。在这种形势下，邓小平果断提出，改革不是对中国原有体制机制细枝末节的修改，而是要在维持社会主义制度的前提下，对我国经济体制、政治体制等作出根本性变革，帮助党及时拨乱反正，将工作重心顺利转移到经济建设上来，致力于推进社会主义现代化进程。

2. 就其目的而言，改革是为了彻底解放和发展生产力

生产力是社会发展最根本的决定性因素，一个国家若要获得发展就必须彻底解放和发展生产力，这也正是我国社会主义建设的根本任务之所在。中国的第一次革命完成了反帝反封建的历史任务并恢复了国民经济，使得社会主义制度在我国得以确立。社会主义制度建立后，为巩固和发展社会主义，必须进一步解放和发展生产力。经过第一个五年计划，我国社会主义经济有了相当的基础。然而之后的"大跃进"、人民公社化运动、"文化大革命"给我国经济社会发展带来巨大打击。我国生产力仍然落后，经济状况不容乐观，改革刻不容缓。因此，需要通过改革建立全新的社会主义经济体制以代替原有的计划经济体制，彻底解放并发展生产力。

3. 就其影响而言，改革使中国发生了翻天覆地的变化，也深刻影响了世界

改革开放使中华民族发生了翻天覆地的变化。1978年改革开放以来，国民经济快速发展，人民生活水平得到极大的改善。"从1978年到2017年，我国国内生产总值增长33.5倍，年均增长9.5%，远高于世界经济同期年均2.9%的增速，经济规模从1978年世界第11位到2010年跃居世界第2位，中

国人民从温饱迈向全面小康。"① 短短几十年的改革开放，使我国走完了发达国家几百年才走完的工业化进程。改革开放在改变中国的同时，也深刻影响着世界。改革开放以来，中国不断加大对外开放力度，已连续多年对世界经济增长贡献率超过30%，成为世界经济增长的主要稳定器和动力源，促进了人类和平发展的崇高事业。

农民的首创：家庭联产承包责任制改革

20世纪70年代末，一些农村在进行合作化以后，集体的粮食积累还不够抵偿国家的银行贷款。尤其在1978年，安徽遭遇了特大旱灾，粮食减产，农民根本吃不饱饭，只能饿肚子。面临粮食危机，加之受到"真理标准问题大讨论"的影响，一些干部和群众的思想开始活跃，发起了对旧的农村经济体制的冲击。

1978年11月24日晚上，18位农民聚集在安徽省凤阳县凤梨公社小岗村西头严立华家低矮残破的茅屋里，以"托孤"的方式，冒着极大的风险，立下生死状，在土地承包责任书上按下了红手印。保证书上清晰地写着："我们分田到户，每户户主签字盖章，如以后能干，每户保证完成每户的全年上交和公粮不在（再）向国家伸手要钱要粮。如不成，我们干部作（坐）牢杀头也干（甘）心，大家社员也保证把我们的小孩养活到十八岁。"② 在会上，队长严俊昌特别告诫村民，分田到户的事情不准向任何人透露。1978年，这个举动是一个勇敢的甚至是伟大的壮举，小岗村的村民开创了一条大包干、大变革之路。

1979年10月，也就是大包干的第一年，小岗村就发生了巨大变化，农民大丰收，打谷场上一片金黄。据统计，"小岗村粮食产量是前十余年产量的总和，人均收入达400元，相当于1978年22元的18倍，结束20余年吃国家救济粮的历史，小岗村首次归还了国家贷款800元"③。

1978年，小岗村的"分田到户""包产到户"是冒着极大政治风险的，因为"搞资本主义"的帽子随时都可能被扣在头上，丢掉性命。即使是在小岗村获得丰收的1979年，也仍然存在着对"分田到户""包产到户"的质疑和批判。这一争议持续了一段时间，最终"包干到户"的做法得到了党中央的肯定。

---

① 余言. 站起来、富起来、强起来的壮丽历史和经验探析［N］. 中国纪检监察报，2019-08-15（5）.

② 韩俊杰. 红手印，开启农村改革（最美奋斗者）［N］. 人民日报，2019-09-25（7）.

③ 常河. 小岗村"大包干"带头人 带着恒心致富［N］. 光明日报，2019-09-24（7）.

1980 年 5 月 31 日，邓小平在一次重要谈话中公开肯定了小岗村"大包干"的做法，他表示只要能调动农民群众的积极性，受群众欢迎就应该推广。1982 年 1 月 1 日，中国共产党历史上第一个关于农村工作的"一号文件"正式出台，确立了家庭联产承包责任制，明确指出包产到户、包干到户都是社会主义集体经济的生产责任制。从 1982 年到 1984 年，中央连续三年以"一号文件"的形式，对以包产到户、包干到户为主要形式的生产责任制给予了充分肯定，并在政策上进行了积极引导，在全国范围内广泛推行。

此后，中国政府不断稳固和完善家庭联产承包责任制，鼓励农民发展多种经营，使广大农村地区逐步改善了贫困落后面貌，基本解决了温饱问题，彻底告别了"饥饿年代"，中国因此创造了令世人瞩目的用世界上 7% 的土地养活世界上 22% 的人口的奇迹。

案例思考：

为什么说家庭联产承包责任制的确立体现了农民的首创精神？

案例解析：

1978 年年底，安徽小岗村的 18 个农户冒死"包产到户"，签下"生死契约"，宣告了一种新的生产关系的诞生，彻底打破了"一大二公"的人民公社体制，取而代之的是新的农村经营体制——家庭联产承包责任制。小岗村的先进经验为家庭联产承包责任制政策的出台奠定了坚实的实践基础。正是由于中国农民敢为人先、敢想敢干的首创精神，为中国农村改革指明了方向，提供了范本。

问题五：为什么说邓小平理论是中国特色社会主义理论体系的"开篇之作"？

邓小平理论是中国特色社会主义理论体系中的开创性理论，它搭建了中国特色社会主义理论体系的基本框架，构成了中国特色社会主义理论体系的主体内容，奠定了中国特色社会主义理论体系形成的基础。

一、邓小平理论搭建了中国特色社会主义理论体系的基本框架

邓小平理论贯通哲学、政治经济学、科学社会主义等领域，涵盖经济、政治、文化、科技、党的建设等多方面内容，是较完备的科学理论体系，搭建了中国特色社会主义理论体系的基本框架。

1. 思想路线的重新确立与发展

毛泽东早在《反对本本主义》中就确立了实事求是的思想路线，但从推进人民公社化运动开始，中国的社会主义建设探索并没有真正坚持"实事求是"。以邓小平同志为主要代表的中国共产党人，批判了"两个凡是"的错误方针，坚持"实践是检验真理的唯一标准"，解放思想、实事求是的思想路线才得以重新确立，中国的发展也才重新步入了正常的轨道。解放思想、实事求是是马克思主义的本质属性，体现了革命胆略和科学精神的统一；解放思想、实事求是的思想路线是邓小平理论的精髓，也为中国特色社会主义理论体系确立了鲜明的理论品格。

2. "三个有利于"根本标准的确立

1992 年年初，邓小平在视察南方时，针对一段时期以来，党内和国内不少人在改革开放问题上迈不开步子、不敢闯，以及理论界对改革开放性质的争论，指出："要害是姓'资'还是姓'社'的问题。判断的标准，应该主要看是否有利于发展社会主义社会的生产力，是否有利于增强社会主义国家的综合国力，是否有利于提高人民的生活水平。"[①] 这三个"有利于"明确了中国特色社会主义的根本尺度，切开了理论上纠缠不休的疙瘩，成为人们衡量一切工作是非得失的判断标准，为我国建设中国特色社会主义奠定了坚实的价值判断基础。

3. "摸着石头过河"渐进式实践路径的确立

中国地域广阔，各地区经济社会发展水平、资源状况差异较大，加上决策者信息不足，极易出现决策上的失误。据此，邓小平提出了"摸着石头过河"的实践路径。例如，中国的农村改革是从安徽省凤阳县小岗村的家庭联产承包责任制开始的，获取成功后再进行试点，条件成熟后再在全国推广；我国的对外开放道路同样如此，从沿海到沿江、沿边再到内陆；我国的经济体制改革也是从有计划的商品经济到商品经济再到市场经济的逐步改革，而市场经济体制改革又经过了"党的十四大上确立社会主义市场经济体制，发挥市场在资源配置中的基础性作用"，再到"党的十八届三中全会市场在资源配置中起决定性作用和更好发挥政府作用"。邓小平理论所确立的"摸着石头过河"的渐进式实践路径，为中国特色社会主义理论体系及其实践探索了适合中国的道路。

---

① 邓小平. 邓小平文选：第 3 卷 [M]. 北京：人民出版社，1993：372.

二、邓小平理论构成了中国特色社会主义理论体系的主体内容

邓小平理论是中国特色社会主义理论体系的奠基之石，其重要思想观点成为中国特色社会主义理论体系的重要思想观点，其重要内容成为中国特色社会主义理论体系的重要内容。

1. 和平与发展的时代主题论和社会主义初级阶段理论构成了中国特色社会主义理论体系的两大基石

邓小平理论所提出的和平与发展的时代主题论和社会主义初级阶段理论，既是中国特色社会主义道路选择的理论前提，也是中国特色社会主义理论体系的重要基石。邓小平坚持用马克思主义的立场、观点和方法观察世界，对当今时代特征和总体国际形势，对世界上其他社会主义国家的成败、发展中国家谋求发展的得失、发达国家的态势和矛盾进行了正确分析，作出了新的科学判断，这是中国特色社会主义建设的前提。同时，邓小平坚持解放思想、实事求是，在新的实践基础上继承前人又突破陈规，首创了社会主义初级阶段理论，既开拓了马克思主义的新境界，又为中国特色社会主义理论体系的研究设定了时间域。

2. "什么是社会主义、怎样建设社会主义"确立了中国特色社会主义理论体系的主题

邓小平理论坚持马克思列宁主义、毛泽东思想的基本原理，坚持辩证唯物主义和历史唯物主义的立场、观点、方法，抓住"什么是社会主义、怎样建设社会主义"这一根本问题，深刻地揭示了社会主义的本质，把对社会主义的认识提高到新的科学水平。"什么是社会主义、怎样建设社会主义"是邓小平理论的首要的基本的理论问题，也是贯穿中国特色社会主义理论体系的主题。在南方谈话中，邓小平明确指出："社会主义的本质，是解放生产力，发展生产力，消灭剥削，消除两极分化，最终达到共同富裕。"这一科学论断，创造性地揭示了社会主义的本质，比较系统地初步回答了在中国这样一个经济文化比较落后的国家如何建设社会主义、如何巩固和发展社会主义等一系列基本问题。这是对马克思主义理论的重大发展，为我国认识和建设中国特色社会主义打下了坚实的理论基础，也为中国特色社会主义理论体系确立了理论主题，之后党的所有理论回答的基本问题都是对这一问题的深化和拓展。

3. "一系列重要思想观点"构成了中国特色社会主义理论体系的核心内容

邓小平理论中社会主义初级阶段理论、党的基本路线、社会主义根本任务的理论、"三步走"战略、改革开放理论、社会主义市场经济理论、"两手抓、

两手都要硬"、"一国两制"、中国的问题关键在于党等一系列重要思想观点，揭示了中国特色社会主义发展规律，建构了中国特色社会主义理论体系的基本框架，凝练出了中国特色社会主义理论体系的核心内容。江泽民在党的十五大报告中就曾指出，"邓小平理论形成了新的建设有中国特色社会主义理论的科学体系。"①

三、邓小平理论奠定了中国特色社会主义理论体系形成的基础

邓小平理论的创立为中国特色社会主义理论体系的形成奠定了基础，属于开创性理论；"三个代表"重要思想、科学发展观是在邓小平理论的基础上，在改革开放新时期，回答时代问题而产生的理论创新成果，属于接续发展；习近平新时代中国特色社会主义思想是在新时代条件下，对马克思主义的创新和发展，是马克思主义中国化的最新理论成果。

1. "三个代表"重要思想和科学发展观是中国特色社会主义理论体系的接续发展

建设中国特色社会主义是贯穿邓小平理论、"三个代表"重要思想和科学发展观的一条主线。"三个代表"重要思想、科学发展观与邓小平理论联系紧密，在理论上都源于马克思列宁主义、毛泽东思想，在实践上都立足于中国的改革开放和现代化建设实际，所处的时代主题都是和平与发展。它们有着共同的时代背景、思想起点和共同的价值取向。"三个代表"重要思想所回答的基本问题"建设一个什么样的党、怎样建设党"及科学发展观所回答的基本问题"实现什么样的发展、怎样发展"，是在中国特色社会主义新的发展阶段，从党建视角与发展视角具体回答了"什么是社会主义、怎样建设社会主义"的问题，是对邓小平理论的接续发展。

2. 习近平新时代中国特色社会主义思想是中国特色社会主义理论体系的最新成果

改革开放以来，在建设中国特色社会主义的伟大实践中，邓小平理论鲜明地回答了"什么是社会主义、怎样建设社会主义"的时代课题。党的十九大报告提出："十八大以来，国内外形势变化和我国各项事业发展都给我们提出了一个重大时代课题，这就是必须从理论和实践结合上系统回答新时代坚持和发展什么样的中国特色社会主义、怎样坚持和发展中国特色社会主义。"而习

---

① 江泽民. 高举邓小平理论伟大旗帜，把建设有中国特色社会主义事业全面推向二十一世纪 [N]. 人民日报，1997-09-22（1）.

近平新时代中国特色社会主义思想正是在回答这个时代课题的基础上应运而生，科学回答了新的时代条件下中国特色社会主义的总目标、总任务、总体布局、战略布局、发展方向、发展方式、发展动力、战略步骤、外部条件、政治保证等基本问题，成为中国特色社会主义理论体系的一个有机组成部分，与邓小平理论、"三个代表"重要思想、科学发展观既一脉相承，又与时俱进。

总体而言，邓小平理论、"三个代表"重要思想、科学发展观、习近平新时代中国特色社会主义思想，都是马克思主义中国化的创新成果，都致力于解决中国特色社会主义建设中的理论与实践问题。正如习近平所说，"坚持和发展中国特色社会主义是一篇大文章，邓小平同志为它确定了基本思路和基本原则，以江泽民同志为核心的党的第三代中央领导集体、以胡锦涛同志为总书记的党中央在这篇大文章上都写下了精彩的篇章。现在，我们这一代共产党人的任务，就是继续把这篇大文章写下去"①。

伟大的设计师：以邓小平同志为主要代表的共产党人开创了中国特色社会主义

那是一个艰难的年代："文化大革命"刚刚结束，国家百废待兴，步履维艰；国际局势深刻变化，苏联解体、东欧剧变，世界社会主义运动跌入谷底。中国接下来的路该怎么走？这是摆在中国人面前迫切需要解决的重大时代课题。在这紧要关头，一位伟大的设计师站了出来，引领中国走向未来……

这个伟大的设计师便是邓小平。他思想敏锐、行动果断，在复杂艰难的局势面前能够沉着冷静、大刀阔斧地打开新局面，高屋建瓴地思考和设计了中国的改革开放和现代化建设的路线，开创性地提出了"建设有中国特色的社会主义"②。

这是一位充满前瞻眼光的设计师。1978 年，他站在时代的潮头，高瞻远瞩，指出改革开放才是解决中国问题的希望。社会主义的生机与活力从哪里来？对内改革与对外开放。

这是一位具有战略思维的设计师。1985 年，他在接见姆加贝时说："社会主义究竟是个什么样子，苏联搞了很多年，也并没有完全搞清楚。可能列宁的思路比较好，搞了个新经济政策，但是后来苏联的模式僵化了。"③ 他在设计中国的社会主义现代化建设路线时，一开始便是针对苏联模式的"僵化了"

① 习近平. 习近平谈治国理政：第 1 卷 [M]. 北京：外文出版社，2014：23.

② 邓小平. 中国共产党第十二次全国代表大会开幕词 [N]. 人民日报，1982-09-02（2）.

③ 邓小平. 邓小平文选：第 3 卷 [M]. 北京：人民出版社，1993：139.

的"落后的东西"，提出建设社会主义要从体制、模式、制度的层面上进行新的突破。经过这位总设计师的精心设计，我国突破了苏联模式，成功开辟了中国特色社会主义道路。

这是一位平易近人但思想深远的设计师。他和蔼可亲，人们亲切地称他为"小平同志"；他思想深远，结合中国的实际情况，提出了社会主义初级阶段理论、党的基本路线、社会主义根本任务的理论、"三步走"战略、改革开放理论、社会主义市场经济理论、"两手抓、两手都要硬"、"一国两制"、中国的问题关键在于党等，对我国的改革开放和社会主义现代化建设具有长远的指导意义。

在世纪之交的关键时刻召开的党的十五大，首次提出了"邓小平理论"这一科学概念，并指出邓小平理论是马克思主义中国化第二次历史性飞跃的理论成果，这一理论"形成了新的建设有中国特色社会主义理论的科学体系"①。如今，我们仍然沿着这位总设计师开辟的中国特色社会主义道路阔步前进，并取得了举世瞩目的成就，积累了许多新的实践经验和理论成果。

案例思考：

邓小平为什么被称为中国改革开放的总设计师？

案例解析：

中国在改革开放中所开创的中国特色社会主义是前无古人的崭新事业，没有现成的路可以走，只能是摸着石头过河。邓小平是中国特色社会主义事业的开创者，是中国特色社会主义理论体系的奠基人。邓小平理论奠定了中国特色社会主义理论体系的基石，搭建了中国特色社会主义理论体系的总体框架，形成了中国特色社会主义理论体系的主要内容。

主题活动：改革开放 40 多年来家乡变化对比照片展

1. 实践目的

通过举办改革开放 40 多年来家乡变化对比照片展，以对比鲜明的照片生动展现改革开放给中国带来的变化，使学生感悟改革开放以来中国取得的辉煌成就，激发学生的自豪感和奋进心。

---

① 江泽民. 高举邓小平理论伟大旗帜：把建设有中国特色社会主义事业全面推向二十一世纪 [N]. 人民日报，1997-09-22（4）.

2. 实践方案

（1）时间、平台：课余时间、班级 QQ 群。

（2）方式：以个人方式参加。

（3）要求：照片能对比反映家乡 40 多年的变化，体现改革开放成就；学生可以搜集自己家乡的老照片，实地拍摄新照片，只要能形成鲜明对比，体现改革开放发展成就即可。

（4）流程：学生利用课余时间收集、拍摄相关照片，制作成 PPT，上传至班级 QQ 群进行展示，可以在结尾处附上自己的感言；任课教师、助教老师和全班未参与本次主题活动的同学作为评委，按照评分标准进行评选。

3. 实践评价

实践评价采用的评分表如表 3-1 所示。

表 3-1　评分表

评价标准	满分	得分
拍摄对象选取	10	
照片数量和质量	30	
照片的对比度	40	
PPT 课件质量及感言	20	
总分	100	

专题二 "三个代表"重要思想与科学发展观

"三个代表"重要思想、科学发展观是中国特色社会主义理论体系的重要组成部分，继承发展了邓小平理论，对中国特色社会主义的伟大实践具有重要的指导价值。

问题一：如何把握"三个代表"重要思想形成的条件？

"三个代表"重要思想的形成有着深刻的时代背景、特定的社会历史条件、充分的实践基础，即世情、国情、党情的深刻变化。

一、世情：冷战结束后国际局势深刻变化

江泽民明确指出，"世界多极化和经济全球化的趋势在曲折中发展，科技进步日新月异，综合国力竞争日趋激烈。形势逼人，不进则退"[①]。这正是"三个代表"重要思想形成的时代背景。

1. 政治格局在多极化中曲折发展，世界并不安宁

20世纪80年代末90年代初，东欧剧变、苏联解体相继发生，国际共产主义运动遭受了重大挫折。苏联解体后，美国作为唯一的超级大国，极力促使世界向单极化方向发展，谋求建立以其为领导的世界秩序。从20世纪90年代的海湾战争到科索沃战争，再到21世纪的"反恐怖战争"；从"遏制中国"到"制裁古巴""孤立朝鲜"，以美国为首的西方资本主义国家显示出了非常强硬的姿态。在这种形势下，中国作为世界上最大的社会主义国家，实际上处于两种社会制度对立、斗争的最前沿。中国共产党面临长期的国际压力，渗透与反渗透、遏制与反遏制、分裂与反分裂、颠覆与反颠覆的斗争将长期存在，并且异常尖锐、复杂，霸权主义和强权政治依然存在，世界仍不安宁。

2. 经济全球化进程不断加快，现代科技迅猛发展

世界虽不安宁，但和平与发展仍是时代的主题，发生世界大战的可能性微

---

① 江泽民同志在党的十六大上所作报告全文［EB/OL］.（2012-08-28）［2021-07-02］. http://www.chinadaily.com.cn/dfpd/18da/2012-08/28/content_15820005.htm.

乎其微，这为我国的社会主义现代化建设提供了较为稳定和平的外部环境。与此同时，新世纪的生产力、世界市场和科学技术等共同作用，经济全球化迅猛发展、势不可挡。同时，以信息技术为核心的高新技术迅猛发展、日新月异，深刻地推动着世界经济的发展与全球化进程，在国家社会经济发展中发挥着越来越重要的作用。无论是发达国家，还是发展中国家，科技的作用越来越彰显出来，各国都大力扶持高新技术的发展，致使国家科技竞争空前激烈。因此，作为发展中大国的中国如何通过科技创新增强竞争优势，如何积极有效地融入经济全球化，是摆在中国共产党人面前亟待解决的重大问题。

3. 霸权主义和强权政治抬头，恐怖主义危害上升

东欧剧变、苏联解体后，世界形成了"一超多强"的局面，美国依靠殖民掠夺和战争赔款奠定了坚实的经济实力。之后，美国将大量资金投入科技研发，迅速在高科技领域独占鳌头。随着军事科技的发展，美国占据了军事和科技的制高点，伴随而来的是美国想进一步获取政治话语权，于是霸权主义和强权政治开始抬头。同时，21 世纪初，局部战争和冲突接连不断，国际恐怖主义猖獗，特别是在中东、西欧、拉美等热点地区，恐怖主义更是泛滥成灾，影响巨大。"9·11"恐怖袭击事件后，美国进入最高戒备状态，并认定本·拉登是恐怖袭击事件头号嫌犯；作为回应，美国通过了爱国者法案，并宣布开始对阿富汗发动军事进攻，世界形势更加动荡。

二、国情：建设中国特色社会主义伟大实践继续推进

改革开放以来，特别是党的十三届四中全会以来，党带领人民建设中国特色社会主义的伟大探索，是"三个代表"重要思想形成的重要实践基础。

1. 我国社会进入一个新的发展阶段

党的十三届四中全会以来，国际局势风云变幻，我国改革开放和现代化建设顺利推进。我们党从容应对一系列关系我国主权和安全的国际突发事件，战胜各种困难和风险，保证了改革开放和现代化建设始终沿着正确的方向前进。2000 年，我们已经完成了现代化建设"三步走"战略的前两步目标，解决了温饱问题，人民生活总体达到小康水平，正奋力迈向社会主义现代化阶段。

2. 我国社会正发生广泛而深刻的变化，物质利益多样化日趋明显

随着改革开放不断推进和社会主义市场经济体制的确立与完善，我国社会正发生广泛而深刻的变化。社会经济成分日益多样化，公有制经济成分不断强化，非公有制经济也有所增长。数据显示：从 1978 年至 1997 年，我国公有制经济国内生产总值从 3595 亿元增长到 56676 亿元，净增长 53081 亿元；非公

有制经济国内生产总值从 30 亿元增长到 18096 亿元，净增长 18066 亿元。同时，经济结构也发生了变化，公有制经济在国民经济中所占的比重虽有所下降，但仍占据主体地位，从 1978 年的 99.1% 降至 1997 年的 75.8%，非公有制经济比重明显增大，同期从 0.9% 增至 24.2%。随之而来的是社会就业形式日益多样化，三次产业从业人员结构也发生了巨大变化：一二三产业的就业比重从 1978 年的 70.5%：17.3%：12.2% 调整为 2001 年的 50%：22.3%：27.7%①。再者，随着社会经济成分、组织形式、就业方式和利益分配的多样化发展，整个社会的物质利益也显现出多元化趋势，社会阶层发生了极大变化，出现了一些新的社会阶层。

3. 我国加入世界贸易组织（WTO），对经济社会发展产生影响深刻

经过 11 年的艰难谈判，我国于 2001 年 12 月 11 日加入世界贸易组织。加入世界贸易组织对我国经济社会发展产生了深刻影响，总的来说，有利有弊、利大于弊。中国加入 WTO 势必会带动国内经济发展，带动劳动力需求增长，为社会提供更多就业机会；同时，还可获得多边、稳定、无条件的最惠国待遇，并以发展中国家身份获得普惠制等特殊优惠待遇；国内市场的逐步放开有利于活跃投资市场，引进外资，扩大生产，促进经济社会发展。弊端是在短期内可能会加大国内企业的竞争压力，但从长远来看，这其实有助于激发本土企业的竞争意识，加快调整经济结构和产业结构的步伐，促进国内企业不断发展壮大。

三、党情：党的建设面临新形势新任务

"三个代表"重要思想形成于世纪交替之际，中国共产党自身状况、所处的环境、所肩负的使命都有了新的变化。

1. 党的历史方位发生了变化

我们党历经革命、建设和改革，已经从领导人民为夺取全国政权而奋斗的党，成为领导人民掌握全国政权并长期执政的党；已经从受到外部封锁和实行计划经济条件下领导国家建设的党，成为对外开放和发展社会主义市场经济条件下领导国家建设的党。中国共产党所处的地位和环境、所肩负的历史任务都发生了重大变化。如何迎接执政、改革开放和市场经济的挑战，尤其是加入世界贸易组织后的全球化新挑战，是我们党面临的崭新课题，预示着我们党的历

---

① 国家统计局. 迎接十六大之四：经济结构调整成效显著 [EB/OL]. (2002-10-04) [2020-12-17]. http://www.stats.gov.cn/ztjc/ztfx/yjsld/200210/t20021008_36050.html.

史方位发生了一次新的转变。

2. 党情发生了变化

世纪之交，国际形势风云变幻，国内改革发展深入推进，党情也发生了重大变化。从整体上看，中国共产党作为执政党，党的领导队伍整体进入了关键交接期，一大批年轻干部即将走上各级领导岗位，如何实现顺利、平稳的交接，如何在交接完成后继续推进社会主义现代化建设事业都是党面临的重大现实课题；同时，随着市场经济的深入发展，"寻租"现象时有发生，如何进一步提高党的领导水平和执政水平、提高共产党员拒腐防变和抵御风险的能力，也是我们党必须解决好的重大课题。从党员队伍上看，改革开放后形成的新的社会阶层都是中国特色社会主义事业的建设者，允许其入党，这无疑会使党员构成复杂化。如何教育好党员，使每位共产党员都保持先进性和纯洁性，也是党面临的重大课题。

综上，"三个代表"重要思想是对历史的和现实的、世界的和中国的实践经验的总结和概括：从中国共产党诞生以来的光辉历程看，"三个代表"重要思想是对我国社会主义建设的历史和现实的经验总结；从世界社会主义历史进程看，"三个代表"重要思想是对世界社会主义运动的实践反思与总结，也是对新形势下我们党面临的问题所提出的新要求。

中国共产党：史上最牛的创业团队①

一个刚开始只有13人的团队，白手起家，没钱没资源，经过百年艰苦奋斗，发展成如今的拥有9500多万名成员的强盛企业，被网友亲切地称为"史上最牛的创业团队"。这个最牛团队创业的故事还要从1921年说起……

1921年，这个仅有13个成员的团队在上海秘密召开筹备会之后正式创立，注册公司。由于受到国内外竞争对手的打压，市场环境恶劣，该团队在创业之路上历经坎坷。依靠着马克思、恩格斯、列宁的创业秘籍，该团队一路披荆斩棘，对外与帝国主义集团作斗争，对内纠正团队内的错误路线，并于1935年在遵义选出了首席执行官（CEO），有了正确的领路人。在CEO的带领之下，该团队凭借坚忍不拔的毅力和独特的战略智慧，打败了东洋大财团和国内的竞争对手，收购了竞争对手的资产。1949年，"公司"成功在北京上市，正式加入全球市场。

---

① 本案例根据金一南教授的演讲视频编写而成，视频链接：https://haokan.baidu.com/v？vid=11811619914649906854&pd=bjh&fr=bjhauthor&type=video。

1966 之后的十年，团队内的投机分子图谋不轨，扰乱团队风气，加上公司的几位早期创始人相继辞世，公司面临重大调整。一位眼光长远的业内精英临危受命，拨乱反正，改变了管理体制，开始了市场化改革，重新使团队焕发生机与活力。经过几代 CEO 的悉心经营，该团队的成员不断增多，队伍不断壮大，目前市值居全球第二位，发展潜力巨大，有望冲向第一。

这个史上最牛的创业团队就是中国共产党！中国共产党辉煌的百年创业史，有过成功，也有过失败，从苦难中走来，最终成为当之无愧的"史上最牛的创业团队"！党的十九大召开前夕，网上流传着这个创业故事，但它最初的版本来源不是别人，正是毛主席。解放战争即将胜利之际，毛主席给党的一大代表李达写了封信。由于李达在南方，信件要经过国统区，毛主席担心信被识破，于是就用暗语写道：吾兄系本公司发起人之一，现公司生意兴隆，望速前来参与经营。

面对内外环境的挤压，在艰苦恶劣的生存条件中，中国共产党始终高举马克思主义伟大旗帜，坚定理想信念，一路披荆斩棘，经历了从幼稚到成熟，从弱小到强大，可以称得上"史上最牛的创业团队"。

案例思考：

中国共产党这支"史上最牛的创业团队"的成功秘诀是什么？

案例解析：

白手起家的中国共产党之所以能够创业成功，主要依靠的是团队自身的信念和凝聚力。中国共产党在与各种各样的艰难困苦作不屈不挠的斗争（包括同自身错误作坚决斗争）的过程中成就了自己的大业，其创业艰难程度是任何一个企业都难以比拟的。创业艰难、守业更难，农民领袖李自成的事例、著名民主人士黄炎培的"历史周期律"给中国共产党敲响了警钟。中国共产党这个"团队"之所以能持续做大做强，在于不忘初心、牢记使命、实事求是、坚持真理、顺势而为。

问题二：如何理解"三个代表"重要思想的核心观点？

"三个代表"重要思想的核心观点是"中国共产党必须始终代表中国先进生产力的发展要求，代表中国先进文化的前进方向，代表中国最广大人民的根本利益"。

一、始终代表中国先进生产力的发展要求

始终代表中国先进生产力的发展要求，既体现了社会主义本质，又彰显了

中国共产党的先进性。社会主义本质决定了社会主义的首要任务是解放与发展生产力。因此，中国共产党作为先进的马克思主义执政党，必须首先代表先进生产力的发展要求。

1. 何为先进生产力？

先进生产力是以高科技为载体、具有可持续发展性和社会化程度越来越高的生产力。邓小平同志提出了"科学技术是第一生产力"的重要论断。毫无疑问，在当代，科学技术作为第一生产力，就是先进生产力的集中体现和主要标志。以高科技为载体，先进生产力具体体现在劳动工具更加先进，劳动者的科学技术、知识能力、总体素质越来越高，经营管理活动的水平越来越趋向科学化等方面。当然，先进生产力不仅追求量的扩张和规模的扩大，而且更注重结构的优化和效益的提升，从而推进生产力的持续发展和人类社会的不断进步。

2. 为什么要始终代表中国先进生产力的发展要求？

人类社会的发展，是先进生产力不断取代落后生产力的历史进程。社会主义现代化必须建立在发达生产力的基础之上，因此，社会主义的根本任务是解放和发展社会生产力。作为马克思主义执政党的中国共产党，其首要任务就是不断解放和发展社会生产力，推进社会整体进步，努力实现社会主义现代化目标。因此，始终代表中国先进生产力的发展要求，大力促进先进生产力的发展，是中国共产党站在时代前列，保持其先进性的根本体现和根本要求。

3. 中国共产党是如何始终代表中国先进生产力的发展要求的？

始终代表中国先进生产力的发展要求，就是党的理论、路线、方针、政策等，必须努力符合生产力发展的规律，体现不断推动社会生产力的解放和发展的要求，尤其要体现推动先进生产力发展的要求，通过发展生产力不断提高人民群众的生活水平。第一，人是生产力中最活跃的因素。中国共产党通过开发人力资源，实施人才战略，不断提高人民的思想道德素质、科学文化素养和劳动技能，充分发挥其积极性、主动性、创造性，为先进生产力的发展提供强大的人才保证。第二，科学技术是第一生产力，是先进生产力的集中体现和主要标志。中国共产党通过大力推动科技创新，不断用先进科技改造和提高国民经济，努力助推我国生产力实现跨越式发展。第三，市场是配置资源最有效的方式。中国共产党通过推进市场经济体制改革，不断激发市场主体活力，促进生产力高质量发展。

二、始终代表中国先进文化的前进方向

"三个代表"重要思想把文化建设提到了一个新的高度，反映了发展的全面性要求。文化是一个民族和国家的灵魂，发展社会主义先进文化能够为社会主义现代化建设提供强大的凝聚力。

1. 如何理解先进文化？

先进文化是人类文明进步的结晶、社会前进的精神动力，它的本质是对一定社会先进的经济和政治在观念形态上的反映，又对先进的经济和政治的发展起着巨大的促进作用。就我国而言，先进文化是指以马克思主义为指导，以培养有理想、有道德、有文化、有纪律的四有公民为目标的面向现代化、面向世界、面向未来的，民族的、科学的、大众的社会主义文化。

2. 为什么要始终代表中国先进文化的前进方向？

发展先进文化，就是建设社会主义精神文明。只有不断加强精神文明建设，才能不断满足人民日益增长的精神文化需求，不断丰富和提升人们的精神境界，增强人们的精神力量。江泽民就曾指出："一个民族，物质上不能贫困，精神上也不能贫困，只有物质和精神都富有，才能成为一个有强大生命力和凝聚力的民族。精神文明建设搞好了，人心凝聚，精神振奋，经济建设和其他各项事业就会全面兴盛。精神文明建设搞不好，人心涣散，精神颓废，经济建设和其他各项事业也难以搞好。"①

3. 中国共产党是如何始终代表中国先进文化的前进方向的？

坚持马克思主义在意识形态领域的指导地位是我们党总结历史经验教训得出的最基本认识。同时，中国共产党致力于在马克思主义的指导下，提高全民族的思想道德素质和科学文化素养，坚持以科学的理论武装人，以正确的舆论引导人，以高尚的精神塑造人，以优秀的作品鼓舞人，培养一代又一代有理想、有道德、有文化、有纪律的社会主义公民，是发展社会主义文化的根本任务。此外，中国共产党还大力弘扬以爱国主义为核心的民族精神和以改革创新为核心的时代精神，为改革开放的顺利推进奠定了坚实的文化基础。

三、始终代表中国最广大人民的根本利益

中国共产党从成立之日起就把全心全意为人民服务作为自己的宗旨，把人

---

① 中共中央文献研究室. 江泽民思想年编（1989—2008）［M］. 北京：中央文献出版社，2010：281.

民作为我们党一切工作的出发点和落脚点。因此，始终代表中国最广大人民的根本利益是中国共产党的必然使命。

1. 最广大人民的根本利益指的是什么？

最广大人民的根本利益是指在人民群众利益矛盾系统中，涉及最大多数群众的整体利益，它包括经济利益、政治利益和文化利益等。经济利益是人民群众经济生活中的根本需求，政治利益是人民群众政治生活中的根本需求，文化利益是人民群众文化生活中的根本需求。

2. 为什么要始终代表中国最广大人民的根本利益？

人民是国家的主人，是决定我国前途和命运的根本力量，是历史的真正创造者。我们党来自人民，植根于人民，服务于人民。党的全部任务和责任，就是为实现人民群众的根本利益而奋斗，始终以人民为中心，全心全意为人民服务。突出最广大人民群众的根本利益，也就是解决好人心向背问题，这是决定一个政党、一个政权兴亡的根本性因素。因此，我们党作为马克思主义执政党，必须坚持一切为了群众，一切依靠群众，从群众中来，到群众中去，这样我们党才能获得取之不尽、用之不竭的支持力量。

3. 中国共产党是如何始终代表中国最广大人民的根本利益的？

中国共产党始终坚持人民群众的利益高于一切。作为无产阶级政党，中国共产党除了工人阶级和最广大人民群众的利益，没有自己特殊的利益。中国共产党坚持把人民的根本利益作为出发点和归宿，充分发挥人民群众的积极性、主动性、创造性；中国共产党理论的创新，路线、方针、政策的贯彻和实施，都是为了发展社会生产力，不断满足人民群众日益增长的物质文化需要；同时，中国共产党还始终把不断实现好、维护好、发展好最广大人民的根本利益作为党全部工作的出发点和落脚点，努力使每个中国人都能享受到经济社会发展的成果。

震惊：苏联共产党内部的特权阶层及其特殊利益

列宁创建的苏联共产党曾经是一个清正廉洁的政党。历史上的苏共曾靠清廉、勇于奉献的作风和形象，激励过千千万万的人献身党和国家的事业。列宁和斯大林执政时都十分节俭、清廉，但是，这些传世之风没有被很好地继承下来。加之苏共长期执政以后，随着权力过分集中，缺乏监督制约，在苏共内部逐步形成了官僚特权阶层，腐败之风在党内逐步蔓延滋长。"根据俄罗斯学者在《20世纪俄国史》这部著作中的记载，党内官僚特权阶层的总人数达到50万～70万，如果加上家属，约为300万。"① 苏共官僚特权阶层的形成，可以

---

① 肖德甫. 世纪悲歌：苏联共产党执政失败的前前后后 [M]. 北京：中央编译出版社，2016：134.

追溯到列宁时期的战时供给制。1918 年，新生的苏维埃政权遇到粮食危机，时任粮食人民委员的瞿鲁巴因为饥饿昏了过去，尽管是苏维埃政府主管粮食的最高官员，却没有从中为自己留下填饱肚子的粮食，一心为公，清正廉洁。列宁随即建议设立疗养食堂，让那些日夜为人民操劳的同志们能够吃饱肚子。但这一政策最后完全变质了，疗养食堂逐渐演变成为特权阶层提供特殊服务的"特供商店"。店内提供的都是国内稀缺的高档商品，只有苏联的高级干部凭借特殊的证件才有资格出入这种"特供商店"。

苏联的特殊阶层在勃列日涅夫上台后逐步形成，在戈尔巴乔夫执政时期进一步发展演变。这个特权阶层，正是使苏联从内部逐渐瓦解的蛀虫，最终成为苏联解体的重要因素之一。党内官僚特权阶层之所以能够产生和长期存在，最根本的原因是对权力的垄断，尤其是对干部分配、任命权力的垄断。勃列日涅夫执政时期，干部任命基本上是"暗箱"操作，没有透明度，给自己的家属、亲友和所熟悉的人提供各种便利。一般党员干部、群众根本无法掌握自己的命运。许多高级领导人也是沿着这条捷径拾级而上，把特权当作王牌使用。这些情况到了戈尔巴乔夫执政时期表现得更为明显。戈尔巴乔夫住着无比豪华的别墅，过着穷奢极欲的生活，因此获得"疗养院书记"的称号。

苏联人民群众对党和政府的官员攫取特权、牟取私利的行为极为不满；对"上流人物"的憎恨之情与日俱增，埋下了社会冲突的地雷。长期和平的环境，长期对特权的垄断，往往是腐败和瓦解的土壤与温床。苏共的教训告诉人们：腐败现象腐蚀党的肌体，是社会主义民主政治和人民的大敌，是执政党最危险的敌人。

案例思考：

苏联共产党执政失败的历史教训是什么？

案例解析：

苏联共产党的垮台、苏联社会主义制度的完结、苏联作为统一的多民族国家的解体，是由国内国外、党内党外、历史和现实等多种因素综合引起的政治事件。但其内部蜕变与瓦解，苏联共产党背叛了共产主义信仰，背弃了为人民服务的宗旨，无疑是导致这座大厦坍塌的主要因素之一。历史是一面镜子，从苏共亡党的历史教训中，我们要居安思危，坚持全面从严治党，坚决遏制腐败，加强新时期党的建设。

问题三：为什么说建立社会主义市场经济是一个伟大创举?

党的十九届四中全会首次将社会主义市场经济体制纳入基本经济制度范畴，这一重大理论创新标志着我国社会主义经济制度更加成熟、更加定型，也表明确立社会主义市场经济体制，建立社会主义市场经济是一个伟大创举，在理论与实践层面均具有极端重要性。

一、建立社会主义市场经济是马克思主义理论发展史上的一个伟大创举

社会主义能否发展市场经济是一个世界性的难题，由于所处时代条件的限制，马克思主义经典作家并没有对这一问题作出明确的回答。因此，突破传统的观念，结合我国实际提出发展社会主义市场经济，是中国共产党人对马克思主义理论的重大创新。

1. 传统观念下社会主义与市场经济的关系

传统观念认为，计划经济是社会主义的基本特征，市场经济则属于资本主义特有，社会主义与市场经济彼此是相互对立、相互矛盾的，社会主义和市场经济不能融合。马克思、恩格斯曾经设想，未来社会将实行计划经济，商品经济关系将不复存在。列宁更为明确地指出："只要还存在着市场经济，只要还保持着货币权力和资本力量，世界上任何法律都无法消灭不平等和剥削。只有建立起大规模的社会化的计划经济，一切土地、工厂、工具都转归工人阶级所有，才可能消灭一切剥削。"① 可以看出，列宁把计划经济和市场经济作为两个对立的概念提了出来。而斯大林则认为，社会主义只能搞计划经济，计划经济是排斥商品和价值规律的。在这些理论的指导下，市场经济姓"资"，计划经济姓"社"，成了天经地义的信条和不可冒犯的戒律。

2. 邓小平对社会主义市场经济体制的构想

随着计划经济体制弊端的逐步暴露，邓小平开始研究社会主义市场经济问题。从 1979 年提出的"社会主义也可以搞市场经济"，到 1992 年提出"计划多一点还是市场多一点，不是社会主义与资本主义的本质区别"② 等重要论断，从根本上破除了市场经济姓"资"，计划经济姓"社"的传统观念，提出了对市场经济的新看法，以及可以将社会主义与市场经济结合的新理论。邓小

---

① 列宁. 列宁全集：第 13 卷 [M]. 中共中央马克思恩格斯列宁斯大林著作编译局，译. 2 版. 北京：人民出版社，2017：124.

② 邓小平. 邓小平文选：第 3 卷 [M]. 北京：人民出版社，1993：373.

平指出："计划经济不等于社会主义，资本主义也有计划；市场经济不等于资本主义，社会主义也有市场"①；"计划和市场都是发展生产力的方法"②；"把计划经济和市场经济结合起来，就更能解放生产力，加速经济发展"③。这些观点真正拉开了中国探索发展社会主义市场经济的序幕，为社会主义市场经济理论的提出和社会主义市场经济体制的建立指明了方向。

3. 社会主义市场经济体制对马克思主义理论的创新

中国特色社会主义市场经济创新性地将市场经济引入社会主义社会，推翻了社会主义制度与市场经济不兼容的传统经济理论，实现了社会主义国家从单一计划经济到社会主义市场经济的创新发展，构成了中国特色社会主义政治经济学的重要内容。社会主义市场经济体制是我们党把马克思主义基本原理和中国具体实际相结合的重大理论创新，揭示了社会主义经济建设的规律，丰富了马克思主义的理论宝库，是马克思主义理论发展史上的一个伟大创举。

二、建立社会主义市场经济是社会主义实践史上的一个伟大创举

在社会主义条件下发展市场经济，不仅是马克思主义理论发展史上的一个伟大创举，更是社会主义发展史上前无古人的大胆尝试。社会主义市场经济体制的建立，开创了我国经济、政治、文化等各项事业的新局面，是我国在社会主义建设道路上的成功探索，为其他社会主义国家提供了经验。

1. 计划经济与市场经济存在的弊端

社会主义国家该如何处理计划与市场的关系？对于幅员辽阔、人口众多、经济发展不平衡的大国，计划配置资源的方式不可能完全适应客观实际，很难避免主观随意性。"大跃进"就是一个典型事例。高指标、瞎指挥、浮夸风、"共产风"盛行，各地纷纷提出工业"大跃进"和农业"大跃进"等不切实际的目标，片面追求工农业生产和建设的高速度，大幅度地提高和修改计划指标。从 1958 年"大跃进"开始的三年"左"倾冒进导致了国民经济比例的严重失调，并造成严重的经济困难，1960 年同 1957 年相比，城乡人口平均粮食消费量减少了 19.4%，其中农村人口人均消费量减少了 23.7%④，这些都是计划经济的弊端带来的后果。当然，市场经济也不是完美无缺的，也存在着滞后性、

---

① 邓小平. 邓小平文选：第 3 卷 [M]. 北京：人民出版社，1993：373.

② 同①203.

③ 同①148-149.

④ 吴才兴. 重要转变的起步：李富春与八字方针的酝酿形成 [J]. 党史文苑，2010 (9)：17.

盲目性等缺点，市场规律的作用会引起贫富差距的扩大，出现两极分化等问题。

2. 西方国家对市场社会主义探索的失败

两种体制均存在各自的弊端，想要单一实施其中一种体制的想法是行不通的。在这种情况下，有人提出了社会主义能否发展市场经济的问题。西方许多国家作过探索、实验和假设，在"如何结合"问题上分化出不同的思想与模式。比如，20世纪20—30年代提出的计划模拟市场的"兰格模式"、60—70年代南斯拉夫和匈牙利提出的"市场社会主义实验"假说、捷克经济学家奥塔·锡克提出的所谓"第三条道路"模式等①。这些形形色色的市场社会主义，要么是简单的"理论乌托邦"，要么是所谓的"实验室"假说，始终没有找到将社会主义与市场经济有机结合的正确方式，最后都以失败告终。

3. 中国社会主义市场经济的成功及其对社会主义发展的重大意义

从1978年至今，我国社会主义市场经济的成功实践是对计划和市场关系有效协调的印证。需要指出的是，社会主义市场经济这样一个伟大创举，既不是简单复制国外市场社会主义的理念和理论，也不是照搬西方新自由主义的"药方"和思维。我国社会主义市场经济是在社会主义公有制基础上，在国家宏观调控下，使市场机制在资源配置中起决定性作用的经济体制，它实现了社会主义与市场经济的有机结合，既可以发挥市场经济的有效性，又可以发挥社会主义制度的优越性。这一创举为我国社会主义现代化建设开辟了道路，对如何坚持、巩固和发展社会主义树立了榜样；同时，也对其他国家和地区的经济发展提供了有益借鉴。

三、建立社会主义市场经济是中国特色社会主义发展史上的一个伟大创举

建立社会主义市场经济之所以被称为中国特色社会主义经济的一个伟大创举，不仅因为它是中国特色社会主义理论体系的重要组成部分，发挥了社会主义与市场经济的双重优越性，而且还在于它推动了中国特色社会主义伟大实践，取得了重大成绩。

1. 社会主义市场经济理论构成了中国特色社会主义理论体系的重要组成部分

在中国特色社会主义理论体系中，什么是社会主义、怎样建设社会主义是首要的基本的理论问题，而社会主义市场经济理论就是对社会主义认识的又一

---

① 社会主义市场经济是中国共产党的伟大创举［EB/OL］.（2016-07-22）［2020-12-17］. http://theory.people.com.cn/n1/2016/0722/c49154-28575225.html.

次飞跃。在改革开放和以经济建设为中心的新的历史时期，邓小平紧紧抓住社会主义市场经济建设这个关键环节，创造性地提出了社会主义市场经济理论，成功地将社会主义与市场经济结合起来，在经济文化比较落后的中国提出了独具特色的社会主义发展模式，为我国社会主义发展开辟出了一条新的道路。

2. 社会主义市场经济体制能够发挥社会主义与市场经济的双重优越性

在社会主义市场经济体制下，市场是配置资源最有效的方式。市场的作用由基础性转变为决定性，更能够发挥市场配置资源的有效性，更能够激发市场主体活力，促进经济健康发展。同时，确立社会主义市场经济体制，社会主义的优越性也能得到有效发挥。江泽民强调，要坚持社会主义市场经济的根本方向，"我们搞的是社会主义市场经济，'社会主义'这几个字是不能没有的，这并非多余，并非画蛇添足，而恰恰相反，这是画龙点睛。所谓'点睛'，就是点明我们的市场经济的性质"①。社会主义市场经济的一般规律要求注重发挥政府的作用，体现社会主义制度集中力量办大事的优势。市场这只"看不见的手"并非万能，需要政府这只"看得见的手"来弥补市场的不足。这种宏观调控能够保证市场健康运作，促进企业公平竞争。

3. 社会主义市场经济实践推动了中国特色社会主义伟大进程

以 1978 年党的十一届三中全会为标志，我国社会主义建设进入了改革开放新时期。40 多年来，随着社会主义市场经济体制的确立、完善和发展，中国共产党带领全国各族人民进行的中国特色社会主义建设伟大实践取得了举世瞩目的成就。我国综合国力大幅跃升，人民生活大为改善，国际地位和影响力显著提高，在经济、政治、文化、社会、生态文明建设各个领域、各个方面都取得了巨大进步。例如，我国国民经济保持高速增长，经济总量跃居到世界第二位，创造了世界经济史上无与伦比的奇迹。数据显示，"2019 年我国国内生产总值为 99.0865 万亿元，比上年增长 6.1%；按年平均汇率折算，人均 GDP 突破 1 万美元大关，达到 10276 美元"②，而 2020 年国内生产总值已突破百亿大关。不仅如此，我国已成为全球第二大经济体、第一大贸易国，外汇储备也居世界第一。

总之，创立社会主义市场经济是我们党一次真正的理论创新，是马克思主义中国化的一个光辉典范；同时，也是我国经济体制的一次真正变革，是中国特色社会主义道路探索中的一次伟大创举。

---

① 李淑杰. "画蛇添足"还是"画龙点睛"：对社会主义和市场经济相结合的一点思考 [J]. 中国市场，2010（15）：132.

② 陆娅楠. 人均 1 万美元，了不起 [N]. 人民日报，2020-01-18（4）.

财政部：企业多生产的口罩、防护服等重点医疗物资，由政府兜底采购

2020 年 2 月 7 日，国务院应对新型冠状病毒感染的肺炎疫情联防联控机制举行新闻发布会，财政部在资金保障和政策保障方面推出了一系列举措。在发布会上，财政部副部长余蔚平说，"为鼓励企业保质保量增加紧缺的重点医疗防护物资生产，如 N95 口罩、防护服等，将对企业多生产的重点医疗物资，全部由政府兜底采购收储，给产品生产企业一个'定心丸'"①。新冠肺炎疫情发生以来，中央财政通过加强政府兜底保障，有效应对疫情影响，彰显了中国特色社会主义市场经济的巨大优越性。

在抗击新冠肺炎疫情期间，财政部充分发挥了中央政府的储备作用，采取了以下措施加大对重点医疗物资的保供力度：一是对企业多生产的医疗物资进行兜底保障，解除企业生产后顾之忧，鼓励重点企业多措并举，保质保量增加紧缺重点医疗物资的生产；二是简化程序，提高采购效率。对于使用财政性资金采购疫情防控相关的物资、工程和服务的，打通了物资供应的绿色通道，依法简化采购的程序。政府的这两项政策像一针"强心剂"，给新冠肺炎患者和相关企业减轻了负担，增强了信心，有力推动了医疗救治和疫情防控工作。

突如其来的新冠肺炎疫情重创全球经济，世界体系面临疫情时的脆弱表明，并非所有问题都能通过市场自由解决。疫情如一面镜子，照射出不同经济体制在面对公共卫生危机时的优劣：疫情期间，资本主义市场经济的弊端暴露无遗，政府管理不力，企业生产陷入停滞，防疫医疗资源缺乏，确诊病例不断攀升。相比之下，中国特色社会主义市场经济在疫情防控中的优势非常明显，政府宏观调控持续发力，不仅由国家兜底保障抗疫所需医疗物资，有效保障了国计民生，还源源不断地支援世界其他国家，给其他国家提供了大批医疗物资，为全球疫情防控作出了突出贡献。

总之，新冠肺炎疫情蔓延以来，在党中央的坚强领导下，在政府对企业多生产的口罩、防护服等重点医疗物资实行兜底采购的庄严承诺下，中国不仅发挥了集中力量办大事的制度优越性，还彰显了中国特色社会主义市场经济的显著优势，这为抗疫取得决定性胜利奠定了坚实的基础。

案例思考：

疫情防控中政府兜底采购彰显了中国特色社会主义的什么优势？

---

① 崔晓萌. 财政部：政府将兜底采购企业多生产的口罩、防护服等重点医疗物资 [EB/OL].
(2020-02-07) [2020-12-18]. http://www.ceweekly.cn/2020/0207/285007.shtml.

案例解析：

新冠肺炎疫情是一次严重的公共危机，政府在疫情防控中实施的医疗物资兜底采购政策，体现了政府在中国特色社会主义市场经济中更好地发挥了宏观调控作用，一定程度上弥补了市场调节的不足，确保了疫情期间经济的平稳运行和对疫情的有效防控。

问题四：为什么要提出科学发展观？

进入 21 世纪，以胡锦涛同志为主要代表的中国共产党人，紧紧抓住我国发展的重要战略机遇期，形成了科学发展观，带领中国人民战胜一系列重大挑战，奋力把中国特色社会主义推进到一个新的发展阶段。

一、现实依据：深刻把握我国基本国情和新的阶段性特征

进入 21 世纪新阶段，我国进入发展关键期、改革攻坚期和矛盾凸显期，经济社会发展呈现一系列新的阶段性特征。

1. 我国社会发展中呈现出不全面、不协调的状况

随着改革的深入和社会主义市场经济的发展，社会活力显著增强，但在经济利益多样化、社会生活方式多元化、社会组织形式丰富化、就业岗位和就业方式灵活化的形势下，各种深层次矛盾日益凸显出来：人民生活总体上达到小康水平，但收入分配差距拉大趋势未根本扭转，城乡贫困人口和低收入人口还有相当数量，统筹兼顾各方面利益难度加大；协调发展取得显著成绩，但农业基础薄弱、农村发展滞后的局面尚未改变，缩小城乡、区域发展差距和促进经济社会协调发展任务艰巨；人民日益增长的物质文化需要同落后的社会生产之间的矛盾，仍然是我国社会的主要矛盾。社会发展中不全面、不协调的状态决定了我国发展的艰巨性和复杂性，也决定了必须走全面、协调、可持续的发展道路。

2. 我国经济、政治、文化发展呈现出新的阶段性特征

这一时期，整体上，我国经济实力显著增强，但生产力水平总体上还不高，自主创新能力还不强，长期形成的结构性矛盾和粗放型增长方式尚未根本改变；社会主义市场经济体制初步建立，影响发展的体制机制障碍依然存在，改革攻坚面临深层次矛盾和问题。经济发展和政治文明建设不协调：在向市场经济转型过程中，有些领导干部迷失了方向，发生了严重的腐败问题，而腐败又连锁反应地引发了更加厉害的环境污染、安全事故等问题，形成了一个恶性

腐败产业链，不仅侵害着人民利益，还阻碍了经济社会的发展。经济发展和精神文明建设不协调：人们精神文化需求呈现多样化趋势，给国家发展提出了新要求，但国家经济实力暂时还不能完全满足人民日益增长的多样化多层次文化需要。

二、实践基础：深入总结改革开放以来特别是党的十六大以来的实践经验

改革开放以来，特别是党的十六大以来，在全面建设小康社会的新的伟大实践中，我们提出了许多新的思路、新的举措，也取得了许多新的突破，是科学发展观形成的实践基础。

1. 以加入世界贸易组织为契机，深化改革开放，加快发展步伐

2001 年 12 月 11 日，中国正式加入世界贸易组织（WTO），标志着中国对外开放进入了一个全新阶段。党的十六大以来，我们党领导人民，紧紧抓住和用好我国发展的重要战略机遇期，以加入世界贸易组织为契机，深化改革开放，加快发展步伐：以国有经济的战略性调整为重点，塑造市场经济的微观主体，增强企业竞争力；加速推进西部开发和城市化进程，促进区域经济和城市经济协调发展；大力实施科教兴国战略以加速产业结构升级，建立适应社会主义市场经济和科技自身发展规律的新型科技体制来调动科研人员的积极性，对知识产权予以充分保护，为我国经济发展和竞争力提升打下了坚实的基础，也为科学发展观的提出提供了科学实践依据。

2. 总结党带领人民战胜各种风险挑战的成功经验

中国共产党带领人民成功应对国际金融危机的严重冲击，在全球率先实现经济的平稳回升；成功战胜突如其来的非典疫情，确保了人民生命安全和身体健康，这些均成为科学发展观的重要实践经验。在 2003 年全面总结抗击非典斗争经验时，胡锦涛明确指出："我们要更好坚持全面发展、协调发展、可持续发展的发展观，更加自觉地坚持推动社会主义物质文明、政治文明、精神文明协调发展，坚持在经济社会发展的基础上促进人的全面发展，坚持促进人与自然的和谐。"[①] 这无疑为科学发展观的形成提供了重要契机，也提供了全新的思考，我们党重新审视以往的发展观，对发展的内涵有了新的认识——我们要坚持全面、协调、可持续的发展观。2008 年，中国共产党领导全国人民抗击汶川特大地震等严重自然灾害，并积极有效推进灾后重建，进一步推进科学发展观不断发展完善。

---

① 胡锦涛. 胡锦涛文选：第 2 卷 [M]. 北京：人民出版社，2016：67.

三、时代背景：深刻分析国际形势，顺应世界发展趋势，汲取国外发展的经验教训

进入 21 世纪，世界处在大发展大变革大调整之中，世界多极化不可逆转，大国关系深刻变动，我国发展的外部条件复杂多变；同时，许多国家采用传统发展模式造成的弊端暴露无遗，国际社会对新发展模式的探讨蓬勃兴起，能否实现科学发展日益成为世界各国关注的重要问题。

1. 深刻分析国际形势，顺应世界发展趋势

进入 21 世纪，和平与发展仍然是时代的主题，但影响世界和平与发展的不确定性因素在增加，世界各种力量此消彼长，世界走向多极化的趋势越来越明显，在这种形势下谋求综合国力不断增强是世界各个大国政策的主要趋向。与此同时，经济全球化正在向新的广度和深度演进，促进了各种生产要素和资源在全球范围内的流动和配置，我国抓住这一机遇，迅速发展壮大，但发展中暴露出的底子薄、起点低、人均资源有限和发展不全面、不协调、不可持续等问题已经成为制约发展的关键因素。这使得如何谋求科学发展成为迫切需要解决的问题。同时，随着我国对外开放日益扩大，我国面临的国际竞争也日趋激烈，发达国家在经济科技上的优势可能长期存在，可以预见和难以预见的风险增多，统筹国内发展和对外开放要求更高。

2. 汲取其他国家发展的经验教训

第二次世界大战以后，世界各国加快经济发展，出现了前所未有的经济增长奇迹，但因片面地追求经济增长，不重视社会发展和社会公平，忽视环境保护和能源、资源节约，因而在发展过程中，有的国家为解决能源资源消耗过大和生态环境严重恶化问题付出了高昂的代价，出现了经济结构失衡、社会发展滞后、贫富悬殊等一系列问题。不科学、不合理的发展模式也使世界面临不可再生资源枯竭和生态环境严重恶化的全球性危机，特别是高碳经济的发展方式，造成化石燃料日趋枯竭、全球气候变暖、气候灾难频发。因此，遵循经济规律和自然规律，实现科学发展，从以往不可持续的发展方式向可持续的发展方式转变，从高碳经济发展方式向低碳经济发展方式转变，已成为当代发展的最迫切课题。

关键时刻：全面总结抗击非典斗争经验

2003 年的春天，被人们称为"戴口罩的春天"。空气里飘着白醋和板蓝根的味道，街上的每个人都戴着口罩……这是许多广东人对 2003 年春天的非典记忆。这个春天，因为 SARS① 的肆虐，整个中国遭受了一场重大疫情。

非典疫情初期，只有广东出现少量病例。但由于疫情的发生正值中国春节前后，春运的大量人口流动导致非典疫情大范围迅速扩散，引起了广大人民的恐慌。非典在春节后进入发病高峰，广州成为"抗非"主战场。在这关键时刻，党和国家领导人始终心系人民，站在了"斗争"最前沿。2003 年 4 月 14 日上午，广州商业街上突然有人大叫"胡锦涛总书记"。接着，人们发现一个熟悉的身影就站在他们身边，人们压根没有想到，共和国的领袖竟然来到了非典疫情的重灾区。当时，胡锦涛正在广东考察了解防治非典型肺炎的工作情况。次日，胡锦涛在听取广东省委省政府的工作报告时，强调要坚持"全面的发展观"。这是第一次通过总结抗击非典经验阐述关于发展观问题的新思路。

"SARS 事件"使得党和国家领导人对中国的公共安全危机进行了深刻反思，尤其是开始思考以往的发展理念和发展方式，真切感受到要从根本上解决问题，就要确立科学的发展理念。非典疫情促使中国共产党下决心改变经济发展中不科学的发展方式。

2003 年 7 月，胡锦涛在全国防治非典工作会议上的重要讲话中，全面回顾了我国抗击非典斗争的艰苦历程，对抗击非典斗争积累的经验、获得的启示进行了总结。同年 10 月，党的十六届三中全会通过的《中共中央关于完善社会主义市场经济体制若干问题的决定》中明确指出："坚持以人为本，树立全面、协调、可持续的发展观，促进经济社会和人的全面发展。"② 可以说，全面总结抗击非典斗争经验的过程，逐步催生了科学发展观。

案例思考：

从全面抗击非典的斗争经验看，为什么要提出科学发展观？

案例解析：

非典疫情暴露出我国经济社会发展中存在的许多不科学、不协调的现实问

---

① SARS，重症急性呼吸综合征，即非典。"SARS 事件"（或"非典事件"）是指重症急性呼吸综合征于 2002 年在中国广东首发，并迅速扩散至东南亚乃至全球，直至 2003 年中期疫情才被逐渐消灭的一次全球性传染病疫潮。

② 朱继民. 树立和落实科学发展观 促进企业与社会全面协调可持续发展 [J]. 企业改革与管理，2005（1）：5.

题，这些问题已经越来越成为制约改革开放和促进经济社会进一步发展的主要障碍。为此，胡锦涛在总结抗击非典斗争经验时，提出要从长远进一步研究并切实抓好促进经济社会协调发展、统筹城乡经济社会发展、加强公共卫生建设工作等九个方面的重要工作，凸显了坚持全面、协调、可持续发展观的重要性。

问题五：如何理解科学发展观的核心立场是以人为本？

胡锦涛同志在党的十七大报告中指出，科学发展观，核心是以人为本。深入贯彻落实科学发展观，必须坚持以人为本。以人为本就是以最广大人民的根本利益为本，而"人"指的是最广大人民群众，在当代中国，就是以工人、农民、知识分子等劳动者为主体，包括社会各阶层在内的最广大人民群众。

以人为本回答的是"为了谁""依靠谁""要达到什么目标"的问题，集中体现了马克思主义历史唯物主义的基本原理，体现了我们党全心全意为人民服务的根本宗旨，以及推动经济社会发展的根本目的，是对马克思主义关于人的全面发展理论的创新发展。

1. 以人为本，体现了"发展为了人民，始终把最广大人民的根本利益放在第一位"的理念

胡锦涛指出："相信谁、依靠谁、为了谁，是否始终站在最广大人民的立场上，是区分唯物史观和唯心史观的分水岭，也是判断马克思主义政党的试金石。"①

以人为本，体现了"发展为了人民"的理念。在社会主义价值体系中，"以人为本"强调以人民为价值主体，一切相信人民，一切依靠人民，一切为了人民，始终把实现好、维护好、发展好最广大人民根本利益作为全党工作的出发点和落脚点。坚持"以人为本"，就是在任何时候都必须坚持尊重社会发展规律与尊重人民历史主体地位的一致性，为最广大人民谋利益，牢固确立起立党为公、执政为民的理念。这也就说明，以人为本，本质上就是党全心全意为人民服务这一宗旨的具体体现。2005 年 5 月 1 日，国务院新修订的《信访条例》开始实施。坚持以人为本，畅通信访渠道，新条例充分体现了党和政府执政为民的服务理念。这项条例不仅保障了公民的建议权和申诉权，保护了

---

① 本书编写组. 在"三个代表"重要思想理论研讨会上的讲话 [M]. 北京：人民出版社，2003：20.

人民群众的合法权益，还加强了党和政府同人民群众的联系，对于维护社会和谐稳定有着十分重要的意义。

2. 以人为本，体现了"发展依靠人民，从人民群众的伟大创造中汲取智慧和力量"的理念

胡锦涛指出："每一个共产党员都要把人民放在心中最高位置，尊重人民主体地位，尊重人民首创精神，拜人民为师，把政治智慧的增长、执政本领的增强深深扎根于人民的创造性实践之中。"①

以人为本，体现了"发展依靠人民"的理念。发展依靠人民，就是要尊重人民主体地位，发挥人民首创精神，密切联系群众，始终相信群众，紧紧依靠群众，最充分地调动人民群众投身社会主义伟大事业的积极性、主动性、创造性。因此，只有坚持以人为本，坚持"发展依靠人民"，充分发挥人民群众中蕴藏着的巨大智慧和创造力，才能使我们的改革和建设事业获得最广泛最可靠的群众基础和最深厚的力量源泉。回望历史、环顾世界，没有哪个政党像中国共产党这样，在理论上鲜明提出、在思想上明确要求、在实践中始终奉行"发展依靠人民"的思想。我们的很多制度创新都是群众首创："枫桥经验"形成了独特的矛盾调解机制，小岗村的"红手印"按出了联产承包责任制，广东蛇口"杀出一条血路来"推开了经济特区改革的大门……

3. 以人为本，体现了"发展成果由人民共享，着力提高人民物质文化生活水平"的理念

人民群众是发展的主体，也应是发展的最大受益者。改革发展取得的各方面成果，都应体现在不断提高人民的生活质量和健康水平上，体现在不断提高人民的思想道德素质和科学文化素质上，体现在充分保障人民享有的经济、政治、文化、社会、生态权益上。

以人为本，顺应了各族人民过上更好生活的新期待，督促着中国共产党着力去解决人民群众最关心、最直接、最现实的利益问题，把发展的目的真正落实到满足人民需要、提高人民生活水平上。坚持发展成果由人民共享，是坚持发展为了人民、发展依靠人民的具体体现和最终目的。"以人为本"所强调的正是在整个改革开放和现代化建设过程中，要着力提高人民物质文化生活水平，切实保障人民各项权益。

4. 以人为本，是"实现人的全面发展"的基本途径

科学发展观，坚持以人为本的核心立场，既着眼于人民现实的物质文化生

---

① 胡锦涛. 在庆祝中国共产党成立 90 周年大会上的讲话［N］. 人民日报，2011-07-02（2）.

活，又着眼于人民素质的提高，是"实现人的全面发展"的基本途径。因此，需要把促进人的全面发展落实到经济社会发展的全过程、各方面。

马克思主义历来把每个人自由而全面的发展当作自己的理想目标。促进人的自由而全面的发展，既包括了物质文化需要，又包括了政治有序、社会和谐、生态良好等多方面需要。因此，贯彻落实科学发展观，坚持以人为本，就要在经济发展的基础上，创造更多的物质财富，不断满足人们日益增长的物质文化需要，逐步实现全体人民的共同富裕，为人的自由而全面的发展创造坚实的物质基础。同时，还要加快政治建设，提高人们的思想政治素质，为人的全面发展提供可靠的政治保证；加快文化建设，为人的全面发展提供丰富、有益的精神食粮，使人的精神世界更加充实、文化生活更加丰富多彩；加快社会建设和生态建设，促进人与人、人与社会、人与自然的协调与和谐，为人的全面发展创造良好的生活生态环境。

警钟敲响：半个世纪人类发展观的大反省

18世纪开始的工业革命，快速提高了社会生产力，给人类生产生活带来了巨大变化，促进了整个社会的进步。人类在追求经济增长并享受其带来的丰硕成果时，却付出了惨重的代价——对能源资源的恶性消耗及生态环境的严重破坏。所谓的经济增长发展观，在经历了一路的高歌猛进之后，已经变得越来越"不经济"。"技术万能论"与"无限发展观"最终被环境问题击垮。

1930年比利时马斯河谷烟雾事件、1948年美国多诺拉烟雾事件、1955年开始的日本富山县痛痛病事件、1961年日本四日市哮喘病事件……这一系列充满死亡气息的公害事件的发生，都是大自然对人类盲目追求经济增长的报复。这些危害人类的事件冲击着一味掠夺大自然而破坏环境的片面发展模式，最终引起了人类的大反省，人们开始对具有破坏性的发展模式进行深刻反思。

1962年，美国生物学家卡森的《寂静的春天》一书登上美国畅销书排行榜。书中对生态环境面临毁灭性危害的论述引发了人们对环境问题的忧思，人类开始重新思考经济发展与环境保护的关系，"可持续性"一词也渐渐走进人们的视野，成为流行概念。1972年联合国人类环境会议在斯德哥尔摩举行，同年联合国环境规划署（UNEP）成立。在经过了"有机增长""全面发展""同步发展""协调发展"等一系列发展观概念的嬗变之后，联合国选择从民间机构手中接过"可持续发展"的大旗。20世纪80年代初，在美国连续出版了《公元2000年的地球》与《建设一个可持续发展的社会》两本报告之后，"可持续发展"在全世界范围内形成共识的时机已经成熟。1983年11月，联合国成立世界环境与发展委员会（WECD）。1987 年，WECD 正式提出了"可持续发展"模式，这一全新的发展模式深刻检讨了"唯经济发展"理念的弊端，强调需要从当代和后代两个维度谋划发展，并注重生态环境保护与完善，明确提出要变革人类沿袭已久的生产方式和生活方式。

英国、美国、德国等西方国家由于片面追求经济发展而经历了环境破坏的阵痛，开始打破传统发展模式，探索新的发展观，不约而同地强调协调推进经济社会发展与环境保护，更加注重以人为本和综合发展。

半个世纪以来，人类对发展观的认识先后经历了经济增长的发展观、经济和社会的全面发展观、合理的可持续发展观三个不同的阶段。中国在总结经验教训后果断抛弃了"先污染，后治理"的工业化老路，提出了科学发展观。以人为本，全面、协调、可持续的发展观，是对马克思主义发展观的创新发展，也是对人类发展观的新贡献。

案例思考：

如何看待人类发展观的转变？

案例解析：

人类只有在不断的反省中，才能发掘更优的发展方式。科学发展观是在继承以往发展观的优点同时又克服了其缺点的基础上创新形成的。它强调发展必须是全面的，要实现经济发展和社会的全面进步；强调发展必须是协调的，要实现经济发展与人口、资源、环境相协调；强调发展必须是可持续的，要实现人与自然的和谐发展，给后代留下发展空间；强调发展必须是以人为本的，要始终以人为出发点和落脚点。

问题六：为什么说社会和谐是中国特色社会主义的本质属性？

党的十六届六中全会审议通过的《中共中央关于构建社会主义和谐社会若干重大问题的决定》提出："社会和谐是中国特色社会主义的本质属性。"这一论断揭示了社会和谐与中国特色社会主义的内在关系，深化了对中国特色社会主义的认识，奠定了构建社会主义和谐社会的主要理论基础，对于中国特色社会主义建设尤其是和谐社会建设具有根本性的指导意义。

社会和谐是中国特色社会主义的本质属性，这一论断具有丰富的理论内涵。它不仅是对马克思主义理论的继承发展，也是对中国特色社会主义的理论创新。

1. 从中国特色社会主义的根本目的来看，社会和谐体现了马克思主义关于人类解放与人的全面发展思想，是中国特色社会主义的发展目的

马克思主义认为，生存斗争和弱肉强食还不能将人类在社会关系方面把自己从动物界中提升出来。社会主义和谐社会所有的指向都不是为了物，而是为了人。在社会整体中强调了人这一主体，明确了人是实现社会和谐的最重要的因素，这也和科学发展观中的以人为本相符合。同时，这一时期着力推进的脱贫工作，也充分说明中国共产党对实现社会和谐的决心和行动，只有人民的安居乐业才能换来整个社会的和谐共融。社会和谐集中体现了马克思主义以人为本的发展理念和人类解放的价值追求，体现了社会主义追求社会和谐的价值取向和本质要求，是中国特色社会主义的发展目的。

2. 从中国特色社会主义的总体布局看，社会和谐反映了对世界现代化发展潮流的顺应和超越，进一步展现了中国特色社会主义的优越性

20 世纪末以来，世界各国已越来越认识到，经济增长不等于经济发展，经济发展不等于社会全面进步。我们所提出的社会主义和谐社会，是经济建设、政治建设、文化建设、社会建设、生态文明建设协调发展的社会，是人与人、人与社会、人与自然整体和谐的社会。这不仅顺应了世界现代化发展的潮流，而且超越了世界现代化发展理念。"作为一种战略——和谐社会战略思想，是中国共产党人在对新世纪新阶段的国内国际形势的科学分析和准确把握的基础上提出来的，是从研究我国发展的阶段性特征的基础上对社会主义本质问题的深刻思考，是新时期新形势下中国共产党人发现的规律性的认识"[①]，是中国共产党对世界发展提供的全新方案，体现出了中国特色社会主义的优越性。

3. 从中国特色社会主义的发展动力看，社会和谐继承并发展了马克思主义的社会矛盾学说，体现了驾驭社会矛盾和推动社会发展的自觉

构建社会主义和谐社会并不是为了否定矛盾的存在，而是在一定程度上去正视并实事求是地分析多样化和复杂化的社会矛盾。在社会主义改造基本完成以后的一段时间内，我国社会的主要矛盾是人民群众日益增长的物质文化需要同落后的社会生产之间的矛盾；进入新时代，我国社会的主要矛盾已经转化为人民日益增长的美好生活需要和不平衡不充分的发展之间的矛盾。新时代主要

---

① 王昌龙. 简论和谐社会战略思想形成的社会历史条件 [J]. 陕西教育学院学报，2007，23（2）：31.

矛盾的转化，表明影响满足人们美好生活需要的因素很多，但主要是发展的不平衡不充分问题。因此，构建社会主义和谐社会，要求我们正视矛盾，把发展的不平衡不充分问题放到更加突出的位置，维护社会公平正义，逐步健全以权利公平、机会公平、规则公平为主要内容的社会公平保障体系，建立矛盾调处机制、利益协调机制，以激发社会活力，引导群众以理性合法的形式表达利益诉求，实现全社会的和谐稳定。

4. 从中国特色社会主义的社会基础看，社会和谐强调人与人、人与社会、人与自然的和谐相处，有助于中国特色社会主义的稳步发展

中国共产党是中国工人阶级的先锋队，同时也是中国人民和中华民族的先锋队。中国共产党始终秉持着全心全意为人民服务的宗旨，始终代表中国最广大人民的根本利益。社会和谐强调人与人、人与社会、人与自然的和谐相处。在其指导下，社会主义和谐社会的构建强调的是在中国共产党的坚强领导下，在社会主义市场经济和对外开放的复杂环境中，追求人们在社会关系上的各尽所能、各得其所、和谐相处，从而达到社会的和谐稳定，使中国特色社会主义具有更可靠的社会保障。同时，社会主义和谐社会的构建还强调党要把各社会阶层的利益协调好，保证最广大人民群众能够安居乐业，这样才能使党的执政拥有更加广泛而坚实的社会基础。

5. 从中国特色社会主义的发展主体看，社会和谐深化了党的社会治理理念，在社会实践中真正体现出了人民群众的历史主体地位

在构建社会主义和谐社会中，我们强调要"共建"，就是要通过整合社会管理资源，建立健全党委领导、政府负责、社会协同、公众参与的社会治理格局，发挥各种社会组织和公民在社会生活中的作用，这体现了社会治理主体、治理手段和治理方式多样化的理念。对党和政府来说，要形成各种社会利益矛盾之间博弈的公正合理的环境和规则，所采取的行动不是直接介入社会利益冲突之中，而是需要帮助社会力量组织起来，使其有表达利益的渠道以及理性合法地进行博弈的程序，使群众意识到自己对国家和社会的义务、责任以及权利，以促进人际关系的和谐和整个社会的稳定。这种由社会和谐所深化的理念表明，党在社会治理格局建构中，将逐步扩大人民群众在社会生活中的直接民主，以真正体现人民群众的主体地位。这恰恰符合唯物史观关于人民群众是实践主体和价值主体的思想，体现了中国特色社会主义的本质属性。

深刻反思："8·12"天津滨海新区爆炸事故

2015年8月12日的夜晚对天津市滨海新区来说是一个不平静的夜晚，升腾的蘑菇云刺破了漆黑的夜空，改变了无数人的人生轨迹。这场事故，是一场历史性的灾难，急诊大厅堆放着数不清的带血的灭火防护服，街头遍布无家可归的受难者……

2015年8月13日，新华社发布了这样一则重大新闻："2015年8月12日，位于天津市滨海新区天津港的瑞海国际物流有限公司危险品仓库发生火灾爆炸事故，造成165人遇难（其中参与救援处置的公安消防人员110人，事故企业、周边企业员工和周边居民55人）、8人失踪（其中天津港消防人员5人，周边企业员工、天津港消防人员家属3人），798人受伤（伤情重及较重的伤员58人、轻伤员740人）。"① 经国务院调查组调查认定，该事故是一起特别重大生产安全责任事故。

事故发生后，天津市开发区第三大街上的泰达医院外科病房里，38岁的吴某斜躺在病床上，小腿上绑着厚重的石膏。他是爆炸事故中的一名伤员，他所居住的万科海港城是距离爆炸点——瑞海国际物流中心最近的小区之一，直线距离不到1千米。"根据官方最新统计，此次事故已导致114人遇难，住院692人，事故受灾居民涉及1.7万户，受影响的工业企业1700户，商户675户。"②

发生该次爆炸事故的直接原因是集装箱内硝化棉在高温条件下发生自燃，导致硝酸铵等危险化学品爆炸；深层次原因是瑞海公司违法经营、储存危险化学品，安全管理极其混乱，导致大量安全隐患长期存在。尽管事后相关部门对相关责任人员进行了公正审判和责任追究，但事故造成的巨大损失无法弥补。这次爆炸事故导致大量的人员伤亡和财产损失，造成了严重的环境污染，既危害了公共安全，又严重破坏了社会和谐稳定。

案例思考：

"8·12"天津滨海新区爆炸事故给了我们什么启示？

---

① 张明宇.天津港"8·12"瑞海公司危险品仓库特别重大火灾爆炸事故调查报告公布 [EB/OL].（2016-02-05）[2020-12-20].http://www.xinhuanet.com/politics/2016-02/05/c_1118005206.htm.

② 佚名."8·12"爆炸事故反思：疑似非安全玻璃造成事故二次伤害 [EB/OL].（2015-08-19）[2020-12-20].http://www.shenheyuan.net/xinwen/4604.html.

案例解析：

公共安全犹如阳光和空气，拥有的时候不觉珍贵，一旦失去就会严重影响群众生产生活和社会和谐稳定。"8·12"天津滨海新区爆炸事故令人痛心，教训深刻，也给全社会上了一堂重要的安全生产课——安全生产是社会和谐进步的基本条件，公共安全事故是阻碍经济社会发展的大问题。营造一个安定有序、环境优美的生产生活环境，确保公共安全，维护社会和谐稳定，需要加强全民安全教育、树立安全意识、落实安全责任，将公共安全事故的发生率降至最低。

主题活动：纪录片《苏联特权阶层》观后感

1. 实践目的

教师通过组织学生观看纪录片《苏联特权阶层》，汲取苏共亡党的历史教训，居安思危、以史为鉴，加深学生对"三个代表"重要思想的认识和理解。

2. 实践方案

（1）时间、地点：课余时间、自行安排。

（2）方式：观看、撰写观后感。

（3）流程：学生利用课余时间自行观看视频，并在 QQ 群以作业方式上交观后感；助教老师按照评分标准进行批阅；任课老师可从中随机抽取 2~3 名学生的作业进行课堂展示。

3. 实践评价

实践评价采用的评分表如表 3-2 所示。

表 3-2　评分表

评价标准	满分	得分
是否真情流露	20	
是否认识到了苏共亡党的历史教训	30	
是否加深了对"三个代表"重要思想的理解	30	
是否能体会到居安思危、以史为鉴的价值	20	
总分	100	

板块四　新时代、新思想与新使命

——开启全面建设社会主义现代化强国的新征程

习近平主席关于发展的论述，不仅适用于中国，也给包括津巴布韦在内的许多非洲国家以启迪……习近平主席说，世界上没有放之四海而皆准的发展模式，各方应该尊重世界文明多样性和发展模式多样化。中国将继续坚定支持非洲国家探索适合本国国情的发展道路。这给我留下深刻印象……我相信，非洲梦的实现也不会遥远①。

——费琼②

党的十八大以来，以习近平同志为主要代表的中国共产党人以巨大的政治勇气和强烈的责任担当，解决了许多长期想解决而没有解决的难题，办成了许多过去想办成而没有办成的大事，中国特色社会主义进入了新时代，中华民族迎来了从站起来、富起来到强起来的伟大飞跃。那么，如何从理论与实践层面系统解答新时代要坚持和发展什么样的中国特色社会主义、怎样坚持和发展中国特色社会主义这个重大的时代课题？在世界处于百年未有之大变局中，又该如何实现中华民族的百年复兴和共建美好世界？破解这些问题的钥匙，就蕴含在习近平新时代中国特色社会主义思想中。

---

① 学习，从读一本书开始：外国人谈《习近平谈治国理政》的现实意义 [EB/OL].（2017-05-23）[2020-12-20]. http://cpc.people.com.cn/n1/2017/0523/c64387-29292762.html.

② 费琼，非洲知名华裔教育家、津巴布韦教育部前部长。

专题一　中国发展新的历史方位

社会主义从来都是在奋勇开拓中前进的，必定随着形势和条件的变化而不断向前发展。党的十九大报告指出："经过长期努力，中国特色社会主义进入了新时代，这是我国发展新的历史方位。"

问题一：中国特色社会主义进入新时代的主要依据是什么？

"中国特色社会主义进入了新时代"是基于党和国家事业发展的全局视野、党的十八大以来五年所取得的历史性成就和历史性变革，在我国社会主要矛盾已发生转化的基础上，作出的科学判断。

1. 党的十八大以来，中国发展取得了历史性成就，中国社会发生了全方位变革

面对世界经济持续低迷、国内经济"三期叠加"等问题，党和国家作出经济发展进入新常态的重大判断，提出创新、协调、绿色、开放、共享的新发展理念，完善市场在资源配置中起决定性作用、更好发挥政府作用的体制机制，推进供给侧结构性改革、"一带一路"建设、京津冀协同发展、长江经济带发展等，推进精准扶贫、精准脱贫，强调要坚持正确政绩观，不简单地以国内生产总值的增长论英雄。全方位变革使得我国经济发展迅速，保持中高速增长，综合国力和国际影响力显著提升，经济总量稳居世界第二位，对世界经济增长贡献率超过30%。

面对各方面体制机制存在的突出矛盾和问题，党和国家果断作出全面深化改革的重大战略决策，强调改革开放只有进行时没有完成时，停顿和倒退没有出路。党的十八大召开以后的五年，以习近平同志为核心的党中央，稳步推进全面深化改革，审议、通过重大改革方案360多个，推出改革举措1500多项。简政放权成为深化改革的一个缩影：2014年9月11日，李克强在天津滨海新区行政审批局办事大厅见证109枚审批专用章被封存。

面对有法不依、执法不严、违法不究、司法不公等严重影响社会公平正义与和谐稳定的问题，党和国家果断作出全面推进依法治国的重大决策，统筹加强科学立法、严格执法、公正司法、全民守法各环节建设，统筹推进法治国

家、法治政府、法治社会一体建设，全面推进司法体制改革，中国特色社会主义法治体系日益完善。党的十八届四中全会通过的《中共中央关于全面推进依法治国若干重大问题的决定》，将"依法治国"提升到全新高度，并提出180多项重要改革举措。

面对文化服务体系不能满足人民需要，各种错误思潮、观点给我国改革发展稳定带来严重干扰等问题，党和国家坚持马克思主义在意识形态领域的指导地位，对错误思想敢于亮剑、敢于斗争，坚决遏制各种错误思想蔓延，现代公共文化服务体系建设步入快车道，文化走出去步伐加快。

面对"四大考验"和"四大危险"，党中央作出全面从严治党战略部署，开展党的群众路线教育实践活动和"三严三实"专题教育，推进"两学一做"学习教育常态化制度化，严肃党内政治生活，严明党的政治纪律和政治规矩，出台并坚持实施中央八项规定全面强化党内监督，实现中央和省级党委巡视全覆盖，坚持反腐败无禁区、全覆盖、零容忍，坚定不移"打虎""拍蝇""猎狐"，形成了反腐败斗争压倒性态势，消除了党和国家内部存在的严重隐患，管党治党实现从"宽松软"到"严紧硬"的深刻转变，党自我净化、自我完善、自我革新、自我提高能力显著增强。

2. 我国社会主要矛盾发生了转化

1956 年党的八大明确指出："我们国内的主要矛盾，已经是人民对于建立先进的工业国的要求同落后的农业国的现实之间的矛盾，已经是人民对于经济文化迅速发展的需要同当前经济文化不能满足人民需要的状况之间的矛盾。"[1] 由于各种原因，党的八大对于我国社会主要矛盾的正确认识并未坚持下去。1981 年，党的十一届六中全会通过的《关于建国以来党的若干历史问题的决议》对我国社会主要矛盾作了科学表述："在社会主义改造基本完成以后，我国所要解决的主要矛盾，是人民日益增长的物质文化需要同落后的社会生产之间的矛盾。"[2] 随着中国经济社会发生翻天覆地的变化，主要矛盾呈现出了许多新的特点，党的十九大提出了我国社会主要矛盾的新表述，即人民日益增长的美好生活需要和不平衡不充分的发展之间的矛盾。

我国社会主要矛盾转化主要依据于我国经济社会发展和人们需要的变化：一是经过改革开放后几十年的发展，我国社会生产力水平总体上显著提高，社

---

① 中共中央文献研究室. 建国以来重要文献选编：第 9 册 [M]. 北京：中央文献出版社，2011：293.

② 李斌. 社会主义社会主要矛盾的理论与实践 [J]. 中共云南省委党校学报，2009，10（4）：90.

会生产能力在很多方面进入世界前列，长期所处的短缺经济和供给不足状况已经发生根本性转变，再讲"落后的社会生产"已经不符合实际；二是随着人民生活水平不断提高，人民群众的需要呈现出多样化、多层次、多方面的特点，期盼有更好的教育、更稳定的工作、更满意的收入、更可靠的生活保障、更高水平的医疗卫生服务、更舒适的居住条件等；三是影响满足人民美好生活需要的因素很多，但主要是发展的不平衡不充分问题。具体而言，发展不平衡主要指领域、区域、群体发展不平衡，制约了全国发展水平的提升；发展不充分主要指总量不充分，发展程度不高，发展的任务仍然很重。

3. 提出了历史交汇期新的奋斗目标

从党的十九大到党的二十大，我国进入了"两个一百年"奋斗目标的历史交汇期，我们既要全面建成小康社会、实现第一个百年奋斗目标，又要乘势而上开启全面建设社会主义现代化强国的新征程，向第二个百年奋斗目标进军，使命光荣、责任重大，因此必须进一步进行顶层设计和精心谋划。党的十九大提出了新的奋斗目标，谋划了新的征程：将2020年到本世纪中叶分为两个阶段，先用15年时间，到2035年基本实现社会主义现代化，再用15年时间，到本世纪中叶建成富强民主文明和谐美丽的社会主义现代化强国。这一战略安排把邓小平当年提出的基本实现现代化的时间提前了15年，而且把第二个百年实现现代化的战略目标提升为建成社会主义现代化强国。

4. 我国所面临的国际形势发生了新变化

2018年6月，在中央外事工作会议上，习近平同志关于国际国内形势有一个最新研判：我国处于近代以来最好的发展时期，世界处于百年未有之大变局，两者同步交织、相互激荡。进入21世纪以来，世界形势发生了深刻变化，和平与发展依然是时代主题，但影响和平与发展的因素在不断变化。世界正处于大发展大变革大调整时期，而我国发展仍处于重要战略机遇期，这是中国从大国走向强国的关键时期，也是中国日益走近世界舞台中央的关键阶段。当代中国已不再是国际秩序的被动接受者，而是积极的参与者、建设者、引领者。中国的前景十分光明，但挑战也十分严峻。概言之，中国经济社会发展外部环境的变化，助推中国特色社会主义进入一个新阶段。

奠定新起点：党的十八大以来的历史性成就

党的十八大以来，在以习近平同志为核心的党中央坚强领导下，面对复杂的国际国内环境，我国在多个方面取得了巨大成就，我国的发展站到新的历史起点上。这些成就不是如"天上掉馅饼"般捡来的，而是党和人民经过长期努力所取得的。

经过五年（2012—2017 年）的砥砺奋进，中国经济社会发展硕果累累：我国国内生产总值从 54 万亿元增长到 80 多万亿元，稳居世界第二，年均增长率为 7.1%，在世界主要国家中名列前茅，对世界经济增长的贡献率超过 30%，中国成为世界经济增长的稳定器和动力源；简政放权是深化改革的缩影，国务院各部门 5 年累计取消行政审批 618 项；民主法治建设不断推进，有效促进社会公平正义，维护人民群众合法权益，十二届全国人大代表首次按城乡相同人口比例选举产生，一线工人和农民代表比上届提高 5.18%；民生事业得到进一步发展，为人民日益增长的美好生活需要提供更好的保障，社会养老保险已经覆盖 9 亿多人，基本医疗保险已经覆盖 13.5 亿人，我们实现了 6000 多万贫困人口稳定脱贫，贫困发生率从 10.2% 下降到 4% 以下。在提升自身发展水平的同时，中国提供了"一带一路"等受欢迎的国际公共产品，构建人类命运共同体成为中国引领时代潮流和人类文明进步方向的鲜明旗帜，为世界各国带来发展机遇，彰显了大国责任与担当，并在实践检验中逐渐受到国际认可。

党的十九大报告指出："经过长期努力，中国特色社会主义进入新时代，这是我国发展新的历史方位。"中国的发展奇迹令世界瞩目，"中国梦""5G""大数据""天使投资""量子通信"等热词也成为新时代的象征。五年的成就体现在各领域、各方面，有力地增强了中国人民的民族自信心和自豪感，促使广大人民群众更加坚定"四个自信"，同时也为中国赢得了国际地位，提升了中国的国际影响力。

案例思考：

为什么说党的十八大以来取得的成就是历史性成就？

案例解析：

"历史性"表明这些成就对中国和世界发展变化的影响前所未有。中国经济社会得到全方位的发展，解决了许多长期想解决而没有解决的难题，办成了许多过去想办而没有办成的大事，中国真正从富起来走向强起来；中国也成为国际形势的"稳定锚"、世界经济增长的"发动机"、和平发展的"正能量"，并在发展中国家探索现代化发展道路上为世界贡献了中国智慧和中国方案。

问题二：中国特色社会主义进入新时代有怎样的重大意义？

经过长期努力，中国特色社会主义进入新时代，这是我国发展新的历史方位。中国特色社会主义进入新时代，在中华民族发展史上具有重大意义，在科学社会主义发展史上、人类文明进程上也具有重大意义。

一、从中华民族复兴的历史进程看，中国特色社会主义进入新时代意味着近代以来久经磨难的中华民族迎来了从站起来、富起来到强起来的伟大飞跃，迎来了实现中华民族伟大复兴的光明前景

1. 新中国的成立使中国人民真正站起来了

近代以来的中华民族历经磨难，中国近代史是一部落后挨打的屈辱史。从鸦片战争到第二次鸦片战争再到甲午中日战争，中国社会从封建社会一步步沦为半殖民地半封建社会，最终在八国联军侵华战争后完全沦为了半殖民地半封建社会。新中国的成立，宣告中国人民推翻了压在头上的帝国主义、封建主义和官僚资本主义"三座大山"，真正实现了民族独立和人民解放。新中国成立后，实行人民民主专政，国家一切权力属于人民，真正实现了人民当家作主，中国人民不再受压迫、被奴役。中国从此走上了一条独立、民主、统一的道路，开始了向社会主义过渡的新时期。

2. 改革开放使中国人民逐步富起来了

改革开放以来，我国社会主义市场经济体制日益完善，经济社会发展取得了举世瞩目的成就，中国人民真正富裕起来了。"经过长期努力，1978 年我国国内生产总值增加到 3679 亿元，占世界经济的比重为 1.8%，居全球第 11 位。改革开放以来，我国经济快速发展，1986 年经济总量突破 1 万亿元，2000 年突破 10 万亿元大关，超过意大利成为世界第六大经济体，2010 年达到 412119 亿元，超过日本并连年稳居世界第二。党的十八大以来，我国综合国力持续提升。近三年，我国经济总量连续跨越 70 万、80 万和 90 万亿元大关，2018 年达到 900309 亿元，占世界经济的比重接近 16%。按不变价计算，2018 年国内生产总值比 1952 年增长 175 倍，年均增长 8.1%；其中，1979—2018 年年均增长 9.4%，远高于同期世界经济 2.9%左右的年均增速，对世界经济增长的年均贡献率为 18%左右，仅次于美国居世界第二。2018 年我国人均国民总收入达到 9732 美元，高于中等收入国家平均水平。"①

中国减贫事业的成就更是令世人瞩目。"1981 年生活在世界银行绝对贫困标准（按 2011 年购买力平价计算每天低于 1.91 美元）以下的全球人口共18.9 亿，其中中国贫困人口高达 8.8 亿，占世界贫困人口的 46.4%。2015 年，

---

① 国家统计局. 沧桑巨变七十载 民族复兴铸辉煌：新中国成立 70 周年经济社会发展成就系列报告之一 [R/OL]. (2019-07-01) [2020-11-18]. http://www.xinhuanet.com/finance/2019-07/01/c_1210174445.htm.

全球贫困人口减少到 7.5 亿，中国则只剩下 960 万，仅占全球贫困人口的 1.3%。这期间，中国对世界减贫的直接贡献高达 76.2%。2015 年之后中国按照高于世界银行标准实施农村脱贫攻坚战略，2018 年年末，可以说中国总体上已经消除了世界银行标准下的绝对贫困现象。按我国现行贫困标准，全国农村贫困人口也只剩 1660 万人，贫困发生率为 1.7%。"①

3. 新时代中华民族要稳步实现强起来的奋斗目标

站起来、富起来后，我们要稳步实现强起来。以毛泽东同志为核心的第一代中央领导集体解决了中国站起来的历史问题，以邓小平同志为核心的第二代中央领导集体解决了中国富起来的发展道路问题。党的十八大以来，以习近平同志为核心的党中央肩负着实现中华民族伟大复兴的历史使命。仅从经济实力看，自改革开放以来，我国经济一直保持中高速增长，在世界主要国家中名列前茅，"国内生产总值（GDP）由 1978 年的 3679 亿元增长到 2019 年的 99.1 万亿元，人均 GDP 突破 1 万美元"②，"稳居世界第二，对世界经济增长贡献率超过百分之三十"③。与此同时，我国的综合国力和国际地位稳步提升，用习近平总书记的"三个前所未有"来表述就是"我们前所未有地靠近世界舞台中心，前所未有地接近实现中华民族伟大复兴的目标，前所未有地具有实现这个目标的能力和信心"④。

二、从科学社会主义发展进程看，中国特色社会主义进入新时代意味着科学社会主义在 21 世纪的中国焕发出强大生机活力，在世界上高高举起了中国特色社会主义伟大旗帜

1. 苏东剧变使世界社会主义运动遭受挫折

20 世纪 80 年代末，东欧的一些社会主义国家共产党和工人党在短时间内纷纷丧失政权，历史上称为东欧剧变。在这场剧变中，波兰人民共和国、德意志民主共和国等"华约"国家，相继抛弃了苏联模式的社会主义制度，向资本主义体制转型。这场剧变以 1991 年苏联解体事件告终。苏联解体后，社会主义在国际上的影响力显著减弱，西方国家的共产党受到了极大的冲击。"欧

① 蔡昉. 新中国 70 年经济发展成就、经验与展望 [J]. 中国党政干部论坛，2019（8）：7.
② 胡祖才. 以深化改革开放增强发展动力活力 [N]. 人民日报，2021-01-05（9）.
③ 习近平. 习近平谈治国理政：第 3 卷 [M]. 北京：外文出版社，2020：3.
④ 中共中央宣传部. 习近平总书记系列重要讲话读本 [M]. 北京：学习出版社，人民出版社，2014：133.

洲地区的共产党组织的数量锐减到 21 个，党员人数不足 100 万，共产党在各国议会中所占席位减少到 89 席。"① 苏联解体后，如何评价资本主义和社会主义两种制度的现状和未来发展成为国际社会普遍关注的问题。在这样的国际形势下，不少西方学者对社会主义制度表示质疑，甚至认为社会主义会成为历史的淘汰品。例如，美国学者福山发表了"历史终结论"，即"共产主义失败论"，把苏东剧变定义为社会主义的终结，并指出西式市场经济和民主政治具有唯一正确性。"福山对资本主义历史的刻意粉饰和对社会主义历史的肆意涂鸦表明了其'历史终结论'的历史虚无性特质。"②

2. 中国改革开放 40 多年的成绩证明了科学社会主义在 21 世纪的中国依然具有强大生命力

苏联解体是社会主义发展史上的重大挫折，但这并不意味着科学社会主义的失败。苏联模式失败的主要原因就包括：经济上，将计划经济体制绝对化，完全排斥市场经济，阻碍了生产力的发展；政治上，党和国家领导层高度集权，且监督体制薄弱，有官僚主义倾向，偏离了人民民主的初衷。苏联模式的失败归根结底是没有理解科学社会主义的真正内涵并将其结合本国国情真正落实。因此，苏联社会主义的失败，并不能说明社会主义制度是失败的。中国改革开放 40 多年的发展取得了显著的成就，经济总量已经跃升世界第二位，人民生活水平普遍提高。进入 21 世纪，中国在基础设施建设领域、空间探测领域、量子通信领域、体育竞技领域、生物医学领域等均取得突破，在不断超越自我的同时，创造着一个个亚洲第一、世界第一，这不能不说科学社会主义在 21 世纪的中国仍然具有强大的生机与活力。

3. 中国在世界舞台上高高举起了中国特色社会主义伟大旗帜

旗帜乃方向所指、希望所在。在世界上高举中国特色社会主义伟大旗帜，就是给各国的共产党人指明方向，为共产主义事业点燃新的希望。毫无疑问，这面崭新的旗帜正在世界范围内吸引着越来越多人的关注。2017 年 11 月 30 日至 12 月 3 日，来自世界上 120 多个国家近 300 个政党和政治组织的领导人共 600 多名中外代表，在北京出席中国共产党与世界政党高层对话会。"各国政党代表围绕'构建人类命运共同体，共同建设美好世界：政党的责任'这一主

---

① 顾海良，梅荣政. 马克思主义发展史 [M]. 武汉：武汉大学出版社，湖北人民出版社，2006：292.

② 钟慧容，刘同舫. 中国现代化实践对"历史终结论"的终结及其意义 [J]. 社会科学研究，2019（6）：11.

题，深入探讨人类社会未来发展方向和现实问题的应对之道"①，彰显了中国共产党的领导地位，突出了中国特色社会主义伟大旗帜的指引作用。

三、从人类文明进程看，意味着中国特色社会主义道路、理论、制度、文化不断发展，拓展了发展中国家走向现代化的途径，给世界上那些既希望加快发展又希望保持自身独立性的国家和民族提供了全新选择，为解决人类问题贡献了中国智慧和中国方案

1. 现代化发展模式实现了突破西方路径依赖，从一元走向多元的重大转变

二战后，尤其是冷战格局濒于瓦解之时，全世界许多国家纷纷诉诸西方模式以实现现代化转型。1989 年，"华盛顿共识"出台，以指导拉美和东欧国家进行经济改革和社会转型。"'华盛顿共识'自出台以来一直被西方理论界鼓吹为经济社会发展的'普世价值'，对包括中国在内的世界各国发展产生重大影响。"② 可是西方模式并非灵丹妙药，许多发展中国家在效仿时纷纷落入"民主陷阱"和"发展陷阱"，至今难以走出泥潭。中国特色社会主义进入新时代，意味着中国成功开辟了一条不同于西方的现代化道路：它依靠自身发展和艰苦奋斗实现现代化，不同于基于殖民掠夺的现代化；它坚持以人民为中心、以实现人民对美好生活的向往为目标，不同于少数人获益的现代化；它推动经济社会全面发展、人与自然和谐共生，不同于单纯追求经济增长和短期利益的片面现代化；它追求世界和平发展，不同于追求霸权、"国强必霸"的现代化。因此，立足本国国情，探索适合自身的现代化之路，已经成为广大发展中国家的普遍共识。

2. 中国的和平发展道路为解决人类问题贡献了中国智慧和中国方案

"当前，世界多极化、经济全球化、文化多样化、社会信息化深入发展，全球治理体系和国际秩序变革加速推进。同时，世界面临的不稳定性不确定性突出，人类处在一个挑战层出不穷、风险日益增多的时代。世界经济增长乏力，发展鸿沟日益突出，冷战思维和强权政治阴魂不散，恐怖主义、网络安全、重大传染性疾病、气候变化等非传统安全威胁持续蔓延。人类又一次站在

---

① 新华社. 中国共产党与世界政党高层对话会在北京举行 [J]. 中国发展观察，2017 (23)：2.
② 肖铁肩，马赛."华盛顿共识"对中国改革开放的影响 [J]. 湖南城市学院学报，2010，31 (2)：17.

了十字路口。"① 在此背景下，中国特色社会主义进入新时代，"人类命运共同体""'一带一路'倡议""建设亚投行，扶持发展中国家的基础设施建设"等中国方案迅速提出，为解决世界经济、国际安全、全球治理等一系列重大问题提供了新方向、新方案、新选择：发展道路并非唯一，各国应根据国情自主选择；发展成果并非独享，而是乐于和全世界共享；发展不能只看眼前，要积极承担可持续发展的道义责任。

风云变幻：时代变化中看大国外交的底气

邓小平曾指出："最终说服不相信社会主义的人要靠我们的发展。如果我们本世纪内达到了小康水平，那就可以使他们清醒一点；到下世纪中叶我们建成中等发达水平的社会主义国家时，就会更进一步地说服他们。"② 如今，中国特色社会主义进入新时代，强盛的综合国力就是中国大国外交的底气。

弱国无外交，曾经的中国国力衰微，国际话语权微弱，中国被"禁音"。1919 年 1 月 18 日，中国以战胜国的身份参加巴黎和会试图收回山东主权，但是在西方列强把持的巴黎和会上，会议竟然决定把战败国德国在中国山东攫取的各种权利转让给日本。"中国作为第一次世界大战的战胜国，国际地位非但没有上升，反而进一步下降；国家权益非但没有得到维护，反而成为列强们进行政治交易的筹码。"③ 当年中国在巴黎和会上外交的失败，最根本的原因是国家积贫积弱。

100 多年后的今天，中国综合国力已跃升至世界第二位，国际影响力和感召力得到极大提升，中国声音在国际舞台愈来愈洪亮。针对美国对中国发起的贸易战，中国表明态度："不愿打，但也不怕打，必要时不得不打。面对美国的软硬两手，中国也早已给出答案：谈，大门敞开；打，奉陪到底。"④

2020 年 11 月 30 日，中国外交部发言人赵立坚在社交媒体上发布了一幅描述澳大利亚军人在阿富汗暴行的漫画，并敦促澳方对最近的战争罪指控进行调查，不料，澳大利亚总理斯科特·莫里森恼羞成怒，称这是"伪造照片"，并"要求中方道歉"。谴责澳大利亚的罪行是中国出于人道主义，为维护世界和

① 姜辉. 中国特色社会主义进入新时代在人类社会发展史上的重大意义 [EB/OL]. (2019-09-27) [2020-12-25]. https://baijiahao.baidu.com/s? id=1645786579994248934&wfr=spider&for=pc.

② 邓小平. 邓小平文选：第 3 卷 [M]. 北京：人民出版社，1993：204.

③ 李捷. 纪念五四运动 弘扬爱国主义精神 [N]. 人民日报，2009-05-06 (10).

④ 国际锐评：中国已做好全面应对的准备 [EB/OL]. (2019-05-12) [2020-12-26]. http://news.cri.cn/20190512/f5e6bfc4-b2c4-eedd-d0f4-5156f35584e2.html.

平作出的正当行为，外国媒体却称中国是"战狼外交"。2020 年 12 月 10 日，外交部新闻发言人华春莹回应称："面对霸权霸凌，毛泽东同志早就讲过，'人不犯我，我不犯人，人若犯我，我必犯人'。中国不主动惹事，但也不怕事，不会被胁迫讹诈。如果有些人因为中国面对毫无底线的攻击、抹黑和谩骂作出回击、说明事实真相，就把中国外交称作'战狼'外交的话，那么为了维护中国的主权安全、发展利益，为了维护国家的荣誉与尊严，为了维护国际的公平与正义，就做'战狼'又何妨？"①

中国已经不再是百年前的中国，中国不欺负别人，但也不会任人欺负。正如习近平同志在中法建交 50 周年纪念大会上指出的那样："中国这头狮子已经醒了，但这是一只和平的、可亲的、文明的狮子。"②

案例思考：

你如何看待中国的外交变化？

案例解析：

中国的外交变得更加强硬，底气十足，其根源是国家的强大，根本目的是维护国家利益。中国已然崛起，我们不再做"沉默的羔羊"，而将是"觉醒的雄狮"，但我们是一头和平的雄狮。中国始终以和平方式扩大自己的"朋友圈"，致力于建立公正合理的国际政治经济新秩序，反对各种形式的霸权主义和强权政治。

主题活动：辩论赛——"人工智能对社会的影响是利大于弊还是弊大于利？"

1. 实践目的

教师通过组织学生开展辩论赛，加深学生对人工智能的认识，体悟新时代科技发展成就，启发学生对人工智能发展的热点问题进行深入思考，辩证地看待人工智能带来的社会影响。

2. 实践方案

（1）时间、地点：课堂 30 分钟、教室。

（2）方式：自愿组队。

（3）要求：根据学生报名情况产生正反双方，学生利用课余时间准备辩

---

① 华春莹回应"战狼外交"：卑躬屈膝非国人气节［EB/OL］.（2020-12-10）［2020-12-26］. https://baijiahao.baidu.com/s? id=1685681332580046739&wfr=spider&for=pc.

② 习近平. 在中法建交五十周年纪念大会上的讲话［N］. 人民日报，2014-03-29（2）.

论材料，在此基础上每方选出四个辩手参与辩论。立论阶段双方各 3 分钟；攻辩阶段为 8 分钟；自由辩论阶段，辩手发言次数和次序不受限制，但双方各只有 5 分钟；总结阶段由正方四辩先开始，双方各 3 分钟。

（4）流程：辩论赛开始，主持人介绍辩题、比赛规则、参赛队伍及所持立场；辩论结束由全班同学进行打分；最后，教师进行点评，主持人公布比赛结果并宣布比赛结束。

3. 实践评价

实践评价采用的评分表如表 4-1 所示。

表 4-1　评分表

评价标准	满分	得分
立论观点明确	30	
逻辑清晰、论据充分	40	
语言严谨、仪态端庄	20	
时间把握准确	10	
总分	100	

专题二　新时代中国共产党的战略安排①

经过长期努力，中国特色社会主义进入了新时代，这是我国发展新的历史方位，中华民族由此开启了全面建设社会主义现代化强国的新征程。

问题一：如何理解中国梦的科学内涵与精神实质？

2012 年 11 月 29 日，习近平在参观"复兴之路"展览时就深情指出："现在，大家都在讨论中国梦，我以为，实现中华民族伟大复兴，就是中华民族近代以来最伟大的梦想。"

1. 中国梦由来已久

中华民族有着五千多年文明史，在历史上曾长期走在世界前列，创造了悠久灿烂的中华文明，为人类发展作出过卓越的贡献。

中国的历史上先后出现过文景之治、贞观之治、康乾盛世等，这彰显了经济文化发展的繁荣景象和中国社会治理的博大智慧。有学者对此进行过深入研究，"1750 年中国工业产量占世界总产量的 32.8%。康熙年间，全世界 50 万人口以上的 10 个大城市中，中国就占了 6 个"②。在世界四大文明古国中，古巴比伦、古埃及、古印度的文明都曾中断过，唯有中华文明有国有史一直传承到今天，这在世界上是独一无二的；同时，中国古代的四大发明也造福着全世界——英国人李约瑟在其《中国科学技术史》中就这样写道："在现代科学技术登场前十多个世纪，中国在科技和知识方面的积累远胜于西方。"16 世纪以前，影响人类生活的重大科技发明约有 300 项，其中，中国人的发明占 175 项之多。

只是到了近代，中国落伍了。近代以来，由于封建统治的腐朽和西方列强的入侵，中国逐渐沦为半殖民地半封建社会，中华民族也遭受了深重的苦难。而中国人民奋起抗争，有过各种梦想——农民阶级的"天国梦"、地主阶级的"洋务梦"、资产阶级的"维新梦"和"共和梦"，但这些梦想最终又一个个以

---

① 说明：本部分三个问题的阐述来自作者录制的"概论"课慕课对应部分的文字稿。

② 中国共产党新闻网. 曲青山：实现中华民族伟大复兴是近代以来中华民族最伟大的梦想 [EB/OL]. （2018-12-19）［2020-12-26］. https://www.sohu.com/a/283046540_783502.

失败告终。直到1921年中国共产党成立，中国共产党才开始从根本上带领中国人民改变了中华民族的前途和命运，也才让我们迎来了实现中华民族伟大复兴的光明前景。

2. 中国梦的科学内涵与精神实质

习近平讲，"在新的历史时期，中国梦的本质是国家富强、民族振兴、人民幸福"①。到底如何更全面、更准确地理解这句话呢？

首先，中国梦是中华民族伟大复兴的形象表达。也就是说，在新的历史时期，实现中国梦就是要实现中华民族的伟大复兴。其次，"中国梦"既是近期、中期、远期和最终目标的有机统一，又是目标与价值观的有机统一。我们的近期目标是建党100周年的时候全面建成小康社会；中期目标是新中国成立100周年的时候，建成一个富强民主文明和谐美丽的社会主义现代化强国；"中国梦"的远期目标就是中国特色社会主义的高级阶段；最终目标是实现每个人自由而全面的发展，就是世界大同，也就是共产主义。所以党的十九大报告提出了我们要"推动构建人类命运共同体"。再次，"中国梦"既集中华民族优秀文化传统之大成，又以马克思主义为指导，汲取了世界各国、各民族的优秀文化传统。因此，"中国梦"本身不能说完全是中国的思想文化积淀，还有外来文化，其中非常重要的部分就是马克思主义，这就和中国特色社会主义一致起来了，因为中国特色社会主义是中国共产党人把马克思主义基本原理与当代中国实际和时代特征相结合的产物，是科学社会主义理论逻辑和中国社会发展历史逻辑的辩证统一。最后，"中国梦"既是国家梦、民族梦，也是每个人的梦，更是共同行动才能实现的梦。这里有两层含义：其一，中国梦就是个人、集体、国家三者关系相统一的梦，每个人经过不懈努力，实现自己的梦想后，国家梦和民族梦也就实现了；其二，中国梦不仅是梦想，更是共同行动，这个梦想绝不是轻轻松松、敲锣打鼓就能实现的。

近些年有个词特别火——"低欲望人生"，而将"低欲望人生"集合在一起便形成所谓的"低欲望社会"，日本就是一个典型的低欲望社会。日本著名管理学家大前研一在其著作《低欲望社会》中感叹：日本年轻人没有欲望、没有梦想、没有干劲，年纪轻轻就一副活在等死的状态，日本已陷入"低欲望社会"！这是日本经济长期低迷的重要原因。我们社会最近也出现了两个词——"佛系人生"与"佛系社会"。选择怎样的人生本是个人意愿，但如果

---

① 习近平. 习近平谈治国理政：第1卷［M］. 2版. 北京：外文出版社，2018：56.

全社会绝大部分年轻人都"佛系"了，那中华民族伟大复兴的中国梦怎么去实现呢？这就需要警惕和高度重视！

这里推荐大家去看18集电视纪录片《我们一起走过——致敬改革开放四十周年》，它展示了从1978年到2018年，改革开放40年间，无数中国人不负韶华、奋力拼搏的精神风貌。正是由于中国人对梦想的不懈追逐，我们才开辟了中国特色社会主义道路，形成了中国特色社会主义理论体系，确立了中国特色社会主义制度，发展了中国特色社会主义文化，创造了人类历史上前所未有的奇迹；这也为中国人进一步逐梦奠定了坚实的基础，创造了更好的条件。

时代最强音：中国女排的梦想

2012年11月29日，新一届中央领导集体在国家博物馆参观"复兴之路"展览时，习近平总书记深情指出："现在，大家都在讨论中国梦，我以为，实现中华民族伟大复兴，就是中华民族近代以来最伟大的梦想。"①

中国梦是国家的梦、民族的梦，也是每个中国人的梦。中国女排挥汗如雨的40年征战历程也是为实现中国梦而奋斗的历程，奏响了新时代的最强音。

回想改革开放之初，在那个国人争先恐后地改变祖国面貌的年代，中国女排奏响了"振兴中华"的时代最强音。1981年11月16日，中国女排以亚洲冠军的身份参加了在日本举行的第三届世界杯女子排球赛，最终以七战七胜的佳绩首次夺得世界杯赛冠军，这是女排梦，也是中国梦。中国女排主教练郎平曾在《新闻联播》中说道："只要穿上带有'中国'二字的球衣，就是代表祖国出征。每一次比赛，我们的目标都是升国旗、奏国歌。"② 中国女排的梦想是夺得世界冠军，但又不尽然，她们的梦想是中国人民实现中国梦的缩影。

"中国特色社会主义进入新时代，中国女排在2015年世界杯、2016年奥运会、2019年世界杯三度夺魁，展现出自信自尊自强的新的气质形象，成为中华儿女逐梦复兴征程的靓丽缩影。"③ 但女排姑娘不是战无不胜的"超人"，她们也曾丢过冠军。那到底是什么支撑着中国女排重新站起来，一路过关斩将？那就是女排精神。正如郎平所说，女排精神不是赢得世界冠军，而是有时候明知道不会赢，也要竭尽全力。中国女排以自己雄厚的实力和独特的魅力感染着每一个中国人，其影响已经远远超出了体育范畴，成为鼓舞中国人的一面旗帜，激励我们不断朝着伟大复兴的中国梦前进。

---

① 崔东.习近平总书记深情阐述"中国梦"［N］.人民日报，2012-11-30（1）.

② 王东，李丹阳.女排精神：在民族复兴中闪耀光彩［N］.光明日报，2020-12-16（5）.

③ 李斌.为中华崛起而拼搏［N］.人民日报，2019-10-03（4）.

2019年9月30日，习近平会见中国女排代表时指出："广大人民群众对中国女排的喜爱，不仅是因为你们夺得了冠军，更重要的是你们在赛场上展现了祖国至上、团结协作、顽强拼搏、永不言败的精神面貌。女排精神代表着一个时代的精神，喊出了为中华崛起而拼搏的时代最强音。"[①] 中国女排用行动诠释着女排精神，向世界证明了中国力量。我们要建成中国特色社会主义现代化强国就必须弘扬女排精神，为中华民族伟大复兴提供凝心聚气的强大精神力量。

案例思考：

如何通过中国女排的梦想来理解中国梦呢？

案例解析：

中国女排的梦想是时代的最强音，是中国人民实现中国梦的缩影，反映了中国人民的共同心声；中国女排为实现梦想而奋斗的精神尤为宝贵，极大地激发了中国人民实现中国梦的奋斗热情。女排梦经过几代女排不懈奋斗终于实现，中国梦虽任重而道远，但只要我们每一个中国人敢于发挥女排精神，奋斗拼搏，中国梦就一定能够实现。

问题二：如何把握新征程与"三步走"战略之间的关系？

新征程和"三步走"战略都是基于我国社会主义现代化建设而提出的，因此将这两个概念放入现代化进程中更能厘清二者之间的关系。

1. "两步走"战略

实现现代化是近代以来中国人民的夙愿，早在党的七届二中全会就提出了把我国由农业国变为工业国，实现国家现代化的构想；新中国成立后，我们党曾提出在20世纪内，分两步把我国建设成为"四个现代化"的社会主义国家。这一构想由周恩来在1964年的三届全国人大一次会议的政府工作报告中宣布，从第三个五年计划开始，我国的国民经济发展，可以按两步来考虑："第一步，建立一个独立的比较完整的工业体系和国民经济体系；第二步，全面实现农业、工业、国防和科学技术的现代化"[②]，使我国经济走在世界的前列。这就是我国现代化起步时的"两步走"战略。

---

① 朱基钗. 习近平会见中国女排代表 [N]. 人民日报，2019-10-01 (1).

② 中共中央文献研究室. 周恩来经济文选 [M]. 北京：中央文献出版社，1993：563.

2. "三步走"战略

当"两步走"的第一步实现以后，也就是我国已经建立起了一个独立的比较完整的工业体系和国民经济体系之后，邓小平进一步思考了中国如何从具体国情出发，加快推进社会主义现代化建设的问题。1979年3月，邓小平指出："现在搞建设，也要适合中国情况，走出一条中国式的现代化道路。"之后，党的十二大上正式提出，到20世纪末分"两步走"实现工农业总产值翻两番，实现小康社会的设想。到1987年4月，邓小平第一次提出分"三步走"基本实现现代化的战略，同年10月党的十三大把这一战略确定下来，明确指出：第一步，从1981年到1990年实现国民生产总值比1980年翻一番，解决人民的温饱问题；第二步，从1991年到20世纪末，使国民生产总值再翻一番，达到小康水平；第三步，到21世纪中叶，国民生产总值达到中等发达国家水平，基本实现现代化。从"两步走"战略到"三步走"战略，充分体现了党对我国国情和发展战略认识的不断深化。

3. 新"三步走"战略

1997年，我国在提前实现了"三步走"战略的第一步和第二步目标后，党的十五大把"三步走"战略的第三步进一步具体化，提出了三个阶段性目标，我们称之为新"三步走"战略，具体为：21世纪的第一个10年，也就是2010年，实现国民生产总值比2000年翻一番，使人民的小康生活更加富裕，形成比较完善的社会主义市场经济体制；第二步，到2020年，使国民经济更加发展，各项制度更加完善；第三步，到21世纪中叶，新中国成立100周年时，基本实现现代化。第二步和第三步就是党最初提出的"两个一百年"的奋斗目标。从新的"三步走"战略的具体内容可以看到，我国社会主义现代化建设的目标更为具体，也转化为了切实可行的步骤，为我国基本实现现代化指明了方向，提供了行动纲领。

4. 新时代的"三步走"战略

党的十九大报告明确提出：从十九大到二十大，是"两个一百年"奋斗目标的历史交汇期，我们既要全面建成小康社会、实现第一个百年奋斗目标，又要乘势而上开启全面建设社会主义现代化强国的新征程，向第二个百年奋斗目标进军。

也就是说，新征程就是第二个百年奋斗目标的实现过程，也就是全面小康实现之后，从2020年到2050年，这一个时间段。而党的十九大报告在综合分析国内形势和我国发展条件的基础上，又将新征程分为两个阶段：第一个阶段是从2020年到2035年，在全面建成小康社会的基础上，再奋斗15年，基本实现社会主义现代化；第二个阶段，从 2035 年到本世纪中叶，在基本实现现代化的基础上，再奋斗 15 年，把我国建成富强民族文明和谐美丽的社会主义现代化强国。这表明新征程的第一个阶段目标已经是现代化了，它将"三步走"战略或新"三步走"战略的第三步目标提前了 15 年。全面建成小康社会加上新征程的两个阶段，共同构成了新时代的"三步走"战略。

总之，从改革开放之初，党和国家一直有目标、有规划、有步骤地进行现代化建设，而且现代化建设的目标从数量上的翻番到"五位一体"全方面高质量的要求，更符合人们对美好生活的期望，这是中国共产党带领中国人民进行社会主义现代化建设的鲜明特点，践行了中国共产党以人民为中心的发展思想，也充分彰显了中国特色社会主义制度的独特优越性。

跨越时代：百年京张线见证复兴新征程

习近平总书记指出："1909 年，京张铁路建成；2019 年，京张高铁通车。从自主设计修建零的突破到世界最先进水平，从时速 35 公里到 350 公里，京张线见证了中国铁路的发展，也见证了中国综合国力的飞跃。"[1] 2021 年开启全面建设社会主义现代化强国的新征程，回望历史，以京张铁路为代表的现代中国铁路的诞生暗藏着中国现代化发展的秘密。

1905 年，清政府决定由詹天佑主持自主修筑一条北京至张家口的铁路——京张铁路，这在西方列强看来却是个笑话，甚至有外国人狂妄地断言："中国造此路之工程师尚未诞生！"[2] 他们认为，如果没有西方的资金和技术支持，中国要实现自主修建铁路简直是"天方夜谭"。1909 年 10 月 2 日，中国北京的昌平南口镇发生了一件震惊世界的大事，人们从四面八方聚集到这里来看热闹，有人这样描述当时的盛况："空旷的场地上一条黑色的巨龙喷着浓烟咆哮着向前滑动，加速，加速，加速！"这条人们眼中的黑色巨龙又是什么东西呢？原来南口镇正在举行一场重要的通车典礼，人们眼中那条黑色巨龙便是首条由中国人自主设计的"人"字形的京张铁路。它的通车凝结着中国人的智慧，打破了列强对我国铁路的垄断，开创了中国铁路建设的新纪元，给当时嘲笑中国无法自主修建京张铁路的外国人一个强硬的回击。而时隔一个多世纪，2019 年 12 月 30 日，世界上首条时速 350 千米的智能高铁——京张高铁正式通车，成为中国乃至世界高铁建设史上的一个里程碑。

---

① 新华社. 习近平对京张高铁开通运营作出重要指示 强调京张高铁建成投运意义重大 冬奥会各项筹备工作都要高标准高质量推进 [N]. 人民日报，2019-12-31 (1).

② 陆娅楠. 从"新京张"看百年巨变 [N]. 人民日报，2020-01-08 (5).

"在积贫积弱的旧中国，'老京张'的修建可谓步履维艰。由于八达岭段坡度较大，施工装备有限、投入经费不足，工人靠肩挑手凿才打通了长度仅一公里的八达岭隧道，为此，詹天佑不得不设计了省工却耗时的'人'字形铁路。而'新京张'配备最大台车、最智能盾构机、最快铺轨机，全周期智能建造、智能运维，12 公里的新八达岭隧道内更建成了埋深 102 米的'世界最深高铁站'。施工装备与建造技术之变，正是中国跻身建造强国的生动缩影。"① 京张高铁完善了我国"八纵八横"高速铁路网，也为京津冀协同发展和 2022 年北京冬奥会提供交通保障。

从京张铁路到京张高铁，记载了中国的沧桑巨变，见证着中华民族复兴新征程。京张高铁作为智能化高铁"标杆"，向世界展示中国速度，证明中国建成社会主义现代化强国的步伐无人能挡。

案例思考：

京张线的百年跨越对中国现代化建设有何启示？

案例解析：

京张线的百年跨越背后代表的是中国速度和中国力量，从京张铁路到京张高铁，从追赶世界到引领时代，变的是名字和速度，不变的是初心和梦想。首先，一个国家、一个民族，只有找到符合自身实际的发展道路，才能实现自己的发展目标，中国要建成社会主义现代化强国必须要坚持独立自主走好自己的路；其次，科学技术是第一生产力，中国现代化建设离不开科技创新；最后，人民群众是历史的创造者，是中国共产党的执政之基、力量之源，中国现代化建设要紧紧依靠人民群众，充分发挥人民群众的智慧。

问题三：如何应对国外学者关于"中国威胁论"的种种论调？

冷战结束后，随着中国经济、军事实力的逐渐强大，"中国威胁论"开始在美国、日本、菲律宾等国泛滥起来。

1. "中国威胁论"的源起

"中国威胁论"最早泛滥于 1992—1993 年，鼓吹者从意识形态、社会制度乃至文明角度展开了对"中国威胁论"的具体"论证"。其中，首先发难的是美国费城外交政策研究所亚洲项目部主任芒罗，他发表了《正在觉醒的巨龙：亚洲真正的威胁来自中国》一文。一时间，"中国威胁论"传遍太平洋东岸；

---

① 陆娅楠. 从"新京张"看百年巨变 [N]. 人民日报，2020-01-08 (5).

哈佛大学教授亨廷顿的《文明的冲突与世界秩序的重建》也在这个大背景下问世。前者渲染中美军事冲突不可避免，后者断言儒教文明与伊斯兰教文明的结合将是西方文明的天敌，具有极强的意识形态色彩。对此，美国学者哈克特更是危言耸听，他说："在苏联解体后，一个新的邪恶帝国正在出现，它的名字叫中国。"此后，每隔一段时期，"中国威胁论"都会出现，进入21世纪以后，"中国威胁论"已经是第四波出现了，威胁论的内容也日益扩大，已经涉及军事、政治、生态、经济等方方面面。

其实，在国际关系中，威胁总是客观存在的，"××威胁论"也是国际关系中的一种常态现象。但纵观全世界，唯有"中国威胁论"近20年来经久不衰，而且得到西方及周边相关国家大规模认同，原因究竟何在？这当然与中国的发展崛起密切相关。"中国威胁论"实质上是西方及周边相关国家基于自身危机意识，缘于形形色色利益因素，用来制约中国发展崛起的一种政治手段，是冷战时期"零和"思维在新的时代条件下的体现和反映。探寻当今"中国威胁论"的深层缘由，必须先搞清楚中国发展的特质。

2. 中国发展的特质

第一，中国的发展，有着"民族复兴"的历史使命。与世界其他国家不同，中国是一个有着五千多年辉煌历史、在世界发展史上曾长期占据领先地位的文明古国。经过艰辛探索，我们找到了民族复兴的道路，并不断加快国家崛起的步伐。党的十九大报告也讲：我们比历史上任何时期都更接近、更有信心和能力实现中华民族伟大复兴的目标。第二，中国的发展，有着曾经遭受西方侵略掠夺的历史记忆。1840年以来的近代史，我们把它称为一部屈辱史。在经历19世纪中期以来的殖民入侵、民族抗争与长期探索后，中国才逐步走上了独立自主、不断强大的现代化道路。第三，中国的发展，有着坚持社会主义制度的意识形态特色。作为世界上最大的社会主义国家，中国迎来了从站起来、富起来再到强起来的伟大飞跃，用实践证明了科学社会主义在21世纪仍具有强大的生机与活力，在世界上高高举起了中国特色社会主义伟大旗帜。第四，中国的发展，有着惊人的速度和质量。我们有着约960万平方千米的陆地领土、超过14亿人口的超大规模，有着改革开放40余年来惊人的发展速度。这是其他国家不具备的发展特质。

3. "中国威胁论"产生的深层原因

与中国的发展崛起相一致，印度近年来的发展速度也大大加快，也是"金砖五国"之一。但与中国相比，为什么西方国家并没有提出"印度威胁论"呢？原因包括：印度是资本主义国家，在意识形态上与西方国家具有一致性；而且从发展速度、规模与质量来看，印度尚不足以给西方国家带来重大挑战。而西方国家却一致认为，中国的发展崛起给其主导下的传统国际秩序及地缘政治格局带来了极大的挑战。因为从资本主义崛起的历史经验看，历史上所有大国的崛起都伴随着强权与战争，都是以武力为手段的。那么在此基础上形成的西方国际关系理论，无论是西方权力转移理论还是霸权转移理论，都认为伴随着中国综合国力的提高，必然会使得国家间的关系发生权力转移，继而挑战现有的国际秩序乃至爆发战争，这就是所谓的"修昔底德陷阱"。因此，西方国家害怕中国的强大将威胁其既有的国际地位，这是其真正担忧的；而借"中国威胁论"来制约中国的发展崛起，是其根本动机。

4. 淡定从容，主动作为，积极应对"中国威胁论"

"中国威胁论"成了某些国家国内政治中的惯用工具，成了国际社会中的一种权力话语现象。每当某些国家遭遇国内相关政治议题时，往往搬出"中国威胁论"来应急，使得"中国威胁论"此起彼伏。面对这一情况，我们需要淡定从容，主动作为，积极应对"中国威胁论"。首先，我们要培育与大国相适应的从容心态。在发展崛起过程中，"中国威胁论""中国崩溃论"等种种论调，势必层出不穷。我们需要沉着、从容，冷静、理性地看待来自国际社会的赞誉与诋毁，不为外界的种种鼓噪所动，不被"捧杀"，也不被"唱衰"。其次，我们要继续推进并加强国际合作，创造与强化互利互惠的"共赢"关系，这是消弭"中国威胁论"的重要途径。再次，我们要坚定不移地走和平发展道路，构建人类命运共同体。随着中国的进一步发展及"走出去"步伐的加快，我们应具备全球战略眼光，推动构建人类命运共同体，积极主动地塑造良好的国家形象。最后，我们更要齐心协力，奋力实现中华民族伟大复兴的中国梦。纵观"中国威胁论"的发展阶段可知，"中国威胁论"究竟在多大程度上能损害中国，还是取决于中国自身国力的发展状况。所以，我们要增强定力，以"任尔东西南北风"，我自"咬定青山不放松"的精神，聚精会神地全面建设社会主义现代化国家，实现中华民族伟大复兴的中国梦。

战略误判："修昔底德陷阱"与"醒来的狮子"

古希腊著名历史学家修昔底德认为，一个新崛起的大国必然要挑战现存大国，而现存大国也必然会回应这种威胁，这样战争就变得不可避免。哈佛大学格雷厄姆·艾利森教授将其称为"修昔底德陷阱"。在西方，"修昔底德陷阱"已然成为国际关系的一个"铁律"，而且是有史为证的，比如古雅典与斯巴达、英国与西班牙、美国与苏联等。拿破仑曾说，中国是一只沉睡的狮子，一旦醒来，世界会为之震动！

中国已经发展为世界第二大经济体，面对中国的崛起，一些人总是戴着"有色眼镜"，认为中国发展起来必然是一种"威胁"。美国也采取各种手段打压中国，中美间摩擦冲突不断，"修昔底德陷阱"成为近年中国威胁论的主要论调。

2014年1月22日，习近平在接受《世界邮报》专访时表示："我们都应该努力避免陷入'修昔底德陷阱'，强国只能追求霸权的主张，不适用于中国，中国没有实施这种行动的基因。"① 中国从来就是一个爱好和平的国家，我们不主动挑事，新中国成立后的几场战争都是为了保家卫国，即使有领土纠纷，中国也是努力和周边国家通过友好协商来解决，真正害怕这些陷阱的不是中国，中国也不会踏入这个陷阱。

随着经济全球化的发展，各国的相互依存度不断提高，中国作为世界上最大的发展中国家，美国作为世界上最大的发达国家，两国在全球化体系中利益交汇点越来越多，战争并不是赢得竞争的唯一手段，合作才是王道，两国之间不存在"修昔底德陷阱"。正如2015年9月22日，习近平在西雅图欢迎宴会上的演讲中指出的那样："世界上本无'修昔底德陷阱'，但大国之间一再发生战略误判，就可能自己给自己造成'修昔底德陷阱'。"② 可见，"修昔底德陷阱"是国家战略误判导致的。因此减少国家间的战略误解与误判，作出正确的战略决策，才能更好地避免所谓的"修昔底德陷阱"。

案例思考：

为什么中国这只"醒来的狮子"可以避免"修昔底德陷阱"？

案例解析：

中华民族历来就是爱好和平的民族，和平、和睦、和谐的追求深深根植于中国人民的血脉之中；人类文明发展到21世纪，侵略扩张已经被全人类唾弃，中国始终坚持和平发展道路；中国是相信合作共赢，不相信零和游戏的国家，中国经济越发达，对世界经济的贡献就越大。

---

① 习近平：中国应避免陷入"修昔底德陷阱" [EB/OL]. (2014-01-24) [2021-01-29]. https://news.china.com/domestic/945/20140124/18313568.html.

② 王义桅，叶自成，林宏宇，等. 正确认识"修昔底德陷阱" [N]. 人民日报，2016-04-17 (5).

主题活动："中国梦，我的梦"主题校园采访

1. 实践目的

教师通过组织学生进行"中国梦，我的梦"主题校园采访，让学生了解当代大学生眼中的中国梦，加深学生对中国梦的理解，激发学生追求梦想、实现梦想的热情，为实现中国梦凝聚青年力量。

2. 实践方案

（1）时间、地点：课余时间、大学校园。

（2）方式：分小组进行。

（3）要求：围绕"中国梦，我的梦"主题设置采访问题，以大学生为采访对象进行采访并拍摄视频，然后将采访视频合成一个视频（总时长不超过5分钟）。

（4）流程：学生在大学校园中进行随机采访，经过后期剪辑处理后，将视频上传至班级 QQ 群；任课老师、助教老师和全班未参与本次主题活动的同学作为评委，按照评分标准打分。

3. 实践评价

实践评价采用的评分表如表 4-2 所示。

表 4-2　评分表

评价标准	满分	得分
问题设置是否科学	40	
采访交流是否紧扣主题	30	
视频整体质量如何	20	
视频时长是否合理	10	
总分	100	

专题三　习近平新时代中国特色社会主义思想

新时代催生新思想，新思想指引新时代。习近平新时代中国特色社会主义思想是党的十八大以来党和人民实践经验和集体智慧的结晶，是马克思主义中国化的最新理论成果。

问题一：如何理解习近平新时代中国特色社会主义思想的核心要义？

坚持和发展中国特色社会主义，是改革开放以来党的全部理论和实践的主题，也是习近平新时代中国特色社会主义思想的核心要义。

一、坚持和发展中国特色社会主义是改革开放以来党的全部理论和实践主题

从理论层面看，邓小平同志在党的十二大第一次正式提出了"建设有中国特色的社会主义"的新命题，之后党的十三大到党的十八大报告都围绕中国特色社会主义这个主题展开。党的十九大更加明确地指出：不忘初心，牢记使命，高举中国特色社会主义伟大旗帜，决胜全面建成小康社会，夺取新时代中国特色社会主义伟大胜利，为实现中华民族伟大复兴的中国梦不懈奋斗。

从实践层面看，新中国成立后，我们顺利地恢复了国民经济，但这一时期，我们也犯了不少错误，走了不少弯路：在经济上急于求成、盲目求纯和急于过渡；在政治上坚持以阶级斗争为纲。造成这些问题的主要原因是我们对"什么是社会主义、怎样建设社会主义"这一问题没有完全搞清楚。党的十一届三中全会以后，以邓小平同志为核心的党中央领导全党和全国人民，果断地纠正了这些错误，抓住了"什么是社会主义、怎样建设社会主义"这个首要的基本的理论问题，深刻地揭示了社会主义的本质，提出要把马克思主义的普遍真理同我国的具体实际结合起来，走自己的道路，建设有中国特色的社会主义。从此，坚持和发展中国特色社会主义成为我们党的全部理论和实践的主题。

伴随着改革开放和社会主义市场经济的推进，我国社会生活发生了广泛而深刻的变化，人民内部矛盾日趋复杂化和多样化。在这种情况下，从严治党，

进一步提高全党特别是党的干部队伍的素质，成为十分紧迫的任务。为解决这一系列问题，"三个代表"重要思想诞生了。这是在邓小平理论的基础上，创造性地回答了建设什么样的党、怎样建设党的重大问题，深化了对中国特色社会主义的认识。

进入新世纪新阶段，一方面，全球金融危机爆发，资本主义增长方式不可持续；另一方面，我国进入发展关键期、改革攻坚期和矛盾凸显期，各种社会矛盾集中显现、相互交织，要把中国特色社会主义进一步推进，迫切要求思想上有新解放、实践上有新创造、理论上有新发展，由此科学发展观应运而生。科学发展观在邓小平理论和"三个代表"重要思想的基础上，创造性地回答了新形势下实现什么样的发展、怎样发展的重大问题，把中国特色社会主义理论与实践推到新境界。

党的十八大以来，我国取得了历史性成就，发生了历史性变革，中国特色社会主义进入了新时代，社会主要矛盾发生了转化。以习近平同志为核心的党中央以全新的视野深化了对共产党执政规律、社会主义建设规律、人类社会发展规律的认识，创立了习近平新时代中国特色社会主义思想，围绕新时代坚持和发展什么样的中国特色社会主义、怎样坚持和发展中国特色社会主义这一基本问题，提出了"八个明确"和"十四个坚持"，为新时代坚持和发展中国特色社会主义提供了根本指引。

二、"八个明确"从理论层面回答了新时代坚持和发展什么样的中国特色社会主义

"八个明确"从理论层面，以指导思想的方式回答了新时代要坚持和发展什么样的中国特色社会主义的问题，为新时代实践提供了理论遵循。

第一个明确，即明确坚持和发展中国特色社会主义，总任务是实现社会主义现代化和中华民族伟大复兴，在全面建成小康社会的基础上，分两步走在本世纪中叶建成富强民主文明和谐美丽的社会主义现代化强国。这一明确确立了新时代中国特色社会主义建设的总体任务、目标和实现步骤，为各项具体工作的开展明确了主题、核心和宗旨。

第二至第七个明确属于具体部署环节。在第一个明确总结发展中国特色社会主义总任务和总目标之后，搞清楚新时代我国社会的主要矛盾成为又一大课题。由此形成第二个明确——明确新时代我国社会的主要矛盾是人民日益增长的美好生活需要和不平衡不充分的发展之间的矛盾，必须坚持以人民为中心的发展思想，不断促进人的全面发展、全体人民的共同富裕。在第二个明确认清并把握我国社会主要矛盾之后，习近平总书记进一步明确了中国特色社会主义事业总体布局是"五位一体"、战略布局是"四个全面"，强调坚定道路自信、理论自信、制度自信、文化自信。这是对发展中国特色社会主义基本路径和战略重点的科学回答，也是第三个明确。在部署完总体布局和战略布局后，又明确了全面深化改革的总目标——完善和发展中国特色社会主义制度、推进国家治理体系和治理能力的现代化。在全面依法治国的总目标下，完善并健全我国的法治体系成为重中之重，继而形成第五个明确——全面推进依法治国总目标是建设中国特色社会主义法治体系、建设社会主义法治国家。同时，习近平总书记在党的十九大报告中指出，坚持走中国特色强军之路，全面推进国防和军队现代化，要同国家现代化进程相一致，全面推进军事理论现代化、军队组织形态现代化、军事人员现代化、武器装备现代化，从而形成第六个明确——明确党在新时代的强军目标是建设一支听党指挥、能打胜仗、作风优良的人民军队，把人民军队建设成为世界一流军队。世界正处于大发展大变革大调整时期，和平与发展仍然是时代主题，因此中国特色大国外交要推动构建新型国际关系，推动构建人类命运共同体。

在明确了中国特色社会主义发展任务、发展依据、发展路径、发展重点和发展目标后，还需要进一步明确所有发展工作"靠谁来领导"这一关键问题，即第八个明确——明确中国特色社会主义最本质的特征是中国共产党领导，中国特色社会主义制度的最大优势是中国共产党领导，党是最高政治领导力量，提出新时代党的建设总要求，突出政治建设在党的建设中的重要地位。

三、"十四个坚持"从实践层面回答了新时代怎样坚持和发展中国特色社会主义

"十四个坚持"从实践层面，以行动纲领的方式回答了新时代怎样坚持和发展中国特色社会主义的问题，为新时代实践指明了有效路径。

第一至第三个"坚持"，从总体上规定了新时代坚持和发展中国特色社会主义的领导核心、政治立场、依靠力量和根本路径问题：明确了党的领导核心地位，点出要实现中华民族的伟大复兴、坚持和发展中国特色社会主义就必须要坚持党的领导；明确了在治国理政与改革发展的全过程，必须始终坚持以人民为中心的理念，时刻关注人民不断变化的现实需求和发展需要，依靠人民创造历史伟业；明确了要进一步拓展改革的宽度、挖掘改革的深度、强化改革系统的协调性就必须要坚持全面深化改革的观点。

第四至第九个"坚持"，从"五位一体"总体布局的角度提出新时代坚持和发展中国特色社会主义的具体实践要求。对于经济建设，要转变经济发展方式，坚持创新、协调、绿色、开放、共享的新发展理念，改革并完善我国各项基本经济制度和分配制度；对于政治建设，要始终坚定地维护党的领导、发挥人民当家作主的制度优势、坚持全面依法治国原则，并加强三者有机统一的制度建设；对于文化建设，必须培育和践行社会主义核心价值观，不断增强马克思主义在意识形态领域的指导地位，掌握意识形态工作的领导权和话语权；对于社会建设，要坚持在发展中保障和改善民生，为民谋利、解民之忧，不断促进人的全面发展，逐步实现共同富裕；对于生态文明建设，要坚持人与自然和谐共生的理念，以自觉主动的态度去贯彻绿色发展新理念并积极解决各类环境问题。

第十至第十四个"坚持"，提出了新时代坚持和发展中国特色社会主义的实践条件和实践要求，主要涵盖了维护国家安全、国防和军队建设、"一国两制"与祖国统一、全球倡议、全面从严治党这五大方面，明确了新时代坚持和发展中国特色社会主义所需的必要保障。

《习近平谈治国理政》第三卷：一本"圈粉"无数的书

有这么一本书，它不仅在国内掀起学习热潮，在海外也"圈粉"无数。"有人把它当成有趣迷人的'故事汇'，有人将它视为严谨求实的'大部头'，有人说，它蕴藏当代中国的发展之道，更深含解决世界难题的'中国方案'。"① 这本书就是《习近平谈治国理政》第三卷。

继第一卷和第二卷出版发行后，《习近平谈治国理政》第三卷也于2020年6月正式出版，其围绕坚持和发展中国特色社会主义这一核心要义描绘了中国治国理政方略图，在国内外引起强烈反响。原因何在？

《习近平谈治国理政》第三卷是国际社会了解当代中国的重要窗口、寻找中国问题答案的一把钥匙。当全面脱贫的承诺穿过2020年的几多风雨如期实现，当生态环境保护的步伐在绿水青山中快速前行，当防范化解风险挑战的前瞻思维在抗疫斗争中再次验证，当中国以崭新的姿态走向世界舞台中央，如何读懂中国成为世界舆论关注的焦点，而掷地有声的中国答案就写在这本书里。

《习近平谈治国理政》第三卷蕴含中国推动构建人类命运共同体、携手建设美好世界的中国智慧。透过《习近平谈治国理政》第三卷，在习近平擘画的新时代中，中国与世界同处一个"地球村"，中国的崛起离不开世界舞台，

---

① 严文斌，郝薇薇，等. 理达天下的中国声音：《习近平谈治国理政》出版发行1000天记 [N]. 光明日报，2017-06-26（1）.

世界的发展也离不开中国的参与。2020 年新冠肺炎疫情席卷全球，中国"向 32 个国家派出 34 支医疗专家组，向 150 个国家和 4 个国际组织提供 283 批抗疫援助，向 200 多个国家和地区提供和出口防疫物资"①，中国以实际行动帮助挽救了全球成千上万人的生命，彰显了中国推进人类命运共同体的真诚愿望。

"《习近平谈治国理政》第三卷连同第一、二卷，集中反映了党的创新理论的科学体系、发展脉络、主要内容，是学习习近平新时代中国特色社会主义思想最权威、最系统、最鲜活的原著原典。"② 一套书凝结着一位领袖的智慧，书写着一段当代史诗，描摹着一个前所未有的未来，从普通民众到政要学者，从国内到国外都"圈粉"无数。

案例思考：

为什么《习近平谈治国理政》第三卷能够"圈粉"无数？

案例解析：

一方面，中国近年来改革发展取得重大成就，世界渴望从《习近平谈治国理政》第三卷中获得"解码"中国发展奇迹的"密钥"，寻找中国成功的答案，借鉴中国的发展经验；另一方面，中国的综合国力和国际地位大幅提升，中国越来越走近世界舞台的中央，国际社会更加关注中国，《习近平谈治国理政》第三卷为国际社会了解中国对世界产生的深远影响提供了一个全新视角。

问题二：如何评价习近平新时代中国特色社会主义思想的历史地位？

2017 年 10 月 18 日，习近平总书记在中国共产党第十九次全国代表大会上首次提出"新时代中国特色社会主义思想"；10 月 24 日，大会通过了《中国共产党章程（修正案）》的决议，将习近平新时代中国特色社会主义思想写入党章。这表明党的指导思想的又一次与时俱进，树立起了新时代坚持和发展中国特色社会主义的思想旗帜。

一、习近平新时代中国特色社会主义思想是马克思主义中国化的最新成果

无论是从马克思主义发展史、中国特色社会主义发展史还是人类发展史

---

① 本报评论部. 命运与共，秉承"天下一家"理念：大力弘扬伟大抗疫精神 [N]. 人民日报，2020-09-18（5）.

② 黄坤明. 深刻领会习近平新时代中国特色社会主义思想的精髓要义：读《习近平谈治国理政》第三卷 [N]. 人民日报，2020-08-13（6）.

看，习近平新时代中国特色社会主义思想都开辟了新境界。

1. 习近平新时代中国特色社会主义思想开辟了马克思主义新境界

习近平新时代中国特色社会主义思想继承和发展了马克思列宁主义、毛泽东思想、邓小平理论、"三个代表"重要思想、科学发展观，是马克思主义中国化的最新理论成果。它运用马克思主义的立场、观点、方法，面对新的时代课题，提出了一系列原创性的新命题、新论断、新理论，对马克思主义和科学社会主义产生了世界性的、跨时代的影响。比如，从对科学社会主义发展创新上看，提出以人民为中心的发展思想，深化了社会主义本质理论；提出我国社会主要矛盾发生历史性转化，丰富了社会主义初级阶段理论，也发展了社会主义发展阶段理论；在新时代全面深化改革，提升了社会主义发展动力理论；推进国家治理体系和治理能力现代化，丰富发展了社会主义现代化理论；推进"五位一体"总体布局和"四个全面"战略布局，完善了社会主义全面发展理论；践行创新、协调、绿色、开放、共享的新发展理念，拓展了社会主义发展途径和发展目标理论；坚持党的全面领导，提出关于党的领导"两个最"的重要论断，即中国共产党领导是中国特色社会主义最本质的特征，是中国特色社会主义制度的最大优势，丰富发展了社会主义执政党建设理论；阐明人类社会历史发展的必然趋势，提出科学认识两大社会制度关系的新思想，丰富了关于正确处理社会主义与资本主义之关系的理论；提出推动构建人类命运共同体，丰富发展了马克思主义关于未来社会的理论；等等①。

2. 习近平新时代中国特色社会主义思想开辟了中国特色社会主义新境界

坚持和发展中国特色社会主义，不仅是中国共产党人的使命与追求，更是一条任重道远的新道路。邓小平同志为这一任务确定了基本思路和基本原则，江泽民同志明确了建设中国特色社会主义对领导阶层的要求，胡锦涛同志指明了发展中国特色社会主义的方向。如今，中国特色社会主义进入新时代，迎来了新问题。针对新时代坚持和发展什么样的中国特色社会主义这一问题，习近平新时代中国特色社会主义思想从中国特色社会主义的理论渊源、历史根据、本质特征、独特优势、强大生命力等视角作出了深刻回答；针对新时代怎样坚持和发展中国特色社会主义，习近平新时代中国特色社会主义思想从总目标、总任务、总体布局、战略布局和发展方向、发展方式、发展动力、战略步骤、

① 姜辉. 习近平新时代中国特色社会主义思想开辟了马克思主义新境界 [J]. 中国纪检监察，2018（9）：13.

外部条件、政治保证等视角给出了具体解答。这些思想观点，在理论上有重大突破，在实践上贴合实际，为新的时代条件下坚持和发展中国特色社会主义提供了科学指引。

3. 习近平新时代中国特色社会主义思想对人类文明进步具有重要意义

21 世纪，世界的不稳定性突出，各种风险和挑战激增，人类社会正处于大发展大变革大调整时期。面对一系列亟待解决的重大问题，世界需要新的方向、新的方案、新的选择。习近平新时代中国特色社会主义思想准确地判断了世界发展趋势，明确指出世界正处于百年未有之大变局。面对全人类的共同挑战，中国肩负起负责任大国的使命与担当，提出了构建人类命运共同体，这超越了零和博弈思维，给国际关系建构了新的交往范式，为人类文明发展提供了新的路径；提出了"一带一路"倡议、世界经济复苏方案、共商共建共享思想等，为世界各国合作发展打开了新局面。因此，习近平新时代中国特色社会主义思想成为振兴 21 世纪世界社会主义的中流砥柱，为人类文明进步指明了方向。

二、习近平新时代中国特色社会主义思想是新时代的精神旗帜

旗帜问题至关重要，是新时代推进中国特色社会主义事业的精神指引，对内是方向，对外是形象。

1. 习近平新时代中国特色社会主义思想，对内是方向

习近平新时代中国特色社会主义思想为中华民族指明了前进方向。一方面，它立足于现实，以社会主义现代化建设进程中的实际问题、以我们正在做的事情为中心，着眼统揽伟大斗争、伟大工程、伟大事业、伟大梦想，大智慧谋划大格局，大手笔续写大文章，是实践探索、经验总结、理论升华凝结而成的思想结晶；另一方面，它又植根于历史，用中华优秀传统文化指导新时代的精神生活，从历朝历代的治乱兴衰中总结安邦治国、经世济民的历史智慧，从我们党革命建设改革的奋斗历程中探寻民族复兴、民富国强的客观规律，是旧的中华文化向新时代进行创造性转化和创新性发展的思想成果。这一思想紧紧围绕强国梦想，自上而下贯通党的使命、国家的前途、人民的福祉、民族的命运，从古至今贯通中国的过去、现在和未来，体现了科学社会主义理论逻辑与中国社会发展历史逻辑的辩证统一，成为指引当今时代进步的科学理论。

2. 习近平新时代中国特色社会主义思想，对外是形象

习近平新时代中国特色社会主义思想彰显了中国负责任的大国形象。中国是世界上最大的发展中国家，中国共产党是世界上最大的政党，大就要有大的

样子，大就要有大的担当。我们既要做好自身之事，予人民以幸福，予他人以表率，还应该响应时代号召，端正国家的外交态度，作出正确的政治决策。一方面，中国特色社会主义道路拓展了发展中国家走向现代化的途径，给世界上那些既希望加快发展又希望保持自身独立性的国家和民族提供了全新选择；另一方面，中国对外积极开放，推动国际化进程，提出构建人类命运共同体，带动世界和平与发展，严重冲击了在经济、政治和文化等方面长期占有主导地位的西方现代化模式，颠覆了那种习惯以西方价值标准为圭臬来衡量其他国家的狭隘认知，得到了众多国家和国际组织的认可。中国将自身发展同世界共同发展相统一，顺应经济全球化趋势，推进建设"一带一路"等实现国家共同发展的合作平台；中国在宣示以更为广阔的胸襟和更为大胆的力度实行全方位开放的同时，也表明了要以自身发展给世界创造更多机遇、与世界人民共享发展成果的意愿，要通过深化自身实践探索人类社会发展规律并同世界各国分享。

三、习近平新时代中国特色社会主义思想是实现中华民族伟大复兴的时代指南

实现中华民族伟大复兴是近代以来中华民族最伟大的梦想，而对于如何实现这一宏伟目标，习近平新时代中国特色社会主义思想提供了具体指导。

1. 习近平新时代中国特色社会主义思想为新时代坚持和发展中国特色社会主义提供了根本指引

习近平新时代中国特色社会主义思想，围绕"新时代坚持和发展什么样的中国特色社会主义、怎样坚持和发展中国特色社会主义"这个重大时代课题进行谋篇布局，在不断推进"四个伟大"的实践过程中，提出了一系列具有开创性意义的新理念新思想新战略。"八个明确"回答了新时代坚持和发展中国特色社会主义的总目标、总任务、总体布局、战略布局和发展方向、发展方式、发展动力、战略步骤、外部条件、政治保证等基本问题，"十四个坚持"概括了新时代中国特色社会主义的基本方略，对怎样坚持和发展中国特色社会主义进行了具体谋划。因此，习近平新时代中国特色社会主义思想，是全面建成小康社会、全面建设社会主义现代化国家、实现中华民族伟大复兴的行动指南，为新时代坚持和发展中国特色社会主义提供了根本指引。

2. 习近平新时代中国特色社会主义思想为新时代治国理政提供了根本遵循

习近平新时代中国特色社会主义思想，围绕"什么是国家治理现代化，如何实现国家治理现代化"这一重大问题，顺应时代潮流，把握时代发展大势，坚持一切从实际出发，坚持人民主体地位，坚持把人民对美好生活的向往作为奋斗目标，直面前进道路上的各种困难和矛盾、风险和挑战，准确把握我国发展的阶段性特征和我国社会主要矛盾的新变化，勇于破除一切不合时宜的思想观念和体制机制弊端，提出一系列重要观点，作出一系列重大部署，为不断完善中国特色社会主义制度，推进国家治理体系和治理能力的现代化提供了根本遵循。

3. 习近平新时代中国特色社会主义思想为全面从严治党、把党建设成为中国特色社会主义事业的坚强领导核心提供了强大思想武器

"治国必先治党，治党务必从严。"习近平新时代中国特色社会主义思想，一方面着眼于确保党始终成为中国特色社会主义事业的坚强领导核心，提出全面加强党的领导，强调党是最高政治领导力量，坚持党中央权威和集中统一领导；另一方面着眼于保持党的先进性和纯洁性这一目标，从总体层面提出要全面从严治党，明确新时代党的建设总要求，强调以政治建设为统领，坚持思想建党和制度治党同向发力，全面推进党的政治建设、思想建设、组织建设、作风建设、纪律建设，以零容忍态度惩治腐败，构建起体现马克思主义政党本质、符合时代发展和长期执政要求的系统完备的党建理论体系；进而又从根本举措层面提出，要通过推进党的自我革命来实现社会革命，以保证中国特色社会主义事业顺利推进。

19—21世纪：世界社会主义运动中心重镇与典型样本的变化

马克思主义是实践的理论，其发展是与世界社会主义运动联系在一起的，具有跨越时代和地域的真理性力量，深刻改变了人类社会历史进程。纵观马克思主义发展史，"人类最伟大的故事发生在哪里，世界社会主义的中心转移到哪里，那里就是马克思主义最钟情的研究样本，那里就是马克思主义研究的中心重镇"①。

19世纪的马克思主义，是马克思、恩格斯所创立的经典马克思主义。这一时期社会主义运动中心重镇是欧洲。英国通过工业革命成为西欧资本主义的心脏地带。马克思、恩格斯以英国为研究的典型样本，揭露了资本家剥削工人的实质，强调人民群众是历史的创造者，创立了唯物史观和剩余价值学说，指

---

① 何毅亭. 习近平新时代中国特色社会主义思想是21世纪马克思主义 [N]. 学习时报，2020-06-15（A1）.

引了世界社会主义运动，推动社会主义实现了从空想到科学的伟大飞跃。

20世纪的马克思主义，是列宁主义、毛泽东思想、以邓小平理论为开创性理论的中国特色社会主义理论体系。这一时期社会主义运动中心重镇是苏联和中国。俄国十月革命胜利，建立起世界上第一个社会主义国家，为落后国家建设社会主义提供了一个范例，社会主义实现了从理论到实践的伟大飞跃。十月革命一声炮响给中国送来了马克思列宁主义，照亮了中国的革命和发展道路，毛泽东带领中国人民开启了落后国家建设社会主义的步伐。20世纪80年代末90年代初，东欧剧变、苏联解体，整个世界社会主义运动受挫。邓小平带领中国人民开启了落后国家追赶世界现代化国家和发达国家的步伐，中国真正实现了从站起来到富起来的伟大飞跃。

21世纪的马克思主义，是习近平新时代中国特色社会主义思想。这一时期社会主义运动中心重镇是中国。党的十八大以来，在以习近平同志为核心的党中央坚强领导下，党和国家事业发生了根本性变革，取得了历史性成就，社会主义在中国焕发出了强大生机与活力。中国的发展道路拓展了发展中国家走向现代化的途径，为解决人类问题贡献了中国智慧、提供了中国方案。中国已然成为21世纪全球最伟大的样本，为世界社会主义五百年发展史画上了浓墨重彩的一笔。

案例思考：

如何理解"习近平新时代中国特色社会主义思想是21世纪的马克思主义"？

案例解析：

习近平新时代中国特色社会主义思想是21世纪的马克思主义。其一，习近平新时代中国特色社会主义思想，坚持了科学社会主义的基本原则和马克思主义的基本原理，在整个理论中贯之以马克思主义的立场、观点、方法，所以它属于马克思主义；其二，习近平新时代中国特色社会主义思想，是在21世纪中国特色社会主义建设实践中不断总结凝练而形成的最新理论成果，以一系列原创性、时代性、战略性、指导性的重大思想观点丰富和发展了马克思主义，所以它是21世纪的马克思主义。

主题活动:《习近平的七年知青岁月》读后感

1. 实践目的

让学生阅读《习近平的七年知青岁月》，了解习近平在梁家河七年的生产生活及思想变化，领悟习近平青年时代的奋斗精神和扎根基层、服务群众的朴素情怀，激励学生成长成才。

2. 实践方案

（1）时间、地点：课余时间、自行安排。

（2）方式：以个人方式自愿参加。

（3）要求：原创，观点明确，且能结合生活实际，感情真挚，传递正能量；角度自选，题目自拟，1000字左右。

（4）流程：学生利用课余时间阅读《习近平的七年知青岁月》，并撰写读后感，在班级QQ群提交，由全班同学进行评分；教师从中选取1~2份读后感请同学进行课堂分享。

3. 实践评价

实践评价采用的评分表如表4-3所示。

表4-3 评分表

评价标准	满分	得分
原创性	40	
观点鲜明、结合生活实际	30	
感情真挚	30	
总分	100	

专题四　统筹推进"五位一体"总体布局

　　本专题采用翻转课堂，即"自学慕课+热点问题研讨+PPT 展示"的方式，集中探讨"'五位一体'总体布局"这一主题。具体来说，学生课前自学慕课内容①，在教师指导下分小组选取并讨论有关经济、政治、文化、社会及生态的相关热点问题，并在全班进行小组展示；教师对每一组展示的热点问题进行评价并作出总结发言。

　　"自学慕课+热点问题研讨+PPT 展示"的教学方式，能够引导学生在通过慕课自学理论知识的基础上，更敏锐地关注时事热点问题，更理性、冷静地用所学理论思考、剖析这些热点问题，进而在巩固理论知识的基础上提高分析问题、解决问题的能力。

　　作者从近两年学生展示的热点问题讨论的 PPT 中挑选出 10 组 PPT，按照经济、政治、文化、社会、生态的顺序，每个主题挑选了 2 组 PPT。由于篇幅限制，以下展示其中的一组 PPT，余下 PPT 请大家扫描专题末尾的二维码观看。

翻转课堂：自学慕课+热点问题研讨+PPT 展示

---

　　① 本专题学生自学的慕课是四川大学马克思主义学院马克思主义中国化教研室李红老师和羊绍武老师所负责的，另外有六名授课教师共同参与所录制的慕课。学生进入"中国大学 MOOC"平台，查找四川大学李红"毛泽东思想和中国特色社会主义理论体系概论"课程（编号：0305SCU074），即可进入学习；同时，为保证教学的时效性，慕课教学内容会根据教材的最新修订内容进行更新。

第一部分

生态文明
概念及内涵

什么是生态文明？

生态环境是人类社会发展的根本，同时反作用于人的基本社会生活。

生态文明是人类文明的一个新的内容，是一种更高级的文明形式，是对人类社会既有的政治文明、精神文明等内容的"扬弃"。

生态文明的内涵，从狭义上看，生态文明应该是一种全新的文明形式，其内容是要实现人与自然的和谐发展；而广义上的生态文明是指人与社会、人与自然、人与生态环境等多个层面都实现和谐发展，目的是要实现人类与社会的持续繁荣和发展。

生态文明的提出

1997年，党的十五大明确提出"实施科教兴国战略和可持续发展战略"，"正确处理经济发展同人口、资源、环境的关系，资源开发和节约并举，把节约放在首位，提高资源利用效率"。

2007年，党的十七大首次把"生态文明"写入党代会报告，提出"建设生态文明，基本形成节能源资源和保护生态环境的产业结构、增长方式、消费模式"，并把它作为全面建设小康社会的一项新要求、新任务。

2012年，党的十八大报告再次论述生态文明并独立成篇，提出五位一体的发展战略。党的十八大报告提出，要"把生态文明建设放在突出地位，融入经济建设、政治建设、文化建设、社会建设各方面和全过程，努力建设美丽中国，实现中华民族永续发展"。

2013年2月，联合国环境规划署第27次理事会通过了宣传中国生态文明理念的决定草案，标志着中国生态文明的理论与实践在国际社会得到了进一步的认同与支持。

2015年，中共中央、国务院印发《关于加快推进生态文明建设的意见》。该文件是自党的十八大报告重点提及生态文明建设内容后，中央全面专题部署生态文明建设的第一个文件，生态文明建设的政治高度进一步凸显。

2018年5月，在全国生态环境保护大会上，习近平总书记发表重要讲话，系统阐述了生态文明思想。

以"两山"理念为核心的生态生产观

生态文明建设并不是放弃经济上的发展，而是要**通过绿色发展和创新发展将生态优势转化为经济优势**，达到社会发展、经济发展和生态环境友好三者之间的协调统一。同时，"金山银山"能够为"绿水青山"的保护与维持提供经济上的支持。生态文明作为超越工业文明的一种新型文明形态，不是要放弃经济发展，而是要**通过科技创新转变传统的经济发展模式，提高资源利用率，减少污染物的排放，大力发展技术含量较高的新兴产业**。

生态文明贵阳国际论坛2018年年会发布了《贵州省森林城市建设发展规划(2018—2025年)》，明确了贵州省建设森林城市发展体系的发展布局、建设内容等。根据目标，到2020年，贵州要建成10个国家森林城市、60个省级森林城市、100个森林乡镇、1000个森林村寨、10000户森林人家。到2025年，贵州要建成19个国家森林城市、80个省级森林城市、300个森林乡镇、2000个森林村寨、20000户森林人家，形成完善的森林城市发展体系，使贵州省成为全国森林城市建设示范省。

2019年6月21日，由中国旅游研究院、中国气象局公共气象服务中心、长春市人民政府共同主办的2019中国（长春）避暑旅游产业峰会在吉林省长春市举行了开幕式。本次活动上，主办方发布了避暑旅游报告等成果，并对避暑旅游城市进行授牌。贵州省作为避暑旅游大省，在此次峰会上被授予诸多荣誉：贵阳市、六盘水市、黔西南州普安县、安顺市西秀区获得2019年避暑旅游十佳城市，黔西南州兴义市、晴隆县、安龙县获得2019年避暑旅游十强城市，黔西南州兴仁市获得2019年避暑旅游样本城市。

以"风清气正"为要求的生态政治观

习近平生态文明思想落实的关键在于党的领导

"生态环境保护能否落到实处，关键在领导干部。""对造成生态环境损害负有责任的领导干部，必须严肃追责。"习近平总书记在不同场合，多次强调领导干部在生态环境保护中的这个"关键点"。

而中央环保督察就是党的十八大以来，习近平总书记推动的一项重大改革举措。自2016年启动以来，中央环保督察已实现31个省（区、市）全覆盖，推动解决了一大批突出环境问题。

以"文明兴衰"为规律的文明发展观

"生态兴则文明兴，生态衰则文明衰。"

历史经验告诉我们，生态环境质量是否适合我们生存不仅仅关系到生物的存活，更决定了文明发展的走向。

以"法治思维"为导向的社会法治观

习近平总书记特别指出："只有实行最严格的制度、最严密的法治，才能为生态文明建设提供可靠保障。"

中国特色
生态文明制度 既要发挥市场在经济中的决定性作用，放大生态文明建设的效益，又要充分发挥政府调控作用，防止市场失灵。

严格制定
法律法规 用法律来促使人们的实践行为过渡到符合维系人与自然和谐共处的关系上来，保障人民应得的生态权益，实现人类生态文明的内在自觉。

以"人民为中心"为原则的民生福祉观

环境就是民生，青山就是美丽，蓝天也是幸福。要着力推动生态环境保护，像保护眼睛一样保护生态环境，像对待生命一样对待生态环境

一方面要坚持"人与自然和谐共生"

另一方面要把"良好生态环境当作最普惠的民生福祉"

以"人类命运共同体"为构建原则的全球治理观

发展中国家

生态污染和治理责任

全球性的生态问题

地球这个大集体的各个成员必须要联起手来，打破国家之间的壁垒，相互借鉴生态建设的经验，共同分担生态责任，共谋全球环境发展大略，共享生态建设成果，打造一个"平等互助的自由人的联合体"。

第二部分　生态文明建设现实之需

1 破解我国生态难题的现实之需

水土流失严重　森林资源危机

草场退化

土地荒漠化　生物多样性减少

2 建设社会主义美丽强国的现实之需

　　党的十九大报告在社会主义现代化强国目标中适时地增加了"美丽"二字,表明了我国对构建生态文明的认识更加深刻、态度更加坚定、目标更加明确,标志着生态文明建设迈入了新时代。面对资源支撑不住、环境容纳不下、人民承受不起的现实,党把生态文明建设摆在突出位置,在理论上不断创新,为新时代生态文明建设提供了理论支撑,在实践上不断深入,将生态文明建设融入经济、政治、文化、社会各项事业之中,探索出新时代生态文明建设的根本路径。

3 体现中国国际责任担当的现实之需

　　习近平同志提出的新时代推进生态文明建设必须坚持的六项原则中,有一项是共谋全球生态文明建设。共谋全球生态文明建设,共建清洁美丽世界,是中国人民也是世界各国人民的共同追求。在这个过程中,中国正发挥着越来越重要的作用。中国积极承担国际责任和义务,与世界各国共同应对全球环境挑战,增强在全球环境治理中的话语权和影响力,已成为全球生态文明建设的重要参与者、贡献者、引领者。

贡献中国经验

贡献中国智慧

贡献中国力量

4 推动"人类命运共同体"全球构建的现实之需

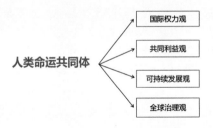

人类与自然的生命共同体关系决定了全世界人类在生态环境方面的"命运共同体"关系,生命共同体是人类命运共同体的根本基础,全球生态文明的构建是构建人类命运共同体不可或缺的一个重要维度。

5 推进人与自然关系全社会重构的现实之需

人与自然的关系是人类社会最基本的关系。习近平总书记强调,"人与自然是生命共同体","坚持人与自然和谐共生"。人与自然是息息相通、命脉相系、融为一体的关系,我们只有树立人与自然是生命共同体的理念,像爱护自己的生命一样对待自然环境,才能实现人与自然和谐共生,为建设美丽中国、实现中华民族永续发展提供有力保障。

改革开放以来,我国经济效率不断提高,人们的物质生活水平不断改善,但也带来了自然资源大量消耗和环境污染等问题。当前,改善生态环境成为人们美好生活需要的重要内容,成为人们提高生活质量的重要方面。我们要把生态环境的保护和治理置于更加突出的位置。

第三部分 **生态文明建设**
发展之要

1 积极探索高质量绿色发展之路

习近平总书记在十九大报告中指出，生态文明建设是中华民族永续发展的千年大计，必须树立和践行"绿水青山就是金山银山"理念。

2 努力实现环境与发展目标双赢

- 既要金山银山，又要绿水青山。宁可要绿水青山，不要金山银山，因为绿水青山就是金山银山。

  环境问题的本质是"环境与经济的失衡关系"。无论是"重经济而轻环境"的失衡，还是"重环境而轻经济"的失衡，都会有损社会总体福利的改善。当前我国环境与经济的失衡，主要体现在较低环境质量水平与较高经济发展水平之间的不平衡。由于我国生态环境保护的历史欠账太多，长期以来，我国经济增长没有将环境要素考虑进去。

3 生态文明建设要久久为功

在"五位一体"总体布局中，生态文明建设是其中一位；在新时代坚持和发展中国特色社会主义基本方略中，坚持人与自然和谐共生是其中一条基本方略；在新发展理念中，绿色是其中一大理念；党的十八大以来，我们党明确了生态文明建设在"五位一体"总体布局中的重要地位，着力推进绿色低碳循环发展，坚持人与自然和谐共生的基本方略，全力打赢污染防治攻坚战。全党全国贯彻绿色发展理念的自觉性和主动性显著增强，中国生态环境保护从认识到实践发生了历史性、转折性、全局性的变化，成为全球生态文明建设的重要参与者、贡献者、引领者。

第四部分	# 生态文明 建设举措

---

1 要推进绿色发展

- 建立绿色生产和消费的法律制度和政策导向，建立健全绿色低碳循环发展的经济体系

  1. 构建市场导向的绿色技术创新体系，构建清洁低碳、安全高效的能源体系。

  2. 推进资源全面节约和循环利用。

  3. 倡导简约适度、绿色低碳的生活方式。

2 要着力解决突出环境问题

- 坚持全民共治、源头防治

1. 持续实施大气污染防治行动，打赢蓝天保卫战。

2. 加快水污染防治，实施流域环境和近岸海域综合治理。

3. 强化土壤污染管控和修复，加强农业面源污染防治，开展农村人居环境整治行动。

4. 加强固体废弃物和垃圾处置。

5. 提高污染排放标准，强化排污者责任，健全环保信用评价、信息强制性披露、严惩重罚等制度。

3 **要加大生态系统保护力度**

· 实施重要生态系统保护和修复重大工程，优化生态安全屏障体系，构建生态廊道和生物多样性保护网络，提升生态系统质量和稳定性。

1. 完成生态保护红线、永久基本农田、城镇开发边界三条控制线划定工作。

2. 完善天然林保护制度，扩大退耕还林还草。

4 **要改革生态环境监管体制**

· 改革完善生态环境管理体制，助力"美丽中国"建设

1. 加强对生态文明建设的总体设计和组织领导，设立国有自然资源资产管理和自然生态监管机构，完善生态环境管理制度，统一行使全民所有自然资源资产所有者职责，统一行使所有国土空间用途管制和生态保护修复职责，统一行使监管城乡各类污染排放和行政执法职责。

2. 构建国土空间开发保护制度，完善主体功能区配套政策，建立以国家公园为主体的自然保护地体系。

　　展望未来，我们有理由相信，在以习近平同志为核心的党中央坚强领导下，在习近平新时代中国特色社会主义思想指引下，我们一定能完成建设生态文明、建设美丽中国的战略任务，给子孙留下天蓝、地绿、水净的美好家园。

其他 9 组 PPT 请大家扫描二维码观看。

专题五　协调推进"四个全面"战略布局

党的十八大以来，以习近平同志为核心的党中央从坚持和发展中国特色社会主义全局出发，逐步形成和确立了协调推进全面建成小康社会、全面深化改革、全面依法治国、全面从严治党的战略布局。

"四个全面"战略布局不是简单的并列、平行关系，而是一个有机联系、环环相扣、相辅相成的整体。从宏观层面看，"四个全面"是目标引领举措：全面建成小康社会是战略目标，全面深化改革、全面依法治国、全面从严治党是一个都不能缺的三大战略举措，为全面建成小康社会提供动力源泉、法治保障和政治保证。从微观层面看，"四个全面"彼此联系：全面深化改革既为全面建成小康社会提供强大动力，也是全面依法治国、全面从严治党的需要；全面依法治国，本身就是全面建成小康社会的重要内容，同时又为全面建成小康社会提供法治保障；无论是全面深化改革还是全面从严治党，都需要在全面依法治国的轨道上进行；全面从严治党，是推进"四个全面"战略布局的关键，是战略保障。

问题一：如何理解全面建成小康社会？

党的十八大向全国各族人民发出号召：坚定不移沿着中国特色社会主义道路前进，为全面建成小康社会而奋斗。从"全面建设"小康社会到"全面建成"小康社会，一字之变，内涵丰富，意义深远。

一、全面建成小康社会的"小康"解读

"小康"主要指的是发展水平，大体包含了中国历史上的小康理想以及邓小平所设计的小康社会，这两者之间既有区别又相互联系。中国历史上的小康理想主要源于人民对于"大同社会"的向往，在人民群众心中拥有着独特的地位。而在中华人民共和国成立后，党的第一代领导人为了尽快实现国家富强的目标，逐步提出了"四个现代化"的奋斗目标和"两步走"的战略构想，而邓小平同志也曾在讲话中多次提及"小康"一词，并且对小康社会的特征作了清晰的描述，同时也明确了实现小康社会的时间线，也就是"三步走"

战略："第一步到 1990 年实现国民生产总值比 1980 年翻一番，解决人民的温饱问题；第二步到 20 世纪末，使国民生产总值再翻一番，人民生活达到小康水平；第三步到 21 世纪中叶，人均国民生产总值达到中等发达国家水平，人民生活比较富裕，基本实现现代化。"[①] 因此，"小康"这个概念是中国共产党人基于发展目标所提出的衡量国家发展水平的一个标准。随着时代的变化以及我国发展水平的日益提升，建设小康社会也转变为全面建成小康社会。

二、全面建成小康社会的"全面"解读

在庆祝中国共产党成立一百周年大会上，习近平庄严宣告：经过全党全国各族人民持续奋斗，我们实现了第一个百年奋斗目标，在中华大地上全面建成了小康社会。全面建成小康社会的"全面"，最深刻的意义便是发展的平衡性、协调性和可持续性，其中，提升发展的平衡性是大局，强化发展的协调性是原则，提高发展的可持续性是要求。

全面小康，覆盖的领域是全面的，是"五位一体"全面进步的小康。全面小康社会是一个整体性目标要求，经济、政治、文化、社会、生态五个层面相互联系、相互促进、不可分割，都需要达到小康水平，任何一个方面发展滞后，都会影响全面建成小康社会目标的实现。

全面小康，覆盖的人口是全面的，是惠及全体人民的小康。全面建成小康社会，是全民共享的小康，不仅是从总体上、总量上实现小康，更重要的是让农村和贫困地区尽快赶上来，让所有人民都进入小康，一个不少。习近平指出，共享发展是人人享有、各得其所，不是少数人共享、一部分人共享。同时，他还多次强调绝不能让一个少数民族、一个地区掉队，要让 14 亿中国人民共享全面小康的成果。

全面小康，覆盖的区域是全面的，是城乡区域共同发展的小康。"没有欠发达地区的小康就没有全国的小康。"[②] 因此，全面小康的实现与否，一要立足于我国城乡发展差距，看农村地区，特别是贫困农村地区是否实现了小康；二要立足于我国东中西部发展差距，看中西部地区是否实现了小康。从城乡区域共同发展的小康目标出发，就需要推进城乡统筹和区域统筹，切实提高统筹水平，努力缩小城乡区域发展差距。

全面小康，覆盖的民族是全面的，是全民族共同实现的小康。在决胜全面

---

① 张晓梅. 十三大目标、十五大目标与小康目标的关系 [J]. 思想政治课教学，2003（10）：7.

② 严秉莲. 西部欠发达地区畜牧业循环经济发展路径选择：以甘肃省武威市为例 [J]. 青海畜牧兽医杂志，2012，42（1）：37.

建成小康社会、决战脱贫攻坚的关键时刻，习近平总书记就曾宣示我们党带领各族人民共同迈进全面小康的坚定决心，汇聚起各民族团结奋斗的强大力量。统一的多民族国家是我国的基本国情，中国在长期的历史发展进程中，形成了中华民族多元一体的命运共同体。习近平总书记把多元一体的中华民族与各个民族之间的关系，比喻成"一个大家庭和家庭成员的关系"。因此，全面小康是所有民族的小康，一个民族也不能少。

三、对"全面建成小康社会"的三点补充说明

坚持发展为了人民、发展依靠人民、发展成果由人民共享，全面小康才能真正造福全体人民。因此，精确理解"全面小康"还需要注意三点：

其一，我国幅员辽阔，各地发展差距较大，生产力发展水平多层次，不可能是"同一水平小康"，完全没有差距是不可能的。

其二，全面建成小康社会是针对全国讲的，不是每个地区、每个民族、每个人都达到同一个水平，不能把相关指标简单套用到各省（区、市），那样不科学，也不现实。如期全面建成小康社会，既要坚持一定标准，又要防止好高骛远。全面建成小康社会，必须坚持实事求是，从国情出发，尊重客观规律。

其三，党的十九届五中全会已经将"全面建成小康社会"目标提升为"全面建设社会主义现代化国家"，使得"四个全面"战略布局的内涵发生了新的变化。

全面小康路上一个也不能少：悬崖村的故事

"悬崖村"是我国打赢脱贫攻坚战，实现全面建成小康社会目标中典型的例子。曾经，贫穷、偏远是"悬崖村"的标签。"悬崖村"名为阿土列尔村，位于海拔1600米的悬崖顶上，从山脚到山顶直上直下的峭壁有13处，进出村子需要借助218级藤梯，攀爬落差800米的悬崖，因此而得名"悬崖村"。地理地形的恶劣造成了村民上学难、就医难、买卖商品难，修路便成为当地脱贫必须闯的第一道关。

2016年8月，凉山州和昭觉县两级财政拨款100万元帮助阿土列尔村修路，但没有施工队愿意承建，无奈只能由村民自建。面对严峻的地形条件，搬运成为首要难题，全村人花了7个月时间才把总重量120吨的6000多根钢管背上了山。

全村人民凭着坚强的毅力，终于在2017年8月建成了一段宽1.5米、总长度2.8千米的2556级钢铁"天梯"，从此村民有了自己的"高速路"和"致富路"。

之后，"悬崖村"搬迁成为全面建成小康社会的生动一笔。2020年5月，"悬崖村"84户贫困户陆续搬迁至他们的"新家"，这是四川最大的易地扶贫搬迁工程。2017年两会期间，习近平总书记在参加四川代表团审议时说："看到凉山州'悬崖村'的村民和孩子们常年在悬崖上爬藤条，上山下乡，安全得不到保证，看了以后心情还是很沉重，也很揪心。"① 现在他们终于搬下来了，大家悬着的心也可以慢慢地放下来了。贫困户易地搬迁后，"悬崖村"规划开发了具有彝族特色的传统民俗村落，挖掘独特的旅游资源，通过保护性开发，实现了"旅游扶贫"。从前，地势是"悬崖村"的短板，但如今钢梯成为游客的"网红"打卡点，更有村民网络直播助力当地旅游业发展，村民收入大幅提升。从山上的土坯房到县城的楼房，走过"藤梯"与"钢梯"的山路，"悬崖村"人迈入"楼梯"时代，他们不仅拥有了全新的居住环境，还拥有了重新书写的未来。

2020年是我国脱贫攻坚决胜之年，14亿中国人共同迈入全面小康，各民族都是中华民族大家庭的一分子，全面小康路上一个也不能少，这是我们党向全国人民作出的郑重承诺。"悬崖村"告别悬崖正是我们党切实履行承诺的生动写照。

案例思考：

如何理解"全面小康路上一个也不能少"这句话？

案例解析：

"全面小康路上一个也不能少"体现了对社会公平正义和共同富裕的追求。"全面小康"是针对全国讲的，不是每个地区、每个民族、每个人都达到同一个水平的小康。"一个也不能少"既包括一个地区也不能少，也包括一个领域也不能少，还包括一个人也不能少。

问题二：为什么要坚定不移地全面深化改革？

如何理解"全面"与"深化"？过去讲全面改革，"全面"强调各领域都进行改革，重点在"都"；全面深化改革之"全面"，强调各领域改革是一个整体，重点在"整体"。过去的改革，面对的是"好吃的肉"，全面深化改革面对的是"硬骨头"和"险滩"。

---

① 闻华. 百城千县万村调研行　凉山"悬崖村"：这个村，总书记一直牵挂 [EB/OL]. (2020-11-24) [2020-12-31]. http://www.qstheory.cn/laigao/ycjx/2020-11/24/c_1126778999.htm.

一、全面深化改革是顺应当今世界发展大势的必然选择

纵观世界，变革是大势所趋、人心所向。世界发展大势主要是世界各国在加快推进变革，新一轮科技革命和产业变革正在孕育兴起。因此，实现中华民族伟大复兴，必须认清形势、居安思危、以更有力的举措推进改革，顺应历史潮流。例如，中国的经济体制改革，经历了计划经济、有计划的商品经济、商品经济、市场经济的漫长历程。而具体到市场经济体制改革，又经历了三个重要的节点：一是党的十四大确立了"我国经济体制改革的目标是建立社会主义市场经济体制"，党的十四届三中全会明确提出"使市场在国家宏观调控下对资源配置起基础性作用"；二是党的十八届三中全会上更进一步把市场在资源配置中的"基础性作用"升级为"决定性作用"；三是党的十九大强调"坚持社会主义市场经济改革方向"，"着力构建市场机制有效、微观主体有活力、宏观调控有度"的经济体制改革目标。改革开放40余年的辉煌成就足以证明：基于全面深化改革而创立的中国特色社会主义市场经济，符合人类社会发展规律，顺应当今世界发展大势，既是推进中国特色社会主义实践中的伟大创举，更是中国特色社会主义理论体系中的伟大成果，让马克思主义在21世纪的中国绽放出了与时俱进的真理光芒。

二、全面深化改革是解决中国问题的根本途径

改革是由问题倒逼而产生的，又在不断解决问题中得以深化。针对改革的"时态"问题，习近平总书记坚持历史唯物主义和辩证唯物主义的观点，认为改革具有长期性和艰巨性。而在整体上，改革又是"进行时"与"完成时"的辩证统一，是长期性与阶段性的有机结合。为什么说改革只有"进行时"，没有"完成时"，最根本的原因就是：旧的问题解决了，新的问题就会产生，因此改革既不可能一蹴而就，也不可能一劳永逸。当前，我国发展还面临一系列突出矛盾和挑战，前进道路上还有不少困难和问题。破解发展中面临的难题，化解来自各方面的风险挑战，推动经济社会持续健康发展，必须依靠全面深化改革。例如，改革之初，我们要满足的是人们对物质文化的需要，从解决温饱问题到总体小康，再到全面小康；而目前经济发展、社会进步需要满足人们对美好生活的需要，这不仅要求更高的物质文化，还对民主、法治、公平、正义、安全、环境提出了更高的要求。因此，只有不断深化改革，才能满足人们对美好生活的需要。又如，科技革命带来的是产品本身的变化，而产业变革带来的是产品营销模式的变化。"拼多多"正是在新的科技革命与产业变革之

中诞生并发展壮大的，其技术支持就是第四次科技革命，同时还在贯彻产业变革带来的"互联网与新金融"的思路的基础上发展了自己的营销模式，并且与央视合作，响应国家"精准扶贫"号召，用电子商务的形式帮助果农、菜农借助网络销售产品以实现脱贫。这说明在巨变的时代浪潮中，企业通过深化改革，认清了形势，找准了发展方向，从而顺应了当今世界发展大势，在助推社会发展的同时，自身也获得了前所未有的发展。

三、全面深化改革关系党和人民事业的前途命运，关系党的执政基础和执政地位

改革要有方向、有立场、有原则。坚持什么样的改革，决定着改革的性质和最终成败，因此，确保改革沿着有利于党和人民事业发展的正确方向前进就越发重要。例如，农村集体经营性建设用地入市是一个牵一发而动全身的改革。2019 年 8 月 26 日，十三届全国人大常委会第十二次会议表决通过了《全国人民代表大会常务委员会关于修改〈中华人民共和国土地管理法〉、〈中华人民共和国城市房地产管理法〉的决定》，计划于 2020 年 1 月 1 日起施行。自然资源部法规司司长魏莉华表示，"这是土地管理法一个重大制度创新，取消了多年来集体建设用地不能直接进入市场流转的二元体制，为城乡一体化发展扫除了制度性的障碍"①。全面深化改革的深刻性和复杂性前所未有，各种矛盾相互交织、碰撞，这就要求必须确保改革沿着有利于党和人民事业发展的正确方向前进。

见证简政放权：封存 109 枚公章

在中国国家博物馆里收藏着天津滨海新区封存的 109 枚行政审批公章，它已成为见证政府简政放权的历史文物。

简政放权、放管结合是转变政府职能、打破利益固化藩篱的"利器"。早在 2013 年 3 月 17 日，刚刚就任国务院总理的李克强在两会记者会上首次"亮相"时便郑重承诺，本届政府要将国务院各部门现有的 1700 多项行政审批事项再削减三分之一以上②。党的十八大以来，"简政放权"始终是改革发展的

---

① 新土地管理法：农村集体建设用地经 2/3 以上成员同意后可入市［EB/OL］.（2019-08-26）［2020-12-30］. https://www.sohu.com/a/336484258_120199291.

② 李克强：本届政府下决心要削减三分之一以上国务院行政审批事项［EB/OL］.（2013-03-17）［2021-01-02］. https://topics.gmw.cn/2013-03/17/content_7024054.htm.

一大高频词，在以习近平同志为核心的党中央坚强领导和决策部署下，旨在理顺政府与市场关系的探索和实践在全国有序推开。在简政放权、转变政府职能、提高行政审批效率改革方面，天津滨海新区走在了全国的前面。

2014年5月20日，国务院批准天津滨海新区成立全国首个"行政审批局"，以"天津滨海新区行政审批局专用章"这一枚印章代替原来的109枚印章，将分散在18个不同单位的216项审批职责归并到一个部门，实行一个窗口办理，有力地解决了群众办事难、跑断腿的问题，让门难进、脸难看、事难办成为过往。2014年9月11日，李克强总理在天津滨海新区行政审批局服务大厅见证了109枚审批专用章的永久封存，他赞许地说："109个章变一个章是政府自我革命的大动作，要让不必要的审批成为历史。"① "一枚印章管审批"既充分显示了政府改革的力度和决心，也在行政审批效率方面为下一步改革探明了方向。

当前，我国改革已经进入攻坚期、深水区，正如习近平所说："容易的、皆大欢喜的改革已经完成了，好吃的肉都吃掉了，剩下的都是难啃的硬骨头。"② 而"简政放权"是全面深化改革的"先手棋"，简政放权这场"马拉松"没有终点，接下来我们要向最难啃的"硬骨头"发起进攻。

案例思考：

如何发挥"简政放权"在全面深化改革中的"先手棋"作用？

案例解析：

全面深化改革就是要改变政府既当"裁判员"又当"运动员"的历史，政府角色从管理到服务转变，不断提升服务质量，让人民拥有越来越多的获得感。改革行至深水处，简政放权进行至今，仍有诸多问题需要攻坚，放不是不管，要放管结合，加强事中事后的监管。全面深化改革只有进行时没有完成时，简政放权要始终坚持以人民为中心的改革坐标，坚持一抓到底，永不停息。

---

① 李克强：109个章变1个章，是政府自我革命 [EB/OL]. (2014-09-13) [2021-01-02]. https://www.chinanews.com/gn/2014/09-13/6587548.shtml.

② 新华社. 习近平接受俄罗斯电视台专访 [N]. 光明日报，2014-02-09 (1).

问题三：如何厘清全面依法治国方略的形成发展过程？

常言道："法立于上则俗成于下。"法律是治国之重器，良法是善治之前提，全面依法治国是关系着党执政兴国、人民幸福安康、党和国家长治久安的重大战略问题。

一、全面依法治国方略的孕育阶段（1978—1997年）

1954年，首部《中华人民共和国宪法》在第一届全国人大第一次会议上表决通过，为社会主义国家的法制道路奠定了基础。但在随后的"文化大革命"特殊时期，我国的法制体系遭到了严重破坏，法律尊严惨遭践踏。"文化大革命"结束后，自1978年改革开放起，中国共产党吸取历史经验教训，高度重视法制建设，我国正式进入了中国法制建设的孕育阶段。党的十一届三中全会明确提出"发展社会主义民主，健全社会主义法制"的重大方针，党的十一届三中全会公报指出："为了保障人民民主，必须加强社会主义法制，使民主制度化、法律化，使这种制度和法律具有稳定性、连续性和极大的权威，做到有法可依，有法必依，执法必严，违法必究。"①"发展社会主义民主，健全社会主义法制"描述了法治的基本精神内核，阐述了依法治国的基本内涵，为依法治国方略的最终提出奠定了思想基础。邓小平同志强调："搞四个现代化一定要有两手，只有一手是不行的。所谓两手，即一手抓建设，一手抓法制。"② 这段话更加清晰地阐述了实施依法治国的方向。在此阶段，我国还通过了1982年宪法，这部宪法成为新时期中国法治建设史上的重要里程碑；此外，《中华人民共和国刑法》《中华人民共和国刑事诉讼法》等基础性法律的通过，使得刑、政、民、商等领域逐渐实现了有法可依，为中国的依法治国方略打下坚实的基础。

二、全面依法治国方略的形成与发展阶段（1997—2012年）

1997年，党的十五大正式提出了"依法治国，建设社会主义法治国家"的基本方略，象征着我国法制建设迈向形成、发展阶段。党的十五大报告明确

---

① 陈冰. 从"法制"到"法治"[J]. 新民周刊，2019（25）：38-39.
② 邓小平. 邓小平文选：第3卷 [M]. 北京：人民出版社，1993：154.

指出："依法治国，是党领导人民治理国家的基本方略，是发展社会主义市场经济的客观需要，是社会文明进步的重要标志，是国家长治久安的重要保障。"① 这意味着依法治国被正式提升为国家治理的基本方略，这是我们党治国理政经验的全面总结与升华，不仅标志着党在执政理念、领导方式上实现了一次历史性跨越，也为国家治理和社会治理指明了方向，有力推动了法治观念的普及，促使我国法治建设在立法、行政、司法等各个领域都取得了重大进展和显著成就。"截至 2009 年 8 月底，全国人大及其常委会共制定了现行有效的法律 229 件，涵盖宪法及宪法相关法、民商法、行政法、经济法、社会法、刑法、诉讼及非诉讼程序法七个法律部门；国务院共制定了现行有效的行政法规 682 件；地方人大及其常委会共制定了现行有效的地方性法规 7000 余件；民族自治地方人大共制定了现行有效的自治条例和单行条例 600 余件；5 个经济特区共制定了现行有效的法规 200 余件；国务院部门和有立法权的地方政府共制定规章 2 万余件。"② 这些都是中国特色社会主义法律体系的具体内容，其数量之多、种类之繁，体现了我国建设法治国家的决心。

三、全面依法治国方略完善阶段（2012 年至今）

党的十八大明确提出加快建设社会主义法治国家，"科学立法、严格执法、公正司法、全民守法"新十六字方针，表明我国社会主义法治建设进入了完善阶段。2013 年，党的十八届三中全会进一步提出推进法治中国建设。2014 年，党的十八届四中全会通过了《中共中央关于全面推进依法治国若干重大问题的决定》。2017 年，党的十九大报告明确提出全面依法治国是中国特色社会主义的本质要求和重要保障，必须把党的领导贯彻落实到依法治国全过程和各方面，坚定不移走中国特色社会主义法治道路，完善以宪法为核心的中国特色社会主义法律体系，建设中国特色社会主义法治体系，建设社会主义法治国家。

党的十八大以来，随着中国特色社会主义市场经济不断发展和全面依法治国的深入实施，社会各界对制定民法典重大问题的认识趋于统一。而随着国家治理体系和治理能力现代化的不断推进，各种民事法律规范不断完善，编纂民法典的条件日臻成熟。全国人大及其常委会以习近平新时代中国特色社会主义

---

① 潘世钦. 论市场经济与依法治国 [J]. 理论导报，2000（6）：13.
② 王洋. 截至 2009 年 8 月底全国人大及其常委会共制定现行有效法律 229 件 [EB/OL].（2009-09-22）[2021-01-04]. http://www.gov.cn/wszb/zhibo348/content_1423172.htm.

思想为指导，坚持党的领导、人民当家作主、依法治国有机统一，坚持科学立法、民主立法、依法立法，通过5年艰苦细致的工作，完成了民法典编纂这一重大立法任务。2020年5月28日，十三届全国人大三次会议审议通过了《中华人民共和国民法典》，中国民事权利保障迎来了一个全新时代。

社会生活的百科全书：《中华人民共和国民法典》

2020年5月28日，十三届全国人大三次会议表决通过《中华人民共和国民法典》，标志着我国正式进入法典化时代。民法典被称为"社会生活的百科全书"，关乎中国民众的婚姻、居住、网络、生活等多方面，是新中国成立以来唯一一部以法典命名的法律。这对于依法维护人民权益，推进全面依法治国具有重要意义。

新中国成立以来，我国曾先后四次尝试制定民法典，但受当时历史条件限制，民法典的制定始终未能完成，因此只能先分别制定了各类单行法，如婚姻法、合同法、物权法等。

2014年10月，党的十八届四中全会审议通过了《中共中央关于全面推进依法治国若干重大问题的决定》，开启了新中国第五次民法典编纂计划。2017年3月15日，第十二届全国人民代表大会第五次会议通过了《中华人民共和国民法总则》，完成了民法典编纂的第一阶段，之后全国人大常委会开始陆续审议《民法典各分编（草案）》。2019年12月16日，《中华人民共和国民法典（草案）》向社会公布，在同年12月28日闭幕的十三届全国人大常委会第十五次会议上，《民法典（草案）》被正式提请于2020年的两会期间审议。十三届全国人大三次会议表决通过《中华人民共和国民法典》后，这部法律于2021年1月1日正式施行，与此同时，我国9部单行法同时废止。

《中华人民共和国民法典》共7编1260条，各编依次为总则编、物权编、合同编、人格权编、婚姻家庭编、继承编、侵权责任编以及附则，与老百姓生活息息相关。针对互联网时代个人信息保护问题，规定了人肉搜索和短信电话骚扰将承担法律责任，数据、网络虚拟财产被纳入保护范围，使公民的隐私权受到更大保护；针对近年来备受关注的高空抛物话题，规定了禁止从建筑物中抛掷物品并细化各方责任，切实维护了人民群众"头顶上的安全"；针对当前存在的离婚率高这一社会问题，为防止离婚冲动，规定了30天的离婚冷静期；针对性骚扰这样的社会热点问题，规定了机关、企业、学校等单位有责任预防性骚扰。对我们每个人而言，民法典既是绳索又是盾牌还是长矛，我们每个人从出生到离世都离不开民法典的约束和保护。正如习总书记指出的那样："民法典实施得好，人民群众权益就会得到法律保障，人与人之间的交往活动就会更加有序，社会就会更加和谐。"①

案例思考：

《中华人民共和国民法典》的颁布和实施对推进全面依法治国有何重要意义？

案例解析：

民法典涉及社会生活方方面面，与人民群众息息相关，其颁布和实施有利于夯实全面依法治国的社会基础和群众基础；民法典对以往单行法进行整合、完善和创新，提升了法律系统性和时代性，将进一步发挥法律的引领、规范、保障作用，助推全面依法治国跃上更高境界。

问题四：为什么要把党的政治建设摆在首位？

党的十九大首次把党的政治建设纳入党的建设总体布局，并强调"以党的政治建设为统领""把党的政治建设摆在首位"，凸显了党的政治建设在新时代条件下的极端重要性。

一、旗帜鲜明讲政治是我们党作为马克思主义政党的根本要求

习近平总书记强调，马克思主义政党具有崇高政治理想、高尚政治追求、纯洁政治品质、严明政治纪律。党的政治建设是党的根本性建设，决定党的建设方向和效果。

1. 旗帜鲜明讲政治是马克思主义政党的根本要求和政治优势

作为马克思主义政党，旗帜鲜明讲政治，讲马克思主义的政治，讲有崇高理想、远大目标和为人民服务宗旨的政治，是中国共产党一以贯之的根本要求，也是中国共产党区别于其他一切政党的鲜明特质和政治优势，是战胜艰难险阻、不断取得胜利的优良传统和重要法宝。回顾中国共产党百年发展史，可以清晰地看到，中国共产党之所以能够从小到大、由弱变强，发展成为世界第一大执政党，讲政治、有信念，统一意志、统一行动、统一步调，是党获得成

---

① 习近平. 充分认识颁布实施民法典重大意义 依法更好保障人民合法权益 [J]. 中国人大，2020（12）：6-9.

功的重要原因。讲政治，就是要对党忠诚，向党中央看齐，在思想上、政治上、行动上与党中央保持高度一致。正是因为讲政治，有高度的组织性和纪律性，在革命战争年代、社会主义建设时期、改革开放新时期和中国特色社会主义新时代，我们党才涌现出一批批视死如归、无私无畏、舍小家为大家的优秀共产党员。

2. 旗帜鲜明讲政治是党培养自我革命勇气，增强自我净化能力，提高政治免疫力的根本途径

党的十八大以来，以习近平同志为核心的党中央猛药去疴、激浊扬清、刮骨疗毒，反腐败斗争取得压倒性胜利，党心民心得到极大提振。但必须看到，面对长期的、复杂的、严峻的执政考验、改革开放考验、市场经济考验、外部环境考验，坚持党的领导、加强党的建设、落实全面从严治党仍是党的长期任务。党的十八大以来，习近平总书记着眼于党的建设的新问题新情况，提出了一系列政治建设概念，为我们旗帜鲜明讲政治，培养自我革命勇气，增强自我净化能力提供了目标和方向。

二、党的政治建设决定党的建设的方向和效果

党的政治建设是党的根本性建设，决定党的建设方向和效果。政党本质上是特定阶级利益的集中代表者，是有着共同政治纲领、政治路线、政治目标的政治组织。政治属性是政党第一位的属性，政治建设是政党建设的内在要求。只有加强党的政治建设，才能统一全党意志，为实现党的目标和纲领而共同奋斗。党的思想建设、组织建设、作风建设、纪律建设最终必须落实到政治建设上；政治建设抓好了，对党的其他建设可以起到纲举目张的作用。党的十八大以来，在全面从严治党实践中，以习近平同志为核心的党中央把党的政治建设摆在突出位置，在坚定政治信仰、增强"四个意识"、维护党中央权威和集中统一领导、严明党的政治纪律和政治规矩、加强和规范新形势下党内政治生活、净化党内政治生态、正风肃纪、反腐惩恶等方面取得明显成效。但目前党的建设仍存在薄弱环节，一些党员干部理想信念动摇、政治意识弱化、组织观念淡薄、宗旨意识薄弱，其内在思想根源主要在于不讲政治。因此，坚持从政治上着眼、审视和解决党内突出问题，推进全面从严治党取得实效，关键在于把政治建设作为管党治党的重要原则和基本遵循。

三、把党的政治建设摆在首位是党的十八大以来全面从严治党的成功经验

党的政治建设是中国共产党基于党的建设总体要求，为实现全党团结统一、行动一致的目标，围绕党的政治信仰、政治领导、政治能力、政治生态等方面进行的自身建设。党的十九大首次把党的政治建设纳入党的建设总体布局，并强调以党的政治建设为统领、把党的政治建设摆在首位，凸显了党的政治建设的极端重要性。而这一切都是基于中国共产党对党的十八大以来全面从严治党的成功经验的总结。党的十八大以来，中央在汲取管党治党经验与教训的基础上，对维护党中央权威和集中统一领导问题进行了深入思考，并在实践中大力加强。2015年中共中央印发的《中国共产党廉洁自律准则》和《中国共产党纪律处分条例》，更加严明了党的政治纪律和政治规矩，为全面从严治党树立了道德高线和纪律底线。通过铁腕治党，强力反腐，党解决了过去许多想解决而没有解决的问题，党内的政治生态为之一新，人民群众对于党的信心得到了极大的加强，党的执政基础也得到了进一步的加固。因此，把党的政治建设摆在首位能够使领导干部们坚定政治立场和信仰，严格遵守党规党纪，不负党和人民赋予的伟大历史使命。

四、把党的政治建设摆在首位是完成新时代党的历史使命的必然要求

如今，中国全面深化改革，经济飞速发展，已成为世界第二大经济体，综合国力不断增强，国际地位逐步提升，人民生活水平也越来越高。习近平在庆祝中国共产党成立100周年大会上强调：今天，我们比历史上任何时期都更接近、更有信心和能力实现中华民族伟大复兴的目标，同时必须准备付出更为艰巨、更为艰苦的努力。面对错综复杂的国际环境带来的新矛盾新挑战，我们需要通过旗帜鲜明地讲政治，把党的政治建设摆在首位，引导全党不断提高政治判断力、政治领悟力、政治执行力，切实增强"四个意识"、坚定"四个自信"、做到"两个维护"，自觉在思想上政治上行动上同党中央保持高度一致，把党建设成为有创造力、凝聚力、战斗力的马克思主义执政党。因此，可以说旗帜鲜明讲政治是在新的历史起点上顺利进行伟大斗争、建设伟大工程、推进伟大事业、实现伟大梦想的力量源泉，也是我们党永葆旺盛生命力和强大战斗力，始终成为时代先锋、民族脊梁的重要保障。

旗帜鲜明讲政治：秦岭违建别墅案引发的思考

2013 年，秦岭违建问题被掀开了神秘的一角，秦岭周围县城被曝出违规建设高尔夫球场，随着报道的深入，秦岭北麓违规修建别墅问题成为全国关注的热点。随后，西安市成立了"秦岭北麓违建整治调查小组"，但违建依然无法根除，根源到底是什么呢？

早在 2014 年 5 月 13 日，习近平就对秦岭违建事件作出第一次批示，时任陕西省委主要领导接到总书记批示后并没有在省委常委会上进行传达学习，也没有进行专题研究，只是进行了圈阅，并未真正落实总书记的批示指示。直到接到批示 20 多天后，西安市才成立了"秦岭北麓违建整治调查小组"，并由一位退居二线的市政府咨询员担任组长。清查历时一个月，西安市委向陕西省委汇报称"秦岭违建别墅完全查清，共有 202 栋"①。而陕西省委未经核实，直接将此结果上报中央。事实上，秦岭违规修建别墅的实际数量远远超过 202 栋。2014 年 10 月 13 日，习近平总书记又作出重要批示，但陕西省委、西安市委仍然没有真正重视，依然把整治范围机械地框定在前期确定的 202 栋之内，就连督查工作也是走马观花。2014 年 11 月 14 日，陕西省委向中央报告称"202 栋违建别墅已得到彻底处置"②。但是，市民们仍然能看到秦岭山脚下大量违规别墅仍在建设。可见，针对违建别墅问题，陕西省、西安市领导干部并未真正落实总书记的重要批示。针对以上问题，从 2015 年 2 月到 2018 年 4 月，习近平总书记又作过三次重要批示指示，但问题仍未得到根本解决。2018 年 7 月，习近平总书记对秦岭违建别墅问题作了第六次重要批示指示，开启了对秦岭违建别墅的彻底整治。中央派出工作组专项整治，"最终清查出 1194 栋违建别墅"③，并发现在 2014 年号称已整治完毕的 202 栋违建别墅，实际上只进行了部分处置。

显然，陕西省、西安市时任党政主要负责同志犯了典型的形式主义、官僚主义错误。习近平总书记曾先后六次对秦岭违建别墅问题作出重要批示指示，但相关领导干部政治站位不高、政治执行力不强，对总书记的重要批示搞上有

---

① 新华网. 秦岭违建别墅整治始末 一抓到底正风纪 [EB/OL]. (2019-01-09) [2021-01-07]. http://www.xinhuanet.com/legal/2019-01/09/c_1123968682.htm.

② 同①.

③ 整治秦岭违建别墅，带给我们三大警示 [EB/OL]. (2019-01-10) [2021-01-07]. https://www.sohu.com/a/287851493_114731.

政策，下有对策，层层空转，导致秦岭违建别墅问题整而未治，禁而不绝，造成了极为恶劣的社会影响，严重损害了领导干部在人民群众中的形象，严重影响了政府在人民群众中的公信力。

因此，针对秦岭北麓西安境内违建别墅事件，党的十九届中央纪委三次全会工作报告指出："坚持从政治纪律查起，彻底查处秦岭北麓西安境内违建别墅整而未治、阳奉阴违的问题，发挥警示教育作用。"① 秦岭违建别墅案是一笔因山川而铭记的历史，更是党员干部应引以为戒的教训。

案例思考：

秦岭违建别墅案引发了人们怎样的思考？

案例解析：

秦岭北麓西安境内违建别墅问题，既是近年严重破坏生态环境的典型，也是有关党组织和党员领导干部严重违反政治纪律、政治规矩的典型，教训十分深刻。政治纪律是具体的而不是抽象的，各地区各部门党组织和党员领导干部务必提高政治站位和政治觉悟，牢固树立"四个意识"，始终把严守政治纪律、政治规矩摆在首位，力戒形式主义和官僚主义，以实际行动践行对党的忠诚。

主题活动：拍摄民法典情景剧

1. 实践目的

教师通过组织学生拍摄民法典情景剧，用通俗易懂、诙谐幽默的方式展现《中华人民共和国民法典》中的一条内容，引导学生学习民法典，做新时代"懂法"之人。

2. 实践方案

（1）时间、地点：课余时间、自行安排。

（2）方式：以组队方式参加。

（3）要求：选择《中华人民共和国民法典》中的一条内容进行演绎，剧名自拟，剧本自定；要求情节生动，有创意；演员举止大方，表演自然；时长6分钟左右。

---

① 赵乐际. 忠实履行党章和宪法赋予的职责，努力实现新时代纪检监察工作高质量发展：在中国共产党第十九届中央纪律检查委员会第三次全体会议上的工作报告 [N]. 人民日报，2019-02-21 (4).

（4）流程：学生在课余时间拍摄民法典情景剧，将拍摄视频上传到班级QQ群；由全班同学线上投票进行评价。

3. 实践评价

实践评价采用的评分表如表4-4所示。

表4-4 评分表

评价标准	满分	得分
观点明确，解读清晰	40	
主题鲜明，团队配合默契	20	
通俗易懂，有创意	20	
演员表演自然	10	
视频质量好，时长适中	10	
总分	100	

专题六　国防军队现代化和中国特色大国外交

落后就要挨打，强国必须强军，没有国防和军队的现代化，就不会有国家的现代化，因此要坚持走中国特色的强军之路；同时，当今世界正处于百年未有之大变局，面临前所未有的大发展大变革大调整，要积极构建人类命运共同体，以实现各美其美、美美与共。

问题一：为什么要坚持党对人民军队的绝对领导？

党对军队的绝对领导是总结历史得出的宝贵经验，是中国特色社会主义的本质特征，是人民军队的建军之本、强军之魂。党对军队绝对领导的根本原则和制度，发端于南昌起义，奠基于三湾改编，定型于古田会议，丰富发展于党领导人民军队革命、建设和改革的伟大实践中。

一、坚持党对人民军队的绝对领导是总结历史经验作出的正确选择

坚持党对人民军队的绝对领导是党领导人民经过几十年的历史斗争和时代考验后作出的正确抉择，既是对我国政权命运的把握与思考，又是对我军未来命运的期盼与追求。

1. 只有坚持党对军队的绝对领导，无产阶级政党才能夺取政权，巩固政权，实现自己的纲领

《共产党宣言》公开宣布："共产党人的最近目的是和其他一切无产阶级政党的最近目的一样的：使无产阶级形成为阶级，推翻资产阶级的统治，由无产阶级夺取政权。"① 实现这一目的的根本途径是无产阶级革命，用革命暴力打碎旧的国家机器，建立无产阶级专政。毛泽东进一步丰富和发展了马克思主义关于暴力革命的思想，对人民军队、武装斗争的重要地位和作用作了更深刻、更明确的阐释。他指出："在中国，主要的斗争形式是战争，而主要的组

---

① 中共中央马克思恩格斯列宁斯大林著作编译局. 马克思恩格斯选集：第 1 卷 ［M］. 3 版. 北京：人民出版社，2012：413.

织形式是军队"①,"以后要非常注意军事。须知政权是由枪杆子中取得的"②。当然,这也是中国共产党付出沉痛代价换来的教训。大革命时期,由于党对掌握军队的重要性认识不足,加上陈独秀右倾投降主义的影响,为尽快促成国共合作,共产党将"枪杆子"交到了国民党手里。1927年四一二反革命政变后,成千上万的共产党人和革命群众惨遭屠杀,这充分说明,在中国,离开了武装斗争,离开了人民军队,就没有无产阶级的地位,就没有人民的地位,就没有革命的胜利。

2. 人民军队发展的客观规律,决定了推进中国特色军事变革必须坚持党对军队的绝对领导

回望过去,从领导南昌起义开始,党就围绕怎样建设一支新型人民军队问题进行了艰辛探索。毛泽东通过三湾改编把"支部建在连上",古田会议纠正红军第四军党内的错误思想,完成了党对军队绝对领导从奠基到定型的过程,基本形成了党对军队绝对领导的根本原则和制度。总结人民军队的发展规律可知:第一,党对军队的绝对领导,是我军永远不变的军魂。这是对党和军队关系本质的反映,是军队建设的重要经验,是人民军队的立军之本。我军从小到大、由弱到强,每一步都是在党的坚强领导下走过来的。第二,实行中国特色军事变革,必须坚持党对军队的绝对领导。军事变革对我军而言,是一个极其重要的历史机遇,抓住这一机遇,在军队建设中体现世界最新军事理念、军事科技、军事文化的伟大变革,对于提高我军战斗力具有相当重要的作用。只有代表中国先进生产力的发展要求、代表中国先进文化的前进方向、代表中国最广大人民的根本利益的中国共产党最有资格、最有能力领导这场军事变革,让人民军队勇立世界军事变革的潮头。

二、坚持党对人民军队的绝对领导是社会主义的本质特征,彰显了中国特色社会主义制度的显著优越性

发挥中国特色社会主义制度的优越性离不开中国共产党的领导,党对军队的绝对领导是社会主义本质特征和法律赋予的神圣使命。

1. 坚持党对人民军队的绝对领导是中国特色社会主义军事制度的本质特征

中国特色社会主义制度是一整套相互衔接、相互联系的制度体系。中国特

① 毛泽东. 毛泽东选集:第2卷 [M]. 2版. 北京:人民出版社,1991:543.
② 中共中央文献研究室. 毛泽东文集:第1卷 [M]. 北京:人民出版社,1993:47.

色社会主义军事制度是中国特色社会主义制度体系的重要组成部分，而党对军队绝对领导制度则是我国基本军事制度和中国特色社会主义政治制度的重要组成部分，因此坚持党对人民军队的绝对领导是中国特色社会主义军事制度的本质特征。

2. 坚持党对人民军队的绝对领导是国家法律赋予的神圣使命

在我军法治建设的历史征程中，党对军队的绝对领导始终被写入律法、条例、章程中。早在建军初期，党中央就制定《中国工农红军政治工作暂行条例（草案）》，从法律上确立了党对军队绝对领导的原则；抗日战争时期，党中央在《关于共产党参加政府问题的决定（草案）》中强调必须保证党对八路军、新四军的独立领导；解放战争时期，党中央颁布《中国人民解放军党委会条例》，将党对军队绝对领导制度化；新中国成立后，《中华人民共和国宪法》确立了中国共产党对国家乃至对军队的核心领导地位和作用，《中华人民共和国国防法》进一步明确了党对军队的领导职权，例如"国家对国防活动实行统一的领导""中华人民共和国的武装力量受中国共产党领导"等，《中国人民解放军政治工作条例》总则第四条规定"中国人民解放军必须置于中国共产党的绝对领导之下，其最高领导权和指挥权属于中国共产党中央委员会和中央军事委员会"。这表明坚持党对人民军队的绝对领导是国家法律赋予的神圣使命。

三、坚持党对人民军队的绝对领导是新时代强国强军的必然要求

目前，世界正处于百年未有之大变局，中国正处于实现民族复兴的战略全局，坚持党对人民军队的绝对领导是新时代强国强军的必然要求。

1. 只有坚持党对人民军队的绝对领导，我军才能在新形势下不辱使命，永远立于不败之地

党的十九大报告深刻阐明了习近平新时代中国特色社会主义思想的精神实质和丰富内涵，其中一个重要方面就是把"坚持党对人民军队的绝对领导"列入新时代坚持和发展中国特色社会主义的基本方略。坚持党对军队的绝对领导，能够永葆我军性质宗旨和强大战斗力。中国共产党有远大的理想抱负，有正确的纲领路线，有不为一己之私的宽阔胸襟，当这样一个先进的政党赋予军队崇高的政治职责，为军队指引方向的时候，军队就有了光明的政治前途。回顾历史，正因为坚持党对军队的绝对领导，我军才能始终保持统一的意志、坚强的团结、铁的纪律，没有被外部的敌人撼倒，也没有被内部的野心家分裂；

才能始终保持强大战斗力，从小到大、由弱到强，无坚不摧、无往不胜；才能始终赢得人民群众爱戴和支持，有不竭的力量源泉。

2. 坚持党对人民军队的绝对领导是实现新时代强军目标的根本之魂

习近平新时代中国特色社会主义思想的"十四个坚持"中，用"坚持党对人民军队的绝对领导"来概括国防和军队建设基本方略，抓住了新时代党的强军思想的"纲"和"魂"，深刻揭示了新时代党的强军思想与习近平新时代中国特色社会主义思想之间的内在逻辑关系，使我们清醒地认识到，坚持党对人民军队的绝对领导在习近平新时代中国特色社会主义思想和新时代党的强军思想中具有举足轻重的地位和作用。从理论上看，坚持党对人民军队的绝对领导是中国特色社会主义制度体系的重要组成部分。只有坚持党对人民军队的绝对领导，才能继承和发扬我军建设的优良传统和作风，保证人民军队性质宗旨永不变色，才能进一步凸显人民军队的政治优势，增强中国特色社会主义的理论自信和制度自信。从实践上看，坚持党对人民军队的绝对领导是在新的历史起点上贯彻落实新时代党的强军思想、有效履行我军新时代职责使命的根本政治保证。同时，党的十九大报告为我军明确了坚持走中国特色强军之路、全面推进国防和军队现代化的时间表和路线图。只有坚持党对人民军队的绝对领导的一系列根本原则和制度，始终坚持从思想上、政治上、组织上建设和领导部队，才能保证国防和军队现代化建设的正确方向，才能为全面建设社会主义现代化强国提供强大的安全保证。因此，坚持党对人民军队的绝对领导是实现新时代强军目标的根本之魂。

军强才能国安：伟大的抗美援朝精神

强国必须强军，军强才能国安，我们不是生活在一个和平的时代，我们只是生活在一个和平的国家，和平并非来自上天的恩赐，而是先烈们用鲜血换来的。1950 年 10 月 19 日，中国人民志愿军抱着"抗美援朝、保家卫国"的信念跨过鸭绿江赴朝作战，奏响了一曲曲可歌可泣的凯歌，更锻造出了伟大的抗美援朝精神。

1950 年 6 月 25 日，朝鲜战争爆发，美国派遣军队协助韩国作战，甚至将战火烧到鸭绿江边。在这种情况下，中国反复警告美国不得越过"三八线"，否则中国将出兵作战。但是，美国认为中国的警告只是一种恫吓，中国军队没有能力与强大的美军较量。的确，当时新中国刚成立，百废待兴，武器装备落后且多年的抗日战争和解放战争带来的创伤还未完全愈合，若与美军直接发生冲突，我们胜利的概率不大。然而，面对朝鲜向中国提出的出兵援朝请求以及美军的挑衅，经过多次密集讨论和反复权衡利弊后，毛泽东最后还是坚定地作出了抗美援朝的决定。从 1950 年 10 月 19 日正式入朝到 1953 年 7 月 27 日签署《朝鲜停战协定》，英勇的中国人民志愿军将士历经两年零九个月舍生忘死的浴血奋战赢得了抗美援朝战争的伟大胜利。这一仗打出了新中国的国威和人民军队的军威，改写了帝国主义在东方架起几轮大炮就可以征服一个国家、一个民族的历史，捍卫了中国的和平发展环境，创造了人类战争史上以弱胜强的光辉典范。

抗美援朝的重大意义不只是战争的胜利，更多的是意志的胜利、精神的胜利。那些被冻僵在长津湖外的战士，那些拉响手榴弹冲进敌阵的战士，那些顶着饥饿与严寒坚持作战视死如归的战士，他们每一个人都用生命铸就了伟大的抗美援朝精神。当年，美国"钢多气少"，而中国"钢少气多"，面对如此大的硬实力悬殊，中国人民志愿军靠着爱国主义、革命英雄主义精神的软实力打倒敌人。如今，中华民族走在伟大复兴道路上，面对百年未有之大变局，我们仍要发挥我们的软实力优势，以伟大的抗美援朝精神激励中华儿女在强国强军道路上更好地砥砺前行。正如习近平总书记在纪念中国人民志愿军抗美援朝出国作战 70 周年大会上强调的："伟大抗美援朝精神跨越时空、历久弥新，必须永续传承、世代发扬。"①

案例思考：

传承和弘扬伟大的抗美援朝精神对于实现新时代强军目标有何重要意义？

案例解析：

抗美援朝精神是中华民族宝贵的精神财富，为实现新时代强军目标提供强大的精神动力。传承和弘扬伟大的抗美援朝精神，一方面有利于激发军队"一不怕苦、二不怕死"的战斗血性，进而锻造出一批批"忠诚如铁，攻坚如锤，守纪如山"的先锋劲旅，为实现新时代强军目标提供坚强的武装力量；另一方面有利于鼓舞和动员全党全军全国各族人民坚定强军信念，勇担强军使命和重任，积极投身新时代强军伟业。

---

① 习近平. 在纪念中国人民志愿军抗美援朝出国作战 70 周年大会上的讲话［N］. 人民日报, 2020-10-24 (2).

问题二：如何认识"世界处于百年未有之大变局"这一重要论断？

基于对世界大势的敏锐洞察和深刻分析，以习近平同志为核心的党中央作出了一个重大判断：世界正处于百年未有之大变局。

一、百年未有之大变局中的四大显著变化

当前，国际局势发生了巨大而深刻的变化，世界正处于百年未有之大变局，在这场百年未有之大变局之中，国际力量对比、世界格局、科技革命以及现代化发展模式正悄然改变。

1. 国际力量对比之变

从全球范围看，传统发达国家和新兴经济体、广大发展中国家间的差距不断缩小，朝着越来越均衡的方向发展。"进入21世纪，美国及西方发达国家掌控世界的能力持续下滑，新兴市场国家和发展中国家实现群体性崛起，中国、印度、俄罗斯、巴西等新兴市场国家在全球经济增长中发挥的作用越来越大，世界多极化加速发展，国际格局日趋均衡。其中，中国经济的崛起最为瞩目，从1979年至2018年，中国国内生产总值（GDP）年均实际增长超过9%，中国经济总量占世界经济的份额从1978年的1.8%上升到2018年的约16%。1978年，中国GDP仅相当于美国的6.3%、日本的14.8%，到2018年相当于美国的66.3%、日本的273.6%。"① 这是21世纪以来国际力量对比中最具革命性、历史性的变化。

2. 世界格局之变

20世纪以来，经历了两次世界大战和冷战，国际格局在大多数时间里处于集团对峙较量状态。直至东欧剧变、苏联解体后，世界形成了"一超多强"的局面，但美国"一超"独自掌控地区和国际局势的意愿、决心和能力明显下降，"多强"之间国际地位变化的均衡化趋势日渐突出。进入21世纪以来，资本主义国家的社会矛盾不断加剧，新兴市场国家和发展中国家相继崛起，特别是中国处于近代以来最好的发展时期，综合国力和国际地位提高尤为显著。这不仅大大强化了世界多极化趋势，而且成为提高新兴经济体和发展中国家整体实力并使国际力量对比变得越发均衡的重要因素。这使得西方发达国家的世界主导地位持续走低，多极化趋势逐步发展，世界权力的中心正从大西洋转向太平洋，权力分布也正从美欧等发达国家向金砖国家等发展中国家转移。

---

① 高飞. 大变局与中国外交的选择 [J]. 国际问题研究，2019（6）：26.

3. 科技革命之变

科技是第一生产力，每一次科技革命都深刻改变了世界的发展面貌和基本格局。进入 21 世纪以来，人类社会进入了又一个前所未有的创新活跃期，新一轮科技和产业革命蓄势待发，多种重大颠覆性技术不断涌现，科技成果转化速度明显加快，产业组织形式更具创新性，产业链条不断拓宽延伸。以人工智能、新材料技术、大数据、生物技术以及物联网为突破口的第四次工业革命催生了大量新产业、新业态、新模式。可以说，新一轮科技革命正在改写人类发展历史，重塑全球经济乃至政治结构，给人类的生产生活方式及世界格局带来了翻天覆地的变化。

4. 现代化发展模式之变

世界历史曾告诉全世界，一个发展中国家走向现代化国家的唯一选择是资本主义道路。"华盛顿共识"便是西方提供的效仿模式，其核心是以新自由主义经济学为理论依据，反对政府干预市场，主张政府的角色最小化、快速私有化和自由化。东欧国家及苏联普遍采用以华盛顿共识为基础的休克疗法来解决经济转型问题，结果造成经济滑坡、衰退，给人民生产生活带来了深重的灾难。在转轨的过程中，相当一部分盲目追随西方道路的国家，像拉美、中东、非洲的一些国家，都陷入了所谓的"民主陷阱""发展陷阱"中。而中国改革开放 40 余年的成绩证明了中国特色社会主义道路是能够通向现代化的正确道路，由此拓展了发展中国家走向现代化的途径，给世界上其他既想走向现代化，又想保持国家和民族独立的发展中国家提供了全新的选择。

二、大变局中机遇与挑战并存

百年未有之大变局给我国提供了巨大的历史发展机遇，使我国迎来了新的战略发展机遇期，但诸多的机遇中也充满着不确定性，伴随着风险和挑战。

1. 大变局催生新的机遇

纵观改革开放以来的发展史，中国的每一次战略突破几乎都与化"危"为"机"密切相关：如成功应对 1997 年亚洲金融危机，从此成为亚洲经济重要引擎之一；2001 年打破困局加入世界贸易组织，从此全面进入世界市场体系；2008 年成功应对国际金融危机及之后欧债危机的冲击，从此走近世界舞台中央。新一轮科技革命和产业革命加快重塑世界，经济全球化、世界多极化深入推进，人工智能、虚拟现实以及量子科技等蓬勃发展，正深度改变人类生产和生活方式。大国战略博弈加剧推动国际体系深刻变革，为实现中华民族伟大复兴提供了重要战略机遇。

2. 大变局充满风险挑战

就外部而言，中国近年来经济发展势头强劲，经济实力增强，经济地位迅速提高，在引领世界经济发展中起到了越来越关键的作用。特朗普当选美国总统后，为维持美国的金融霸权地位，实施"美国优先"战略，视中国为其全球战略竞争对手，继而借口中美贸易失衡，挑起中美贸易争端，给中国的和平崛起之路带来了巨大挑战；拜登上台后，所采取的排他性的多边主义对华政策也不容乐观，中国面临更为复杂多变的国际环境。就内部而言，我国基础科学研究能力有待提升，科技创新也面临严峻挑战。而处于百年未有之大变局中的世界加速演进，未来 10 年将是世界经济新旧动能转换的关键期。中国必须赶上科技革命浪潮，为实现民族复兴提供强大的科技支撑。

三、中国在大变局中所扮演的角色

当今世界正经历百年未有之大变局，中国是大变局中的重要变量，也是推动世界发展的正能量，中国力量正在走向世界。

1. 中国的发展振兴是大变局中的重要变量

发展中国家和新兴经济体的群体性崛起，特别是中国日益走近世界舞台中央，正在改变世界的政治经济格局。中华人民共和国成立 70 多年以来，特别是改革开放 40 多年来，中国人民戮力同心，艰苦奋斗，用自己的勤劳、智慧、勇气乃至牺牲取得了举世瞩目的成就。据国家统计局发布的数据，"2019 年中国 GDP 总量达到了 99.1 万亿元，接近 100 万亿元人民币。人均 GDP 首次突破一万美元大关"①。中国仍然是世界经济发展动力最足的火车头。同时，伴随着实力的增长，中国与世界的关系也发生了历史性变化。中国日益走近世界舞台中央，国际地位显著提升，在国际规则制定中的话语权不断增强，越来越多的中国人在国际组织中担任重要职务。此外，中国人民开创的符合国情的中国特色社会主义道路，引起越来越多国家的关注和认同，学习和借鉴中国经验成为世界潮流。

2. 中国的发展振兴是大变局中的正能量

习近平主席提出的"一带一路"倡议，有助于推动区域经济繁荣发展，顺大势、应民心。"一带一路"已经成为世界上最受欢迎的公共产品和最大规模的合作平台。"'一带一路'倡议全面实施可使 3200 万人摆脱日均生活费低

---

① 李雯婷，张歆，等. 2019 年中国 GDP 占世界的比重预计将超过 16% [EB/OL]. (2020-01-17) [2021-01-29]. http://news.eastday.com/eastday/13news/auto/news/china/20200117/u7ai9035326.html.

于 3.2 美元的中度贫困状态，使全球贸易增加 6.2%，沿线经济体贸易增加 9.7%，全球收入增加 2.9%。"① 同时，中国积极推动构建人类命运共同体，并从伙伴关系、安全格局、经济发展、文明交流、生态建设等方面作出切实的努力。目前，构建人类命运共同体已经成为新时代中国外交的基本方略之一，并已产生广泛而积极的国际影响。

新冠肺炎疫情蔓延以来，大变局加速演变的趋势愈加明显，全球动荡和风险显著增多，不确定性增加。中国仍处于大有可为的重要战略机遇期，但环境和条件都有了新的变化。中国正积极努力抓住历史发展机遇，应对挑战，推进中国特色大国外交，使中国成为推动世界发展的重要变量和正能量。

动荡变革：2020 年全球重大事件

2020 年 10 月 14 日，习近平在深圳经济特区建立 40 周年庆祝大会上的讲话强调："当今世界正经历百年未有之大变局，新冠肺炎疫情全球大流行使这个大变局加速演进，经济全球化遭遇逆流，保护主义、单边主义上升，世界经济低迷，国际贸易和投资大幅萎缩，国际经济、科技、文化、安全、政治等格局都在发生深刻调整，世界进入动荡变革期。"② 重温 2020 年全球重大事件，回望这不平静的一年，世界经历了动荡不安，但同时也见证了中国发展带来的惊喜。

2020 年是动荡不安的一年。澳大利亚山火、印尼洪水、菲律宾火山爆发、克什米尔雪崩、非洲蝗灾、巴西暴雨、南极首次突破 20 度高温等自然灾害频发，向人类敲响保护自然的警钟。伊朗高级将领卡西姆·苏莱曼尼遭美军空袭身亡后，伊朗朝美军驻伊拉克的空军基地发射导弹进行报复；黎巴嫩贝鲁特大爆炸后民众涌上街头抗议政府失职、阿塞拜疆和亚美尼亚两国爆发武装冲突、伊朗首席核科学家穆赫辛·法克里扎德遭暗杀，这些事件昭示世界各地爆发的冲突、战乱频繁，时代巨变带来的动荡显露无遗。2020 年美国大选被普遍认为是美国迄今为止最分裂的选举之一，特朗普与拜登白宫争夺战过程中上演的种种"闹剧"凸显美国社会裂痕；美国非裔男子乔治·弗洛伊德遭白人警察跪杀身亡引发全球反种族歧视抗议活动，"黑人的命也是命"成为 2020 年全

---

① 人民网. 一带一路倡议可使 3200 万人摆脱中度贫困状态 [EB/OL]. (2019-06-20) [2021-01-29]. http://www.ydxw.com/gundong/2019/0620/3010.html.

② 习近平. 在深圳经济特区建立 40 周年庆祝大会上的讲话 [N]. 人民日报，2020-10-15 (2).

球最具知名度的口号之一，这不仅暴露出美国社会治理甚至美国制度的弊端，而且极大地损害了美国的国家形象和国际声誉。

2020 年是动荡不安的一年，但也是中华民族闪耀的一年。一是面对突如其来的新冠肺炎疫情的严峻考验，中国展现出的实力和速度有目共睹。2020 年新年伊始，新冠肺炎疫情骤然暴发，短短数月便成为全球重大突发公共卫生事件，各国经济受疫情影响下滑，但中国成为世界主要经济体中唯一保持经济正增长的国家。二是我国科技力量达到新高度。2020 年 7 月 23 日，"天问一号"探测器发射成功；7 月 31 日，北斗三号全球卫星导航系统正式开通，我国成为世界上第三个独立拥有全球卫星导航系统的国家；11 月 24 日，我国成功发射了嫦娥五号月球探测器并于 12 月 17 日携带样品返回地球，圆满完成了我国首次月球采样任务。三是中国经济实力备受世界青睐。2020 年 11 月 15 日，区域全面经济伙伴关系协定（简称 RCEP）正式签署，中国成功加入世界最大的经济自贸区；12 月 30 日，历时七年的中欧投资协定谈判完成。

"当前，我国处于近代以来最好的发展时期，世界处于百年未有之大变局，两者同步交织、相互激荡"①，但中国有能力、有信心在动荡变革的世界局势中破浪前行。

案例思考：

中国是如何有效应对"百年未有之大变局"的？

案例解析：

面对"百年未有之大变局"带来的机遇和挑战，中国始终保持战略定力，聚焦发展，于危机中捕捉、创造新机遇。同时，中国通过加大科技创新，夯实应对"百年未有之大变局"的物质技术基础；通过坚持对外开放，加强国际经济合作，开辟更多市场和资源。

问题三：如何理解"构建人类命运共同体"这一重要思想？

构建人类命运共同体，既是对当今世界新问题、新形势、新趋向的积极回应，也是对各国人民求和平、谋发展、促合作的普遍诉求的回应，充分体现了大国领袖的情怀与担当，是当今世界发展的趋势。

---

① 习近平在中央外事工作会议上强调坚持以新时代中国特色社会主义外交思想为指导 努力开创中国特色大国外交新局面［N］. 人民日报，2018-06-24（1）.

一、构建人类命运共同体思想提出的背景

党的十八大报告明确提出："要倡导人类命运共同体意识，在追求本国利益时兼顾他国合理关切。"① 2013 年 3 月，习近平总书记在俄罗斯莫斯科国际关系学院的演讲中首次明确提出了人类命运共同体的理念，他指出，"这个世界，各国相互联系、相互依存的程度空前加深，人类生活在同一个地球村里，生活在历史和现实交汇的同一个时空里，越来越成为你中有我、我中有你的命运共同体"②。党的十八大以来，习近平总书记在国内外多个场合反复阐述了人类命运共同体理念，向世界传达了中国应对世界问题的方式和判断。

1. 时代背景：基于当今世界存在的现实问题

粮食安全、资源短缺、环境污染、疾病流行等全球性的问题，对国际秩序和人类生活造成了严重的负面影响，对世界各国的发展构成了严峻挑战与威胁。随着世界各国的相互依存度逐渐提高，前途命运息息相关，面对这些世界性难题，任何一个国家都不可能独善其身，这使得构建人类命运共同体成为可能。尤其是新冠肺炎疫情的全球性蔓延，更加凸显了构建人类命运共同体这一倡议的前瞻性和极端重要性。习近平总书记在党的十九大报告中强调："没有哪个国家能够独自应对人类面临的各种挑战，也没有哪个国家能够退回到自我封闭的孤岛。"③

2. 实践基础：基于我国的外交战略

中国历来秉持独立自主的和平外交政策，追求与世界各国一道建设更加和谐美好的世界。提出构建人类命运共同体倡议，正是基于长期以来对外交工作的实践经验的总结。新中国成立以来，我国始终坚持和平共处五项原则，坚定维护国际秩序；改革开放以来，我国加强与世界各国的友好合作，为维护世界和平、建立公平正义的国际秩序而努力；党的十八大以来，我们积极推进中国特色大国外交，在新的历史条件下提出构建人类命运共同体倡议，推动中国日益走向世界舞台的中央，为世界作出更大贡献，使人类命运共同体理念得到了国际社会的广泛认可。

---

① 胡锦涛. 坚定不移沿着中国特色社会主义道路前进 为全面建成小康社会而奋斗：在中国共产党第十八次全国代表大会上的报告 [N]. 光明日报，2012-11-18 (1).

② 习近平. 顺应时代前进潮流 促进世界和平发展：习近平在莫斯科国际关系学院的演讲 [EB/OL]. (2013-03-25) [2021-01-30]. http://theory. people. com. cn/n/2013/0325/c40531-20902911.html.

③ 习近平. 决胜全面建成小康社会 夺取新时代中国特色社会主义伟大胜利：在中国共产党第十九次全国代表大会上的报告 [EB/OL]. (2017-10-27) [2021-05-07]. http://www.xinhuanet.com//politics/19cpcnc/2017-10/27/c_1121867529.htm.

二、构建人类命运共同体思想的科学内涵

习近平指出，"人类命运共同体，顾名思义，就是每个民族、每个国家的前途命运都紧紧联系在一起，应该风雨同舟，荣辱与共，努力把我们生于斯、长于斯的这个星球建成一个和睦的大家庭，把世界各国人民对美好生活的向往变成现实"①。构建人类命运共同体思想，具有完整而丰富的内涵，主要包含以下五个方面：

1. 对话协商，建设一个持久和平的世界

建设持久和平的世界就要走对话而不对抗、结伴而不结盟的国与国交往新路，要相互尊重、平等协商，坚决摒弃冷战思维、集团对抗。任何国家都不能随意发动战争，不能破坏国际法治，不能打开潘多拉魔盒。构建人类命运共同体思想的根本要义在于国家之间构建平等相待、互商互谅的伙伴关系。

2. 共建共享，建设一个普遍安全的世界

在当今国际社会，我们仍旧面临着恐怖主义、疾病瘟疫、环境污染等全球性问题。要建设普遍安全的世界就要坚决反对牺牲别国安全来换取自身绝对安全的行径，统筹应对传统和非传统安全威胁，反对一切形式的恐怖主义，实现普遍安全。建设普遍安全的世界需要世界各国共建共享，加强合作，兼顾其他国家的合理安全关切，为各国人民撑起保护伞。

3. 合作共赢，建设一个共同繁荣的世界

建设共同繁荣的世界需要世界各国同舟共济，促进贸易和投资自由化便利化，推动经济全球化朝着更加开放、包容、普惠、平衡、共赢的方向发展。要实现各国经济社会协同进步、推动世界经济均衡发展，缩小发展差距，促进共同繁荣。人类命运共同体追求的是共同发展，需要引导经济全球化持续健康发展，促进公平正义，造福世界各国人民。

4. 交流互鉴，建设一个开放包容的世界

建设开放包容的世界，就要尊重世界文明多样性，以文明交流超越文明隔阂，以文明互鉴超越文明冲突，以文明共存超越文明优越。尊重文明差异，在竞争比较中取长补短，在交流互鉴中共同发展，使文明交流互鉴成为增进各国人民友谊的桥梁。促进人类文明多样性的发展，求同存异，兼收并蓄，推动人类文明进步。

---

① 习近平. 习近平在中国共产党与世界政党高层对话会上的主旨讲话 [EB/OL]. (2017-12-01) [2021-10-01]. https://baijiahao.baidu.com/s？id=1585595173922057945&wfr=spider&for=pc.

5. 绿色低碳，建设一个清洁美丽的世界

建设清洁美丽的世界要坚持可持续发展观，牢固树立尊重自然、顺应自然、保护自然的意识，解决好工业文明带来的矛盾，实现世界的可持续发展和人的全面发展。加强世界气候变化、环境保护、节能减排等领域的交流合作，共同应对世界性资源与环境问题，保护好人类赖以生存的地球家园，建设好世界生态文明，构筑尊崇自然、绿色发展的全球生态体系。

推动构建人类命运共同体，建设持久和平、普遍安全、共同繁荣、开放包容、清洁美丽的世界，是习近平总书记以世界眼光、站在人类历史发展进程的高度提出的重要思想理念，代表着中国对待世界问题的态度。

三、构建人类命运共同体思想的重要意义

构建人类命运共同体思想是习近平新时代中国特色社会主义思想的重要组成部分。这一思想顺应了历史潮流，紧扣和平与发展的时代主题，积极回应世界发展新趋向、新问题，对世界各国共同建设美好世界，促进共同发展具有重要意义。

1. 反映了人类社会共同的价值追求

构建人类命运共同体思想融合了中华优秀传统文化的理念，反映了"天下一家"的中国情怀，彰显了全人类的共同价值追求。经历过世界大战的各国人民都向往着世界和平，渴望建立公正合理的国际秩序。人类命运共同体理念的提出契合了和平、发展、公平、正义、民主、自由的共同价值追求。这些全人类共同的价值追求是联合国追求的目标，也是当今国际关系得以维系的基础，反映了世界各国人民的共同期盼。

2. 汇聚了世界各国人民对和平、发展、繁荣向往的最大公约数

随着世界各国相互联系、相互依存的程度空前提高，各国人民的前途命运紧密相连，共同生活在一个地球村，成为一个不可分割的命运共同体。建设和平、发展、繁荣的世界是各国人民的共同愿望，构建人类命运共同体思想顺应了世界各国人民追求和平发展的美好愿景。积极寻求世界各国人民对美好生活向往的最大公约数，是解决包括气候变化、贫困问题、地缘争端等在内的一系列全球性问题的重要价值遵循。中国始终是世界和平的建设者、全球发展的贡献者、国际秩序的维护者，并努力为构建人类命运共同体不断作出新的贡献。

3. 有利于中国的和平发展与世界各国的繁荣进步

构建人类命运共同体思想是着眼于人类发展和世界前途命运、中国与世界的关系问题提出的重要理念，是新时代我国外交工作的目标和方向，不仅对中

国的和平发展具有重要意义，对推动世界各国繁荣进步也具有深远意义。推动构建人类命运共同体是为了更好地谋和平、求发展，能够为中国的发展提供和平稳定的国际环境；同时，人类命运共同体是世界和平与发展事业中的中国元素，在面对当前国际局势和全球治理问题时，构建人类命运共同体能够推动世界各国团结合作，直面当今世界最重要的问题，为世界各国繁荣发展、共同进步指明了前进方向，为解决全球难题提供了中国方案和中国智慧。

"一带一路"：丝路精神的传承，铺就了黄金带、共赢路

2013 年，习近平主席提出共建丝绸之路经济带和 21 世纪海上丝绸之路的重要合作倡议，即"一带一路"倡议。作为构建人类命运共同体的重要实践平台，在共商共建共享基础上传承了"丝路精神"的"一带一路"倡议，将众多国家的命运紧密地联系在了一起。

两千多年前，中国汉代的张骞肩负和平友好使命两次出使西域，开拓了连接亚欧大陆各文明的人文、贸易交流通路，与沿线各国人民共同铸就了承载丝路精神的古丝绸之路。2017 年 5 月 14 日，习近平主席在首届"一带一路"国际合作高峰论坛指出："古丝绸之路打开了各国友好交往的新窗口，书写了人类发展进步的新篇章，积淀了以和平合作、开放包容、互学互鉴、互利共赢为核心的丝路精神，这是人类文明的宝贵遗产。"① 从绵延千年的丝绸之路到共建"一带一路"，丝路精神历久弥新，要把"一带一路"建设好，我们就要以丝路精神为纽带把沿线和世界各国的人民紧密团结起来，真正形成休戚与共的命运共同体。

"一带一路"是一条"黄金带"，也是一条"共赢路"。"'一带一路'沿线国家黄金储量总和约为 23600 吨，占全球总储量的 42% 左右；黄金产量总和约为 1150 吨，占全球总产量的 36%；有 7 座全球 30 大单体黄金矿山。"② 中国具备的黄金勘探开采和加工制造优势与"一带一路"沿线国家黄金资源优势形成互补，拓宽了合作空间。同时，中国是一个有担当的大国，我们在扎好自家篱笆的同时，愿与世界各国分享中国发展机遇。从"2016 年至 2019 年，中国对'一带一路'沿线国家货物进出口总额达 4.6 万亿美元，占外贸比重提

---

① 李忠发，王慧慧，李舒. 习近平出席"一带一路"国际合作高峰论坛开幕式并发表主旨演讲 [N]. 光明日报，2017-05-15（1）.

② 李婕. "一带一路"是黄金之路 [EB/OL].（2017-03-11）[2021-01-31]. http://finance. people.com.cn/n1/2017/0311/c1004-29138077.html.

升至 29.4%；直接投资 721 亿美元，占比提升至 13.7%。"① 再者，"一带一路"还是中国为国际社会搭建的合作共赢平台，追求的是共同发展，我们不搞自己的"小帮派"，我们的"朋友圈"向世界各国敞开。截至 2020 年 11 月 18 日，"我国已经与 138 个国家、31 个国际组织签署 201 份共建'一带一路'合作文件"②。

"一带一路"是探索全球经济治理新模式、构建人类命运共同体的重要路径，为破解人类发展难题提供了中国智慧和中国方案。中国离不开世界，世界更离不开中国，从"大写意"到"工笔画"，"一带一路"建设高质量发展离不开各国的共同推动。

案例思考：
构建人类命运共同体的意义何在？

案例解析：
一是回答了人类社会向何处去这一重大命题，为解决国际社会面临的各种全球性挑战提供了中国方案；二是为充满不确定性的国际局势提供了巨大的稳定性，为人类社会追求更美好未来注入了强大的正能量；三是为新时代中国特色大国外交亮明了新旗帜，为中国同各国关系的发展提供了战略引领。

主题活动：设想关键时间节点，中国朋友圈的变化

设想在 1840 年、1921 年、1949 年、1978 年、2020 年的农历新年，中国会在朋友圈发什么信息呢？中国会看到什么信息呢？有哪些"好友"会主动加我们、我们又会主动加哪些"好友"？或者我们会屏蔽哪些"好友"、哪些"好友"又会屏蔽我们？

1. 实践目的
教师组织学生梳理史料，重构情景，激活学生的思维，激发学生的兴趣，使学生在对比中感受近代以来中国外交的巨大变化，感受中华民族从站起来、富起来到强起来的历史性飞跃。

2. 实践方案
（1）时间、地点：课余时间、自行安排。

---

① 肖新新，刘军国，马菲，等. 共创人类发展的美好未来：国际社会积极评价中国"十三五"时期推动构建人类命运共同体的重要实践［N］. 人民日报，2020-10-06（3）.
② 戴小河，安蓓. 我国已与 138 个国家、31 个国际组织签署 201 份共建"一带一路"合作文件［N］. 人民日报，2020-11-18（2）.

（2）方式：以组队方式参加。

（3）要求：依据史料，划定的朋友圈具有合理性和说服力。

（4）流程：助教提前将问题发至学生班级 QQ 群，学生课余自愿组队准备；助教在 QQ 群组织参与小组进行展示，其他同学进行在线打分；最后由教师进行总结评价。

3. 实践评价

实践评价采用的评分表如表 4-5 所示。

表 4-5　评分表

评价标准	满分	得分
阐述观点正确、内容翔实	40	
逻辑思路清晰	30	
语言表达顺畅	20	
团队合作默契、高效	10	
总分	100	

参考文献

一、经典著作类

[1] 中共中央马克思恩格斯列宁斯大林著作编译局. 马克思恩格斯选集（第1、3、4卷）[M]. 北京：人民出版社，2012.

[2] 中共中央马克思恩格斯列宁斯大林著作编译局. 马克思恩格斯文集（第1、2卷）[M]. 北京：人民出版社，2009.

[3] 马克思，恩格斯. 共产党宣言 [M]. 中共中央马克思恩格斯列宁斯大林著作编译局，译. 北京：人民出版社，2014.

[4] 列宁. 列宁全集（第13卷）[M]. 中共中央马克思恩格斯列宁斯大林著作编译局，译. 北京：人民出版社，2017.

[5] 毛泽东. 毛泽东选集（1-4卷）[M]. 北京：人民出版社，1991.

[6] 邓小平. 邓小平文选（1-3卷）[M]. 北京：人民出版社，1993.

[7] 江泽民. 江泽民文选（1-3卷）[M]. 北京：人民出版社，2006.

[8] 胡锦涛. 胡锦涛文选（1-3卷）[M]. 北京：人民出版社，2016.

[9] 习近平. 习近平谈治国理政：第3卷 [M]. 北京：外文出版社，2020.

[10] 习近平. 在庆祝中国共产党成立100周年大会上的讲话 [M]. 北京：人民出版社，2021.

二、学术专著类

[1] 中共中央文献研究室. 毛泽东年谱（1893—1949）：中卷 [M]. 北京：中央文献出版社，1993.

[2] 中共中央宣传部理论局. 世界社会主义五百年 [M]. 北京：党建读物出版社，学习出版社，2014.

［3］中共中央党史研究室. 中国共产党历史：第 2 卷（1949—1978）：上册［M］. 北京：中共党史出版社，2011.

［4］中共中央文献研究室. 十七大以来重要文献选编（上）［M］. 北京：中央文献出版社，2009.

［5］中共中央文献研究室. 周恩来年谱：上卷［M］. 北京：中央文献出版社，1997.

［6］本书编写组. 毛泽东思想和中国特色社会主义理论体系概论［M］. 北京：高等教育出版社，2018.

［7］顾海良，梅荣政. 马克思主义发展史［M］. 武汉：武汉大学出版社，湖北人民出版社，2006.

［8］单刚，王英辉. 岁月无痕：中国留苏群体纪实［M］. 北京：中央编译出版社，2007.

［9］周振甫. 毛泽东诗词欣赏［M］. 北京：中华书局，2019.

［10］齐晓明. 毛泽东思想和中国特色社会主义理论体系概论课实践实训教程［M］. 北京：北京大学出版社，2013.

［11］埃德加·斯诺. 西行漫记［M］. 董乐山，译. 北京：生活·读书·新知三联书店，1979.

［12］金冲及. 毛泽东传（1893—1949）［M］. 北京：中央文献出版社，1996.

［13］李越然. 中苏外交亲历记［M］. 北京：世界知识出版社，2001.

［14］伍国用，袁南生. 中外名人看邓小平［M］. 长沙：湖南出版社，1994.

［15］肖德甫. 世纪悲歌：苏联共产党执政失败的前前后后［M］. 北京：中央编译出版社，2016.

三、报纸、期刊类

［1］江泽民. 高举邓小平理论伟大旗帜，把建设有中国特色社会主义事业全面推向二十一世纪［N］. 人民日报，1997-09-22（1）.

［2］胡锦涛. 在庆祝中国共产党成立 90 周年大会上的讲话［N］. 人民日报，2011-07-02（2）.

［3］胡锦涛. 坚定不移沿着中国特色社会主义道路前进 为全面建成小康社会而奋斗：在中国共产党第十八次全国代表大会上的报告［N］. 光明日报，2012-11-18（1）.

［4］习近平. 弘扬"红船精神"走在时代前列［N］. 光明日报, 2005-06-21 (3).

［5］习近平. 在纪念毛泽东同志诞辰120周年座谈会上的讲话［N］. 人民日报, 2013-12-27 (2).

［6］习近平. 在哲学社会科学工作座谈会上的讲话［N］. 人民日报, 2016-05-19 (3).

［7］习近平. 社会主义是干出来的［N］. 人民日报, 2016-07-25 (1).

［8］习近平. 在纪念红军长征胜利80周年大会上的讲话［N］. 人民日报, 2016-10-22 (2).

［9］习近平. 在纪念马克思诞辰200周年大会上的讲话［N］. 人民日报, 2018-05-05 (2).

［10］习近平. 在深圳经济特区建立40周年庆祝大会上的讲话［N］. 人民日报, 2020-10-15 (2).

［11］习近平. 在纪念中国人民志愿军抗美援朝出国作战70周年大会上的讲话［N］. 人民日报, 2020-10-24 (2).

［12］汪纪贤. 社会主义初级阶段与市场经济体制［J］. 理论学习, 1995 (4): 6.

［13］郑楠. 社会主义本质的科学概括［J］. 求实, 1996 (A1): 12-13.

［14］朱传棨. 简论马克思主义哲学科学性和意识形态性的一致［J］. 理论视野, 2009, 114 (8): 14-17.

［15］夏春涛, 吴波. 科学发展观的历史地位与指导意义研究述评［J］. 党的文献, 2012 (1): 102-106.

［16］潘红, 王志建. 邓小平共同富裕思想的科学内涵及其现实意义［J］. 邓小平研究, 2017 (3): 104-108.

［17］黄先荣. 四渡赤水最能展现长征精神［J］. 理论与当代, 2017 (10): 49-50.

［18］姜辉. 习近平新时代中国特色社会主义思想开辟了马克思主义新境界［J］. 中国纪检监察, 2018 (9): 12-13, 18.

［19］钟慧容, 刘同舫. 中国现代化实践对"历史终结论"的终结及其意义［J］. 社会科学研究, 2019 (6): 10-15.

［20］蔡昉. 新中国70年经济发展成就、经验与展望［J］. 中国党政干部论坛, 2019 (8): 6-10.